麥　田　人　文

王德威／主編

麥田出版

麥田人文20

偶然・反諷與團結
——一個實用主義者的政治想像
Contingency, Irony, and Solidarity

作　　者／理查・羅逖(Richard Rorty)
譯　　者／徐文瑞(Wen-rwei Hsu)
主　　編／王德威(David D. W. Wang)
責任編輯／黃秀如
發 行 人／陳雨航
出　　版／麥田出版股份有限公司
發　　行／城邦文化事業股份有限公司
台北市信義路二段213號11樓
電話：(02)2396-5698　傳真：(02)2357-0954
郵撥帳號：18966004　城邦文化事業股份有限公司
香港發行所／城邦(香港)出版集團
香港北角英皇道310號雲華大廈4／F，504室
電話：25086231　傳真：25789337
印　　刷／凌晨企業有限公司
登 記 證／行政院新聞局局版臺業字第5369號
初版一刷／一九九八年四月一日
售　　價／三三〇元
版權代理／博達著作權代理有限公司

ISBN 957-708-563-6

偶然・反諷與團結

Contingency, Irony, and Solidarity

一個實用主義者的政治想像

理查・羅逖／著
徐文瑞／譯

作者簡介

理查・羅逖(Richard Rorty)

一九三一年出生，畢業於芝加哥大學和耶魯大學，現爲美國維吉尼亞大學人文學教授，是當今英語哲學界中最具影響力的哲學家之一。重要著作包括《哲學與自然之鏡》(*Philosophy and the Mirror of Nature*, 1979)，《實用主義的後果》(*Consequences of Pragmatism*, 1982)，《偶然・反諷與團結》(*Contingency, Irony, and Solidarity*, 1989)，《客觀性・相對主義與眞理：哲學論文第一集》(*Objectivity, Relativism, and Truth*, 1991)，《論海德格與其他哲學家：哲學論文第二集》(*Essays on Heidegger and Others*, 1991)，以及《眞理與進步：哲學論文第三集》(*Truth and Progress*, 1998)。

譯者簡介

徐文瑞

哥倫比亞大學哲學博士候選人，專攻美學和政治哲學，譯著包括《黑格爾與現代社會》（*Hegel and Modern Society*, by Charles Taylor）（聯經出版公司，一九九○）。

目錄

導言　新實用主義者羅逖

徐文瑞

一九三一年出生的理查・羅逖（Richard Rorty）是當今英語哲學界中最具影響力的哲學家之一，他的影響力主要來自兩方面。第一，他利用英美分析哲學所擅長的嚴格方法和精密論說，詳細分析後期維根斯坦（Wittgenstein）、奎因（Quine）、謝勒斯（Sellars）和戴維森（Davidson）等人的歷史主義、反再現主義、反本質論與反基礎論，指出他們與更早的皮爾斯（Peirce）、詹姆斯（James）、杜威等美國哲學家的實用主義一脈相承之處，並結合尼采、海德洛、德希達等歐陸哲學中的解構思想，發展出一套獨特的新實用主義。第二，他擅長以宏觀的歷史視野，向人們顯示，一旦我們接受了這種實用主義，那麼後果會是什麼，實用主義的信仰對於我們的行爲有什麼影響。羅逖認爲，瓦解分析哲學的「第一哲學」——知識論、語言哲學和心靈哲學——並建立起實用主義，這個過程不是在證明實用主義爲眞，「第一哲學」爲假，而只是以一種不同的語彙來重新描述眞理、語言、心靈等概念以及哲學工作本身而已。重新描述的好壞，端看它是不是符合我們的目標和興趣。因此，他說：「如果你只對知識論和語言哲學感興趣，而無心於道德和社會哲學，那麼，閱讀尼采或古典實用主義，對你往後的行爲不會有什麼太大的影響。」❶

羅逖畢業於芝加哥大學和耶魯大學，先後任教於衛斯理學院、普林斯頓大學和目前的維吉尼亞大學，早期的訓練其實就是分析哲學的第一哲學。一九六七年，他編選了分析哲學傳統中重要的文章，集結成書，名爲《語言學的轉向》（*The Linguistic Turn*），並在長達數十頁的導論中指出，西方哲學自笛卡兒以降，歷經洛克（Locke）、康德等人的發展，一直延續著一種基礎論的大計畫，希望證明人類心靈的結構，乃是我們對世界的知識之基礎。二十世紀的分析哲學繼承了這個大計畫，把「心靈」換成「語言」，相信語言就是這個大計畫所追求的地基，將這地基的結構加以嚴格的分析，我們就可以對語言所再現的世界本質，以及使用語言並被語言所塑造的人類心靈的本性，獲得透徹的了解。他猛烈抨擊知識論中所預設的「旁觀者角度」，強調哲學家在藝術和科學之間所面對的緊張關係，並預告一個哲學革命的來臨。

這個革命的烈火終於在一九七九年的《哲學與自然之鏡》（*Philosophy and the Mirror of Nature*）一書中爆發。羅逖在這本書中運用了當時最好的分析哲學方法，和奎因、古德曼（Goodman）、謝勒斯等人的研究成果，結合歐陸哲學的重要洞識，對傳統再現哲學發動了一次視野廣闊而論證嚴謹的攻擊。他指出，近代哲學把心靈比喻爲一面可以反映實在的鏡子，知識的目標就是將實在忠實地再現出來。在這種觀點下，知識論變成了第一哲學，因爲哲學的主要任務，乃是從知識論的角度，測試並維修心靈的明鏡，使人們所宣稱的知識命題，能夠更加準確地反映實在。或者從語言學轉向的角度來看，哲學的工作必須使那塑造人類心靈的語言，能夠更加準確地對應於實在，或世界的終極結構。

羅逖認爲這種再現哲學的主要困難之一，就是它自欺欺人地以爲它可以超越歷史環境，能夠找到人類知識的基本必要條件，一種不會隨著社會實踐、語言遊戲或世界圖象等變化而有所不同的知識基礎；它忘了再現知識論的問題不是永恆的哲學議題，不是所有人類在反省知識和眞理時必然會提出的問題，而是歷經笛卡兒、洛克和康德等人所發展出來的知識和哲學觀念，以爲人們可以找到一種非經驗性的、非歷史性的學科，這門學科能夠根據諸如科學、道德、宗教、藝術等認知部門再現實在的能力，裁判這些部門論述形式的認知地位。羅逖指出，相對於這種基礎主義的系統哲學，二十世紀也生出了維根斯坦、海德格和杜威等歷史主義者，這些人認爲他們的哲學工作不在於尋找和奠定基礎，而在於啓發或治療他們的時代，「協助他們的讀者，或社會整體，從過時荒廢的語彙和態度中解脫出來。他們的目的不在於爲現在的直覺和風俗習慣，提供理據和基礎。」❷

一九八二年，羅逖出版了《實用主義的後果》(*Consequences of Pragmatism*) 論文集，一方面提出他自己的新實用主義，另一方面試圖從當中引申出社會、政治和道德的意涵。他認爲實用主義主要包括三個命題。第一，任何事物都可以透過重新描述，使它看起來更好或更壞。實用主義者在眞理、知識、語言、道德等概念，以及其他類似的哲學觀念方面，主張這種反本質論。第二，傳統知識論的錯誤，是希望在實用目標或人類興趣的範圍之外，尋找眞理的純粹本質或知識的絕對方法。相對的，「實用主義者認爲，所有的研究——不論是科學的或道德的——都是在各種不同的具體提案之間，考量比較哪一個最具有吸引力。」❸因此，羅逖建議，哲學家應該以實踐智慧(phronesis)取代理論(theoria)，作爲知識的模型。第三，實用主義贊成歷史主義，認爲所有研究脈絡都具有偶然性，和揮不去的社會歷史層面。知識追求的出發點和判準，都是我們社群歷史和知識傳統的反映。眞理是被製造出來的，而非被發現到的。

這種新實用主義所引申出來的後果，最具體而微的展現就是一九八九年的《偶然・反諷與團結》(*Contingency, Irony, and Solidarity*)一書。這本書從傳統哲學企圖結合公共領域與私人領域的問題性出發，指出西方傳統上一直想要利用超歷史的普遍人性的觀念，將公共的正義和私人的完美統合起來。十九世紀黑格爾以後的歷史主義瓦解了所謂普遍人性的觀念，可是，公共與私人的緊張卻還未曾稍減。羅逖認爲，我們沒有辦法在理論的層次上將正義與私人完美、人類團結與自我創造統一起來。因爲「自我創造的語彙必然是私人的，他人無法共享，而且也不適合於論證。正義的語彙必然是公共的，大家共享的，而且是論證交往的一種媒介。」兩者之間只能夠存在最低限的統合，也就是把正義的社會看作容許所有公民都能按照自己的理想進行自我創造的社會，只要他們彼此不傷害對方，優勢者不占用劣勢者維持基本生存和自我創造所需的資源。

爲了使這個建議更加具有說服力，羅逖在此書中，努力勾勒出一位叫作「自由主義的反諷主義者」的人物，這個人物和羅逖本人一樣：作爲自由主義者，他或她除了堅持自由民主社會的基本價值之外，還相信「殘酷是我們所作所爲最糟糕的事」，希望人類的苦難終究會減少，人與人之間的侮辱終究會停止；作爲反諷主義者，他或她承認自己所最堅持的信仰、欲望、價值，以及自己用來描述理想自我的終極語彙，都是偶然的歷史和環境的產物，它們背後沒有任何超越時間和機緣的基礎。這個人物相信人不可能回答「人性是什麼」的普遍問題，重要的是「你想成爲什麼樣的人」，而由於這個人能夠將公共和私人嚴加區分，所以，人生的主要問題有二：一是你想要認同於什麼社會？想要成爲什麼社會的成員？一是你自己想要變成什麼樣的人？前一個問題蘊含著你對其他人類的義務，後一個問題指向你對你自己的義務。

問題是即使在目前「富裕的北大西洋民主社會」中，這類自由主義的反諷主義者仍然屬於少數，大部分相信自由主義的人，還是處在形上學的時代，而有些已經進入後形上學時代的反諷主義者，則對自由主義社會持著懷疑的態度，或犬儒而自私的自我實現理想。羅逖在這本書的工作，就是企圖說服形上學的自由主義者變成反諷主義者，並向反自由主義的反諷主義者指出反諷主義和自由主義的相容一致性。但是，他採取的手段不是論證，而是把語言、自我和社會重新描述爲歷史偶然的產物。同時，他也指出，在「自由主義的反諷主義」烏托邦裏，人們不再相信可以找到超越歷史的共通人性，作爲人類團結的基礎；人類的團結不是透過理論研究而發現到的，而是在重新描述他人和自我之中創造出來的。這種團結的創造有賴於我們對他人的處境和苦難具有感同身受的能力。羅逖認爲，這類敏感度的提升主要依靠小說、民俗學、電影等敘述形式。因此，他鄭重呼籲「拋棄理論，轉向敘述」。

---

❶*Essays on Heidegger and Others: Philosophical Papers*, vol. 2 (Cambridge: Cambridge University Press, 1991), pp. 2-3.

❷*Philosophy and the Mirror of Nature* (Princeton: Princeton University Press, 1979), pp. 11-12.

❸*Consequences of Pragmatism* (Brighton: Harvester Press, 1982), p. 164.

前言

本書係根據兩個講座集結而成：一九八六年二月倫敦大學學院（University College）的三次諾思克利夫講座（Northcliffe Lectures），以及一九八七年二月劍橋三一學院（Trinity College）的四次克拉克講座（Clark Lectures）。其中，諾思克利夫講座的講稿略經修改後，曾在《倫敦書評》（*London Review of Books*）一九八六年春季號發表；經過進一步修改，乃形成本書的前三章。第七章論納伯科夫（Nabokov）一文的縮減版，曾在班寧敦學院（Bennington College）的貝里特講座（Belitt Lectures）上宣讀，並出版於該學院的「班寧敦文學系列普及版」。其餘各章均未曾發表過。

本書有許多部分立論如履薄冰，這包括與若干作家有關的那些篇章，因爲關於這些作家，我僅略加討論便提出極富爭議的詮釋。這一點尤其可見於我對普魯斯特和黑格爾的討論，我希望有朝一日能對他們著墨更多一點。至於在本書的其他部分，冰就比較厚些。這些部分的註腳引用了我先前有關若干不同人物的文章，例如戴維森（Davidson）、德內特（Dennett）、羅爾斯（Rawls）、佛洛伊德、海德格、德希達、傅柯和哈伯瑪斯。我希望這些文章能夠證實本書有關他們的一些富爭議性的論調。這些引用的大部分文章，將分別重印於我的兩册論文集中（書名暫訂爲《客觀性·眞理與相對主義》〔*Objectivity, Truth, and Relativism*〕和《論海德格及其他哲學家》〔*Essays on Heidegger and Others*〕），由劍橋大學出版社出版〔編按：二書均已於一九九一年出版〕。

我非常感激擔任大學學院英國文學系教授和《倫敦書評》編輯的 Karl Miller，感謝他邀請我到大學學院演講，以及他的鼓勵與指導。我同樣感激三一學院邀請我發表克拉克講座的演講，以及在我訪問劍橋期間的殷勤招待。John D. and Catherine T. MacArthur Foundation、Center for Advanced Study of the University of Virginia 和 Wissenschaftskolleg zu Berlin 等三個機構，讓我有餘暇撰寫這些講稿，我要在此特別致謝。一九八一至八六年間，我榮獲麥克阿瑟獎助金（MacArthur Fellowship），使我能夠在閱讀和寫作上輕易地拓展新的領域。由於 Dexter Whitehead（Center for Advanced Study 的主任）的鼎力協助，我才能在課程的安排上充分利用麥克阿瑟獎助金所提供的機會。Wissenschaftskolleg 乃是有史以來對於學者最爲支持愛護的環境，其工作人員的耐心與協助，令我在一九八六至八七年的停留期間收穫豐富，心情愉快。

在修改並增補這兩系列演講，逐步形成此書的期間，我得到了許多朋友尖銳而有益的指教，他們在手稿與日俱增的過程中，不吝撥冗閱讀全文或部分。Jeffrey Stout、David Bromwich 和 Barry Allen 指正我許多疏忽，免於鑄成大錯，並提出很多有用的建議。Konstantin Kolenda 對於章節的安排，給我一個極具關鍵性的建議。Charles Guignon、David Hiley 和 Michael Levenson 在最後關頭提出了點點滴滴有用的指教，在此一併致謝。另外，我也要感謝 Eusebia Estes、Lyell Asher 和 Meredith Garmon 所提供的文書和編輯上的協助，以及 Nancy Landau 的細心編輯整理，更感謝劍橋大學出版社的 Jeremy Mynott 和 Terence Moore 鍥而不舍的協助與鼓勵。

「假正經」(法國小說家拉伯雷(Rabelais)用這個字眼來形容不懂得笑，缺乏幽默感的人)就是不經批判思考地接受大家熟悉的觀念，這其實與「媚俗」沒有兩樣，都是藝術的三頭怪敵。眞正的藝術乃是上帝笑聲的回音，在藝術所創造出來的令人著迷的想像世界中，沒有人擁有眞理，而每一個人都有權利被別人正確地了解。那個容忍的想像世界是與現代歐洲同時誕生的，它其實就是歐洲給人的印象——或至少是我們(譯按：我們歐洲人)對歐洲的夢想。這夢想曾經屢次遭到出賣背叛，可是它的強度還是足以把我們團結到超越狹隘歐洲大陸的博愛精神之中。然而，我們知道個人受到尊重的世界(小說的想像世界和歐洲的眞實世界)是非常脆弱而且很容易毀滅的……如果今天歐洲文化正面臨威脅，如果這個內外相夾的威脅籠罩在歐洲最珍貴的東西上——對個人及其獨創思考的尊重，對個人不可侵犯的隱私權的尊重——那麼，我相信，歐洲精神中最珍貴的精髓還安全無恙地保存在小說歷史的寶盒或小說的智慧之中。

——米蘭・昆德拉〈耶路撒冷演說：小說與歐洲〉《小說的藝術》(Milan Kundera, *The Art of the Novel*)

偶然·反諷與團結

導論

當柏拉圖嘗試回答「爲什麼正義符合個人的利益？」，或當基督宗教宣稱「人可以由服務他人而獲得完美的自我實現」，他們背後的企圖都是希望將公共和私人融爲一體。爲了以這類形上學或神學的角度，把完美的追求與社會整體感結合起來，他們要求我們承認人類有一個共通的人性。他們想盡辦法讓我們相信，對我們每一個個人而言，最重要的東西就是我們和其他人所擁有的共通人性；換言之，私人的實現和人類的團結，其實來自同一個源頭。相對的，像尼采一樣質疑這種觀點的人則再三強調，形上學與神學說穿了只是要讓利他主義顯得比實際上更爲合理而已。可是，這類懷疑論者往往也都有他們自己的人性理論。他們也主張所有的人類都有共通的本性，例如權力意志或原欲衝動。他們強調的重點是，在自我的「最深處」根本**沒有**人類團結的意識；人類團結的意識，其實「只是」人類社會化過程所虛構的東西。因此，這類的懷疑論者乃變成反社會者。他們極力否認，除了社會化的個人所構成的小圈圈之外，還有所謂的「社會」可言。

不過，自黑格爾以降，歷史主義的思想家一直努力嘗試突破這眾所周知的僵局。他們否認有所謂「人性」或「自我的最深處」這種東西。他們一貫的策略是極力主張社會化或歷史環境的無所不及，所以根本沒有任何在社會化的背後，或先於歷史的東西，可以用來定義人性。這一類作家告訴我們，「何謂人類」的問題應該丟棄，而以「生活在一個二十世紀富裕的民主社會中是怎麼一回事？」和「生活在這樣的一個社會中，我們如何才能避免成爲只是按照預先寫好的劇本扮演角色的人？」等問題來取代。由於受到這股歷史主義轉向的潛移默化，我們已經逐漸擺脫了形上學和神學，不再受到逃離時間與機緣的誘惑。對我們而言，思想與社會進步的目標，不再是眞理，而是自由。可是話說回來，儘管自由已經取代了眞理，過去私人與公共之間的張力卻依然存在。那些以自我創造或私人自律的欲望爲主要出發點的歷史主義者，如海德格與傅柯，往往仍然和尼采一樣，認爲社會化與我們自我的最深處是格格不入的。而那些以追求正義自由的人類社會爲主要出發點的歷史主義者，如杜威和哈伯瑪斯，則往往還是認爲企求私人完美的欲望感染了「非理性主義」(irrationalism) 與「感受主義」(aestheticism)的病毒。本書試圖對這兩種歷史主義陣營的作家，給予公平的論斷與安置。我要鄭重呼籲，我們不應該非此即彼，而必須對他們兼容並蓄，等量齊觀，將他們運用在不同的目的上。齊克果、尼采、波特萊爾、普魯斯特、海德格和納伯科夫等人的用處，在於他們是人格的模範，告訴我們私人的完美——亦即自我創造的、自律的人生——到底是怎麼回事。馬克思、穆勒 (J. S. Mill)、杜威、哈伯瑪斯和羅爾斯等人的用處，則不在於人格的模範，而在於他們是社會公民的一分子。他們共同參與一項社會任務，努力使我們的制度和實務更加公正無私，並減少殘酷暴虐。只有當我們認爲我們需要一個更廣泛的哲學架構，將自我創造和正義、私人完美和人類團結統合在一個觀點下，我們才會把這兩類思想家當作彼此對立，水火不容。

我們無法在哲學或任何其他理論性的學科中完成這種統合。若勉強要將這兩種企求結合起來，我們所能做到的範圍，頂多就是認爲公正自由社會的目標，乃是讓所有的公民盡量按照他們自己的喜好，成爲私人主義者、非理性主義者和感受主義者：只要他們在自己的時間範圍內爲之，不傷害他人，不使用其他弱勢者所需的資源。在實踐的層次上，有許多可行的措施可以達到這個實踐的目標；但是，要在理論的層次上將自我創造和正義統一起來，是不可能的。自我創造的語彙必然是私人的，他人無法共享，而且也不適合於論證；正義的語彙必然是公共的，大家共享的，而且是論證交往的一種媒介。

任何關於「人」、「社會」、「理性」，或其他東西的理論，都無法將尼采與馬克思、海德格與哈伯瑪斯綜合起來。如果我們能夠使自己接受這個事實，我們自然就會把自律作家和正義作家的關係，看作兩種不同工具之間的關係，如畫筆和鐵鍬之間，根本毋須綜合起來。其中一類作家讓我們了解到，社會品德不是唯一的品德，而且有些人的確重新創造了他們自己。從他們身上，我們發現原來自己依稀彷彿也有變成一個新人類的需要，想要變成一個我們還沒有語言加以描述的新人類；另一類作家則提醒我們，日常生活公開使用的共同語彙裏面，本來就存在著我們堅持的一些理想，然而，我們現實的制度與實務卻沒有達到這些理想的標準。其中一類作家告訴我們，我們不必只使用所屬部落的語言，我們可以發現我們自己的語詞，我們甚至可能有責任為自己找到這些語詞；另一類作家則告訴我們，該項責任不是我們唯一的責任。這兩派作家都言之成理，但是我們沒有辦法使他們說同一種語言。

本書試圖指出，如果我們不再勉強利用理論把公共與私人統合起來，從而能夠心安理得地將自我創造的訴求和人類團結的訴求視為同樣有效，但卻永遠無法放在同一個尺度下衡量，那麼，情況會變得怎麼樣？本書勾勒出一位我稱之為「自由主義的反諷主義者」(liberal ironist)的人物。我對「自由主義」一詞的定義，轉借自史克拉兒(Judith Shklar)，她說，所謂「自由主義者」，乃是相信「殘酷是我們所作所為最糟糕的事」的那些人。根據我的用法，「反諷主義者」認真嚴肅地面對他或她自己最核心信念與欲望的偶然性，他們秉持歷史主義與唯名論的信仰，不再相信那些核心的信念與欲望的背後，還有一個超越時間與機緣的基礎。在「自由主義的反諷主義者」的這些無基礎的欲望當中，包含了一個願望，亦即希望苦難會減少，人對人的侮辱會停止。

對於自由主義的反諷主義者而言，「為什麼不要殘酷？」的問題是無解的，我們無法找到不落入循環論證的理論，來支持「殘酷是可怕的」此一信念。其次，「你如何決定何時為正義而奮鬥，何時獻身於個人自我創造的計畫？」的問題，也是無解的。在自由主義的反諷主義者看來，這個問題和「交出n個無辜者，令其接受酷刑，以挽救其他m×n個無辜者的生命，是不是對的？如果是對的，n和m的正確數值是什麼?」或「在自己家庭或社會成員與其他隨機挑選出來的人之間，吾人何時可以偏袒前者?」一樣，都不可能有唯一正確的答案。針對這類問題，凡是認爲可以找到具有堅實理論基礎之答案的人，或凡是認爲這類道德兩難具有解決公式的人，在其內心深處，都還是一位神學家或形上學家。他相信有一個在時間與機緣之上的秩序，決定著人類存在的意義，建立各種責任的階層體系。

不相信這種秩序存在的反諷主義知識分子（即使在幸運的、富裕的、文化水平很高的民主社會中），在人數上遠遠不及相信這種秩序**一定**存在的人。大部分的非知識分子，依然堅信某種宗教信仰，或某種啓蒙的理性主義。因此，反諷主義往往讓人覺得不僅內在地與民主扞格不入，甚至與人類團結爲敵，也就是說，無法與大眾或所有相信這種秩序一定存在的人，團結在一起。其實不然。與一個受到特殊歷史所約制的、可能短暫的團結形式相互爲敵，並不就是與團結本身爲敵。本書的目的之一，就是提出一個自由主義烏托邦的可能性：在這個烏托邦中，反諷主義在某種意義上具有普遍性。在我看來，既然後宗教的文化是可能的，那麼，後形上學的文化勢必也是可能的，而且也是同樣可欲的。

在我的烏托邦中，大家不會把人類團結當作是必須被承認的事實，亦即必須清除「偏見」或挖掘原本隱藏起來的內在眞實，才能認識到的事實。反之，人類團結乃是大家努力達到的目標，而且達到這個目標的方式，不是透過研究探討，而是透過想像力，把陌生人想像爲和我們處境類似、休戚與共的人。團結不是反省所發現到的，而是創造出來的。如果我們對其他不熟悉的人所承受痛苦和侮辱的詳細原委，能夠提升感應相通的敏感度，那麼，我們便可以創造出團結。一旦我們提升了這種敏感度，我們就很難把他人加以邊陲化，因爲我們不會再認爲「他們的感覺和**我們的**不同」或「既然苦難必然存在，爲何不讓**他們**受苦？」。

逐漸把別人視爲「我們之一」，而不是「他們」，這個過程其實就是詳細描述陌生人和重新描述我們自己的過程。承擔這項任務的，不是理論，而是民俗學、記者的報導、漫畫書、紀錄片，尤其是小說。狄更斯、施賴納(Olive Schreiner)或萊特(Richard Wright)等作家的小說，把我們向來沒有注意到的人們所受的各種苦難，巨細靡遺地呈現在我們眼前。拉克洛(Choderlos de Laclos)、亨利・詹姆斯（Henry James）或納伯科夫等作家的小說，把我們自己所可能犯下的種種殘酷，巨細靡遺地告訴我們，從而讓我們進行自我的重新描述。這就是爲什麼小說、電影和電視節目，已經逐漸不斷地取代佈道與論述，成爲道德變遷與進步的主要媒介。

雖然這項轉變的意義目前還妾身未明，但在我的烏托邦中，它必將得到廣泛的承認。這廣泛的承認其實意味著一個更大的轉變：亦即背棄理論，轉向敍述。此轉向的發生，表示我們已經不再試圖利用一個單一的觀點來涵蓋生命的一切面向，或利用一個語彙來描述這些面向；也等於是承認我在第一章中所謂的「語言的偶然性」：我們不可能超離我們所使用的種種語彙，而掌握一個後設語彙，將**一切可能的**語彙、一切可能的判斷與感覺方式，統統予以考慮進去。相反的，我所期待的那種歷史主義與唯名論的文化，則會坦然接受連結過去、現在和未來種種烏托邦的敍述。更重要的，這個文化會相信，烏托邦的實現，以及構想更多的烏托邦，乃是一個永無止境的過程，永無止境地、日新又新地實現「自由」，而不是與一個早已存在的「眞理」趨於一致的過程。

第一篇——偶然

第一章 語言的偶然

眞理是被製造出來的，而不是被發現到的——這個觀念在大約兩百年以前開始纏住歐洲人的想像。法國大革命已經顯示，社會關係的全部語彙，和社會制度的整個譜序，可以幾乎在一夕之間被取代。有了這個先例，烏托邦政治乃變成知識分子間的常規，而不再是異議。烏托邦政治將上帝意志和人性的問題暫時擱置不談，而去夢想創造一個前所未知的社會形式。

幾乎在那同時，浪漫主義詩人也在告訴世人，當藝術不再被視爲模仿，而是藝術家的自我創造時，其後果會是什麼。詩人們要求藝術必須在文化中占有傳統上宗教和哲學所占據的位置，以及啓蒙運動爲科學所要求的地位。浪漫主義者所立下的先例使他們的要求開始具有說服力，而近一個半世紀以來，小說、詩、戲劇、繪畫、雕像和建築物在社會運動中實際上所扮演的角色，又賦予了這個要求更大的說服力。

如今，這兩股勢力已經結合，並取得了文化霸權。對大部分當代知識分子而言，(相對於手段的)目的問題——亦即如何賦予個人生命或社會的意義問題——乃是藝術或政治，或兩者的問題，而不是宗教、哲學或科學的問題。此一發展已導致哲學內部的分裂。某些哲學家仍然忠於啓蒙運動，繼續認同於科學的理想。他們認爲科學與宗教、理性與非理性之間古老鬥爭的戰火未歇，只是理性目前鬥爭的對象已經轉向另一股文化力量，這股文化力量相信「眞理爲製造的，而非發現的」。這些哲學家奉科學爲人類活動的圭臬，且他們堅信，自然科學發現眞理而非製造眞理。他們認爲，「製造眞理」只是隱喩的說法，而且十分容易造成誤導。對他們而言，在政治和藝術領域中，「眞理」概念沒有立足之地。反之，其他哲學家則了解到，自然科學所描述的世界不能傳授道德上的教訓，無法提供精神上的慰藉，因而他們歸結出：科學只不過是科技的僕人。這些哲學家把自己劃分在政治烏托邦主義者和創新藝術家這一邊。

第一類哲學家把「扎實的科學事實」和「主觀的」或「隱喩」對立起來，而第二類哲學家則認爲，科學只是人類諸多活動之一，在科學中，人類所見到的並不是一個「扎實的」(hard)、非關人類的(nonhuman)實在。在第二類哲學家看來，大科學家創造出對世界的描述，以利於預測和控制事情的發生，正如詩人和政治思想家爲其他目的創造出對世界的其他描述一樣。但是，把這些描述中的**任何**一個，視爲這世界的本然樣貌之準確再現，則是無稽之談。這些哲學家認爲，這種再現的觀念本身是毫無意義的。

如果自來只有第一類，亦即把自然科學家當作英雄的哲學家，那麼我們或許根本不會有「哲學」這門獨立自主的學科，一門既不同於科學，亦不同於神學或藝術的學科。作爲這樣一門學科，哲學才不過兩百年的歷史，它的出現應歸功於德國觀念論者。德國觀念論者試圖將所有的科學各歸其位，並把「人類製造眞理，而非發現眞理」的模糊觀念加以澄淸。康德試圖把科學分派到第二等眞理的領域，亦即關於現象世界的眞理。而黑格爾則認爲，作爲精神的描述，自然科學所描述的精神其實尙未意識到自己的精神性，也因此，黑格爾把詩人和政治革命家所提供的眞理提升爲第一等眞理。

不過，德國觀念論猶如曇花一現，是一個無法令人滿意的妥協，因爲康德和黑格爾在駁斥「眞理存在那裏」（Truth is "out there."）的觀念上，都功虧一簣。他們願意把經驗科學的世界視爲一個被造的世界，把物質視爲心靈所構造，或只是尙未完全意識到其自身之心靈性格的心靈。但他們都還堅持主張，心靈、精神、人類自我的深處，具有一內在的本性（或內在的自然），而且其內在本性可以被一種非經驗的超科學——叫作「哲學」——所認識。這表示只有一半的眞理——即底層的、科學的那一半——是被造的；而更高的眞理，關於心靈的眞理，即哲學的領土，仍然需要被發現，而非被創造。

觀念論者所無法洞識的一件必要工作，就是反對事物——心靈或物質，自我或世界——具備一個有待被表現（be expressed）或被再現（be represented）的內在本性。因爲觀念論者將「事物不具內在本性」一事和「空間和時間是不實在的」、「人類造成（cause）時空世界的存在」等觀念混淆在一起。

我們必須區分「世界存在那裏」(the world is out there)和「眞理存在那裏」(truth is out there)這兩種主張。「世界存在那裏」、「世界不是我們所創造」，是說依一般常識，空間和時間中的大部分東西，都是人類心靈狀態以外的原因所造成的結果。「眞理不存在那裏」，只是說如果沒有語句，就沒有眞理；語句是人類語言的元素；而人類語言是人類所創造的東西。

眞理不能存在那裏，不能獨立於人類心靈而存在，因爲語句不能獨立於人類心靈而存在，不能存在那裏。世界存在那裏，但對世界的描述則否。只有對世界的描述才可能有眞或假，世界獨自來看——不助以人類的描述活動——不可能有眞或假。

眞理，和世界一樣，存在那裏——這個主意是一個舊時代的遺物。在那舊時代中，世界被視爲一存在物所創造的東西，而該存在物有一套他自己的語言。一旦我們不再企圖解釋這種「非人的語言」到底是什麼意思，我們就不致把「世界可以使(cause)我們有理由相信一語句爲眞」這平常見解，去和「世界自動自發地將自己分裂爲許多具有語句形式的碎塊，叫作『事實』」這種主張，混淆在一起。但如果一個人牢牢抓住「自我持存的事實」(self-subsistent facts)這概念不放，很容易就會把「眞理」一語擴大，並把它和上帝，或作爲上帝之設計的世界，等同起來。於是他就會說，譬如，「眞理」是偉大的，且將戰勝一切。

如果我們把注意力局限在個別的語句，將其與語彙對立起來，那麼上述的混同就更容易產生。因爲我們常常讓世界決定不同語句之間的勝負，如「紅隊獲勝」和「黑隊獲勝」，或「是僕役長幹的」和「是醫師幹的」。在這些情況下，我們確實容易把「世界包含使我們有理由持一信念的原因」這事實，去和「有某種非語言的世界狀態，其本身是眞理的一個例子」或「有一個這樣的狀態『使一個信念和它符應（correspond）而成爲眞』」這主張混爲一談。但如果我們從個別的語句轉向語彙的整體，這就不那麼容易發生。當我們考慮不同的語言遊戲——譬如比較古代雅典政治的語彙和美國開國元勳傑佛遜（Thomas Jefferson）的語彙，比較聖保羅的道德語彙和佛洛伊德的道德語彙，比較牛頓的術語和亞里斯多德的術語，比較詩人布萊克（William Blake）的慣用語和詩人德萊登（John Dryden）的慣用語，我們就比較不會認爲世界使它們之間的一個優於另一個，或認爲世界在它們之間作了一個選擇。當「世界的描述」這概念，在語言遊戲內由「判準支配的語句（criterion-governed sentences）層次」轉到「語言遊戲整體的層次」（在此層次，我們無法參考判準來選擇哪一個語言遊戲），「世界決定哪一個描述是眞的」這概念就不可能再有任何清楚的意義了。我們就比較不會再認爲該語彙無論如何已經存在世界那裏，只等待我們去把它發現出來。思想史家（如庫恩〔Thomas Kuhn〕和史金納〔Quentin Skinner〕）將注意力集中在語句所由構成的語彙上，而不在個別的語句上，從而使我們了解到，儘管（例如）牛頓的語彙比亞里斯多德的語彙更容易讓我們預測這個世界，這事實也不表示世界說的是牛頓的語言。

世界不說話，只有我們說話。唯有當我們用一個程式語言設計自己之後，世界才能引發或促使（cause）我們持有信念。但世界無法爲我們應該說什麼語言提出建議，只有其他人類才能作此建議。不過，雖然世界並沒有告訴我們應該玩哪一種語言遊戲，可是這不表示決定玩哪一種語言遊戲乃是隨意的（arbitrary），也不表示語言遊戲的選擇乃是我們內在深處某個東西的表現。這個結論並非意謂選擇語彙的客觀判準必須由主觀的判準加以取代，理性由意志或感覺加以取代；而是意謂著在一個語言遊戲到另一個語言遊戲的轉換中，判準和選擇（包括「隨意的」選擇）等概念就失去意義了。歐洲未嘗**決定**接受浪漫主義詩歌的習慣語，或社會主義政治的習慣語，或伽利略機械論的習慣語。那種轉變既非意志的行動，亦非論證的結果。事實上是：歐洲逐漸喪失使用若干字詞的習慣，並逐漸習慣於使用其他字詞。

誠如庫恩在《哥白尼革命》（*The Copernican Revolution*）一書中所論，我們並非站在望遠鏡的觀察或其他東西的基礎上，才相信地球不是宇宙的中心，或相信宏觀的行爲可以用微結構的運動爲基礎來加以解釋，或認爲預測和控制應該是科學理論的主要目標。其實正好相反。經過了一百年毫無定論的混亂狀態，歐洲人才發現，他們的說話方式已經把這些盤根錯節的命題視爲理所當然。這種巨型的文化變遷並不是運用判準（或「隨意決定」）所得到的結果，正如同一個人變成有神論或無神論，或從一個配偶或交遊圈轉到另一個配偶或交遊圈，亦非運用判準或**任意行動**的結果。在這些事情上，我們不應該向我們內在，也不應該向外在世界，尋找決定的判準。

尋找判準的引誘屬於另一個更廣泛的誘惑，即認爲世界或人類的自我具有一內在本性，或本質。換言之，此更廣泛的誘惑使我們企圖在我們習慣上用來描述世界或我們自己的許多語言中，挑選其中一個並賦予其優先權，結果就是尋找判準（來決定挑選哪一個）。只要我們認爲，各種整體語彙可能擁有或缺乏某種叫作「符合這世界」或「表現自我的眞實本性」的關係，那麼我們就會承續傳統哲學追求一個判準，來告訴我們哪些語彙具有我們想要的這種特色。但是，如果我們同意，實在界（reality）的大部分根本無關乎我們對它的描述，人類的自我是由語彙的使用所創造出來的，而不是被由語彙適切或不適切地表現出來，那麼我們自然而然就會相信浪漫主義「眞理是被造而不是被發現的」觀念是正確的。這個主張的眞實性，就在於**語言**是被創造的而非被發現到的，而眞理乃是語言元目或語句的一個性質❶。

我可以重新描述兩世紀前革命家和詩人（依我之見）所獲致的成果，來綜述以上所論。十八世紀末所曾見的是，任何事物都可以用重新描述，使其變得看起來是好的或壞的、重要的或不重要的、有用的或無用的。被黑格爾描述爲精神逐漸自我意識到自己內在本性的那個過程，最好被描述爲歐洲語言實務以越來越快的速度發生變化的過程。黑格爾所描述的現象就是：較之過去，有越來越多的人對更多的事物提出更激進的重新描述，年輕人在未成年以前就已經歷數次精神形態的巨變。浪漫主義「想像力（而不是理性）才是人類主要的能力」的主張所表達的，就是認識到文化變遷的主要媒介，乃是以不同方式說話的才能，而不是良好的論證才能。法國大革命以來政治烏托邦主義者所察覺到的，不是有一個持存的根本人性一直被「不自然的」或「非理性的」社會制度所遏制或壓抑著；而是變動不居的語言和其他社會實務，可以產生一種不曾存在過的人類。德國觀念論者、法國大革命家、浪漫主義詩人共同隱約地察覺到：凡經歷語言的改變，從而不再把自己視爲必須向某種非人的權力負責的人，終將變成一種新的人類。

凡像我一樣，對於這種建議抱持同情的哲學家——寧可把自己附麗於詩人，而非物理學家——都必須面對的一個困難，就是如何避免造成一個印象，讓人以爲這種建議把握到某種正確的東西，以爲我這種哲學符應於事物實在的狀況。因爲只要提到符應，我這種哲學企圖擺脫的那個觀念便死灰復燃，那觀念就是：世界或自我有一個內在的本性。從我們的觀點來看，用「符合世界」或「表現人性」來解釋科學的成功或政治自由主義的可欲性，就像用鴉片的催眠力量來解釋爲什麼鴉片會使你昏昏欲睡。說佛洛伊德的語彙捕捉到人性的眞理，或牛頓的語彙捕捉到天空的眞理，其實並未解釋任何東西，而只是一個空洞的恭維——傳統上當人們發現一個作家創新的術語有用時，便贈予這樣的恭維。沒有內在本性這種東西，並不是說實在的內在本性已經令人訝異地變成外在的；而是說「內在本性」一詞使用起來不划算，所造成的弊多於利。我們應該丟掉眞理存在那裏等待被發現的觀念，但這並不是說我們已經發現：那裏並沒有眞理（Out there, there is no truth.）❷；而是說爲了適合我們的目的，最好不要再把眞理視爲一種深奧的事情，一個哲學的課題，或把「眞實的」視爲值得再「分析」的語詞。「眞理的本性」是一個得不償失的（unprofitable）話題，在這方面它就類似於「人的本性」和「上帝的本性」，而不同於「陽電子的本性」和「伊底帕斯滯留的本性」。但同樣地，此所謂相對的有益，也只是勸說：對於這些話題，事實上我們所說甚少，所以不如保持緘默！

從我提出的哲學觀點來看，哲學家不應該被要求用論證來駁倒（例如）眞理的符應理論或「實在的內在本性」概念。使用論證來反對一個習慣的、由來已久的語彙的使用，其困難在於：習慣上通常都會期望利用該語彙來陳述這些論證。一般都希望這些論證證明該語彙的核心要素是「本身就是不一致的」或是「自我解構的」。然而，尋找這類「證明」猶如緣木求魚。凡試圖顯示我們對一慣用語詞的習慣用法是不一貫的、或空洞的、或模糊不清的、或「只是隱喩式的」，任何論證都勢將終無定論，而且必然陷於循環論證。因爲這類習慣用法畢竟是一貫的、有意義的、本義的說話方式之典範。而這類的論證則總是預設或蘊涵另外還有一個更好的語彙。反之，有趣的哲學鮮少以一個論題正反面意見的檢討爲足，而通常是一個根深柢固但已麻煩叢生的語彙和一個半生不熟但隱約透露偉大前景的新語彙之間，或隱或顯的競賽。

後面這種哲學「方法」，其實與烏托邦政治學或革命科學（相對於議會政治學或常態科學）的「方法」，有異曲同工之妙。此方法就是使用新的方式將許許多多的事物加以重新描述，直到你創造出的語言行爲模式足以引誘新興一代去採用，從而促使他們尋找適合的新的非語言行爲形式，例如採用新的科學設備或新的社會制度。這種哲學並不一件一件地做、或一個概念接著一個概念分析、或一個論題接著一個論題檢查，相反地，其作法是全體論式的和實用主義式的。譬如，它會說，「試一試用這種方式來看它」——或更明確地：「不要理會顯然已經無效的傳統問題，換一換下面新的且可能有趣的問題試試看。」這種哲學不假裝擁有更好的點子，去做和我們用舊方式說話時所做的同樣的舊事情。相反的，它建議我們停止做那些事情，而去做些別的事情。不過，它不會站在舊的和新的語言遊戲所共通的前提判準的基礎上，用論證來證明這個建議。因爲，正由於這新的語言是新的，這種判準並不會存在。

爲了遵守我自己的戒條，我將不提出論證來反駁我想取代的語彙。相反的，我將試著說明我所贊同的語彙如何可以用來描述一些課題，使其看起來更具吸引力。更確切地來說，在這一章我要把戴維森（Donald Davidson）的語言哲學著作描述一番。根據我的描述，他的哲學有意把「內在本性」丟掉，能夠勇敢果決地承認我們所使用的語言的**偶然性**。在接著兩章，我將試圖指出，從承認語言的偶然性，我們如何進一步承認良心的偶然性，以及這兩種承認如何導出一幅關於知識和道德演進的圖象，亦即將這個演變視爲由愈來愈有用的隱喩所構成的歷史，而不是對事物的實在狀況愈來愈了解的歷史。

在這一章，我由語言哲學入手，因爲我想就我下面這個主張的一些後果衍申一番，此主張即：只有語句才有眞假可言；人類利用他們所製造的語言來構成語句，從而製造了眞理。我將集中討論戴維森的著作，因爲他是針對這些後果鑽研最多的哲學家❸。戴維森將他對眞理的討論，和對語言學習及隱喩的討論結爲一體，首度以有系統的方式討論語言，而與另一個語言觀（即視語言爲某種可能適切或不適切於世界或自我的東西）**完全**決裂。因爲戴維森摒棄一個語言概念：即語言是一種**媒介**——一種再現或表現的媒介。

此所謂「媒介」是什麼？可以這樣說，傳統上關於人類處境的圖象，不僅把人視爲信念與欲望所構成的網絡，而且**擁有**那些信念和欲望。依這傳統的看法，人有一個核心的自我，可以審查、決定、使用這些信念和欲望，且可以用它們來表現自己。其次，對於這些信念和欲望的批判，不僅要參考它們是否能夠彼此相互一致，還得參考在它們所構成的網絡之外的某種東西。依此見解，只要不符合實在界，信念就是可批判的；只要不符合人類自我的本質——亦即只要是「非理性的」、「不自然的」，欲望就是可批判的。如此，我們得到了一幅圖象，在信念和欲望的網絡這一邊有一個自我的本質核心，在另外一邊則有實在界。在這幅圖象中，該網絡乃是兩者（自我與實在）互動的結果，一方面表現自我，另一方面再現實在。這就是觀念論企圖取代卻又功虧一簣的那個傳統的「主體／客體」圖象，後來尼采、海德格、德希達、威廉•詹姆斯（William James）、杜威、古德曼（Goodman）、謝勒斯（Sellars）、帕特南（Putnam）、戴維森及其他人，均企圖取代這主體客體圖象，而又不致陷觀念論者所掉入的弔詭。

在這取代的努力過程中，有一個階段是利用「語言」來代替「心靈」或「意識」，作爲構成信念和欲望的媒介，即介於自我與世界之間的第三要素。在當時，這語言的轉向曾被視爲一個進步的、邁向自然化的發展，其道理就在於：對使用語言的有機體的進化起源給予因果的說明，比起以因果方式說明意識如何形上學地起源於非意識，似乎較爲容易。然而，這個替換本身卻徒勞無功，因爲如果我們堅持語言是一種媒介，站在自我和此自我企求接觸到的非人的實在界之間，我們還是沒有進步。我們仍然在使用主體客體的圖象，我們仍然糾纏在懷疑論、觀念論和實在論的問題中。因爲我們關於意識所問的那一類問題，現在同樣可以拿來質問語言。

這些問題就像：「位於自我和實在界之間的這個媒介，會將這兩者結合或分開？」或「我們應該把這個媒介視爲主要是一種表現（明白地表達自我深處）的媒介，還是把它視爲主要是再現（向自我顯示在它外面的是什麼東西）的媒介？」可惜，觀念論的知識理論和浪漫主義的想像力概念，都可以輕易地從「意識」的術語轉化成「語言」的術語。同樣的，實在論和道德主義對這些理論的反應，也可以輕易如此轉化。所以，只要我們還認爲，我們可以了解一個語言「是否『適合於』某一任務」的問題是什麼意思，不論這任務是適當地表現人類的本性抑或再現非人的實在界之結構，那麼，浪漫主義和道德主義、觀念論和實在論之間像翹翹板一樣的拉鋸戰，就會一直持續下去。

我們必須跳下這個翹翹板。戴維森可以助我們一臂之力，因爲他並不把語言當作表現或再現的媒介，所以他能夠撇開自我和實在界具有內在本性——存在那裏等著被認知的本性——的觀念。戴維森對語言的看法既不是化約式的，也不是擴張式的。他並不（像有些分析哲學家那樣）想要對「眞理」或「意向性」或「指涉」等語意概念提出化約式的定義；他也不像海德格那樣，企圖使語言成爲像上帝一樣的東西，使人類成爲只是從語言衍生出來的東西。誠如德希達警告我們的，這樣把語言加以神化，其實只是觀念論把意識加以神化的翻版而已。

在規避化約論和擴張論方面，戴維森接近於維根斯坦（Wittgenstein），兩人都認爲不同的語彙猶如不同的工具，而不像拼圖遊戲的片塊。把不同的語言視爲一個拼圖遊戲的片塊，是假定所有的語彙都是可要或可不要的（dispensable），或可以化約爲其他的語彙，或能夠和所有其他的語彙共同結合在一個巨型的統一超級語彙中。如果我們避開這項假設，我們自然就不會問：「在分子的世界，意識的地位是什麼？」或「顏色是否比重量更依賴於心靈？」或「在事實的世界中，價值的位置是什麼？」或「在因果的世界中，意向性的位置是什麼？」或「常識中實質的（solid）桌子和微物理學中非實質的（unsolid）的桌子，兩者間的關係是什麼？」或「語言和思想的關係是什麼？」我們不應該嘗試回答這樣的問題，因爲嘗試回答它們，勢必會走向化約主義有目共睹的失敗，或擴張主義倏忽即逝的成功。我們應該局限在像「我們對這些字詞的使用是否干擾阻礙了我們對其他字詞的使用？」這樣的問題。這問題所問的是：我們對工具的使用是否效果不彰？而不是：我們的信念是否互相矛盾？

「純粹哲學的」問題——例如艾丁頓（Eddington）的兩種桌子（亦即上述常識中實質的桌子和微物理學中非實質的桌子）的問題——都企圖在原已可以和平共處的語彙之間，挑撥起一種故意捏造出來的理論紛爭。就是在上面所引的那些問題中，哲學家特別看到別人所看不到的困難，而使他們的學科蒙受昭彰的惡名。但我並不是說，語彙之間從來不互相干擾阻礙；相反的，在藝術、科學、道德和政治思想中，凡革命性的成就往往是因爲有人了解到我們所用的兩個或更多個語彙正彼此互相干擾，於是發明一套新的語彙來取代兩者。例如，傳統的亞里斯多德語彙干擾了十六世紀數學學生們正在發展的數學化語彙。再如，十八世紀晚期德國年輕的神學生——如黑格爾和赫德林（Hölderlin）——發現，他們用來崇拜耶穌的語彙和他們用來崇拜希臘人的語彙正互相干擾。又如，羅塞蒂式辭法（Rossetti-like tropes）的使用干擾了早期葉慈（Yeats）對布萊克辭法的使用。

這種透過漸進的嘗試錯誤而創造出的新的第三語彙，就是伽利略、黑格爾或後期葉慈一班人所發展的那種語彙，其過程不在於發現諸舊語彙如何互相融合。這就是爲什麼這種語彙的創造無法由推論過程達致，不能從舊語彙所陳述的前提出發。這種創造不是把拼圖的片塊成功地拼放一起的結果，不是發現到現象背後的實在，不是發現未被扭曲的整體圖象觀點，以取代對其各部分的一曲之見。對於這種創造，一個恰當的類比是發明新的工具，來代替舊的工具。學會使用這樣的語彙就像棄置槓桿和楔子，因爲人家已經想到了滑輪；或像丟棄石膏底和蛋彩，因爲已經知道如何在畫布上恰當地上膠。

語彙和工具之間這種維根斯坦式的類比，有一個明顯的缺陷。工匠在挑選或發明工具來執行工作之前，往往知道他必須完成的工作是什麼；而相對的，像伽利略、葉慈或黑格爾等人（即我所謂廣義的「詩人」——「新事物的創造者」），在尚未發展出他做事情所用的語言之前，往往無法清楚他想要做的到底是什麼。他的新語彙本身使得首次對這新語彙的目的加以陳述成爲可能。這新語彙是一種工具，它所要做的事情，在發展出一套特殊的描述之前，是無法預見的——這語彙本身幫助提供這一套特殊的描述。不過，我想暫時撇開這相異處。我只想要指出，拼圖遊戲模型和不同語彙的「工具」模型之間的對比，正好反映尼采的一對語詞——眞理意志（the will to truth）和自我超克的意志（the will to self-overcoming）——之間的對比，雖然尼采的這對語詞易生誤會。而兩者其實乃是另一項對比的表達，亦即企圖再現或表現某種已經存在那裏的東西，與企圖創造某種先前未嘗夢想過的東西。

戴維森把維根斯坦這種視語彙爲工具的看法，加以引申推演，並對維根斯坦以前傳統語言觀的假設，提出旗幟鮮明的質疑。從這些傳統語言觀來看，像「我們現在所使用的語言是『正確的』語言嗎？——它是否勝任它作爲表現或再現媒介的任務？」或「我們的語言是一個透明的，還是一個模糊的媒介？」這一類問題理所當然是有意義的問題。這一類問題均假定，語言與非語言之間存在著像「符合於世界」或「忠實於自我的眞實本性」的關係。這個假定附帶著另一個假定，即：「我們的語言」——我們現在所說的語言，二十世紀有教養的人所用的語彙——多少是一種統一體，是站在另外兩個統一體（自我與實在）之間、並與兩者具有某種特定關係的第三者。如果我們認爲有所謂「意義」這種非語言的東西，而語言的任務在於表現意義，並認爲有「事實」這種非語言的東西，而語言的任務亦在於再現事實，那麼，上述兩個假定是再自然不過的了。一且我們認爲語言的任務在於表現意義和再現事實，我們就會把「語言是媒介」恭奉爲顛撲不破的概念。

戴維森對傳統哲學中「事實」和「意義」二語詞的用法的抨擊，及對他所謂思想與研究的「架構／內容模型」(the scheme-content model) 的抨擊，皆隸屬於一個更大的攻擊面。這更大攻擊面的敵人認爲，語言必須執行一個固定的任務，而且有一個能或不能有效地執行這項任務的元目，叫作「語言」(language) 或「語言本身」(the language) 或「我們的語言」(our language)。戴維森對於這種元目是否存在的質疑，正呼應萊爾 (Gilbert Ryle) 和德內特 (Daniel Dennett) 對於是否存在所謂「心靈」或「意識」這種東西的質疑❹。這兩種質疑的焦點就在於「自我與實在之間的媒介」概念的實用性。這個媒介，在實在論者看來是透明的，而在懷疑論者看來則是模糊的。

在最近一篇命題絕妙的文章——〈碑文的絕妙瘋狂〉("A Nice Derangement of Epitaphs") ❺——中，戴維森開發了一個看法，試圖推翻把語言視爲元目的主張。那看法就是他所謂的「暫定理論」(a passing theory) 之說，即我們對身邊的人目前所做出的雜音和記號的暫時性的理論。我們可以把這種理論視爲另一個更大的、關於這個人整個行爲的「暫定理論」的一部分。關於這個人整個行爲的「暫定理論」就是一組關於這個人在什麼情況下會做什麼的猜測。這種理論之所以是「暫定的」，是因爲它必須不斷被修正，以容許口齒不清、口吃、誤用、隱喻、臉部抽筋、疾病發作、精神病徵、離譜的糊塗、天才的傑作等等情況。爲使這看法更容易了解，設想我的降落傘掉入一個陌生的文化中，我正在對當地一位土著當下的行爲，構作這樣一種理論。這位陌生人想必也覺得我是陌生的，同時也在忙著針對我的行爲構作一個理論。如果我們達到了輕鬆愉快的溝通，那是因爲她對我下一步要做的事情（包括我下一步要發出來的雜音）的猜測，跟我對我自己在特定情況會說什麼或做什麼的期望，或多或少達到了一致，而且也因爲我對她的猜測和她對自己的期望也相當的一致。她和我互相周旋，正如我們和芒果或大蟒蛇周旋——我們都試圖不要驚慌失措。依戴維森，所謂我們會說相同的語言，是說「我們的暫定理論趨於一致（converge）的傾向」。戴維森的主旨在於：「如果兩人要透過說話來了解對方，則他們所需的乃是在一句接著一句的交談中，使他們的暫定理論相合一致的能力。」

戴維森對語言溝通的解釋，不把語言視爲介於自我與實在之間的第三者，也不把不同的語言視爲個人或文化之間的障礙。如果一個人以前的語言不適合處理世界的某部分（例如頭上星光熠耀的天空，或內心洶湧沸騰的情感），那只是說由於學習到了一種新的語言，這個人現在能夠更輕易地處理那個部分。如果兩個社群有相處上的困難，因爲他們所用的字詞很難互譯，那只是說其中一個社群居民的語言行爲——和他們其他的行爲一樣——可能很難被另一個社群的居民所預測。誠如戴維森所言：

> 我們應該知道，這麼一來，我們不僅拋棄了一般的語言概念，同時也泯除了「知道一個語

> 言」和「知道如何處身於這整個世界」之間的界線。因爲如何達到可行的暫定理論，根本沒有一定的規則可循……對於這個過程，我們不可能加以規律化或傳授他人，這和對於如何創造新理論來處理新資料，我們也無法規律化或傳授他人，道理是一樣的——因爲這正是這過程的特性……。
>
> 如果所謂一個語言（至少）是哲學家一向所認爲的那種東西，那麼，**根本沒有「一個語言」這種東西**。所以，根本沒有這種必須被學習或熟練的東西。我們必須避免把語言看作語言使用者所熟練並加以應用的一個界定清晰的、共享的結構。……要解開如何溝通之謎，我們應該放棄求諸「約定俗成」之企圖。❻

這種語言觀，和萊爾／德內特對心靈的看法，其實是相互呼應的：當我們使用一個心靈語詞(mentalistic terminology) 時，我們只是在使用一個語彙有效地預測一個有機體，在各種不同的情況下，可能會做什麼或說什麼。這種語彙具備德內特所謂的「意向觀點」(intentional stance)。在語言方面，戴維森是非化約的行爲主義者，正如萊爾是心靈方面的非化約的行爲主義者。他們都不想用行爲主義式的術語來談論信念或指涉。不過，兩者都說：不要把「心靈」或「語言」這兩個語詞，當作自我與實在之間的一個媒介的名稱；而應該只把它們當作是一個旗幟，表示在面對某些有機體時，使用某特定的語言是可行的。所以，當我們說一個有機體——或確切言之，一個機器——具有心靈時，我們只是說，爲了若干目的，認爲這個有機體具有信念和欲望乃是值得的。說它是一個語言使用者，也只是說把它所做出的記號和雜音，拿來和我們的相互對照，對於預測和控制它未來的行爲，會是一種有用的技巧。

維根斯坦的這個態度，在心靈方面有萊爾和德內特，在語言方面有戴維森，加以發展。這種態度把心靈和語言加以「自然化」，也就是使心靈或語言與宇宙其他事物的關聯的一切問題，統統變成因果的問題，而不再是再現或表現適不適切的問題。我們究竟如何從猿猴的懵懂無心變成人類發達密緻的心智，或如何從使用尼安德塔穴居人的語言演變至今使用後現代的語言，如果把這些問題都直截了當地視爲因果問題，那是十足合情合理的。前一個問題的答案把我們帶進神經學，從而進入演化生物學；然而，後一個問題的答案則把我們帶入「思想史即隱喻史」的觀點。就此書的目標而言，後面這個部分才是重要的。因此，我想利用本章剩下的篇幅，針對思想和道德的進化史，大略提出一個與戴維森的語言觀相呼應的觀點。

把語言，以及藝術、科學和道德意識等的歷史視爲隱喻的歷史，就是否認人類心靈或人類語言乃是上帝或自然爲若干目的而設計出來的，否認人類心靈和語言的歷史乃是向這目標趨近的過程，例如，變得能夠表現越來越多的意義，或再現越來越多的事實。一旦「語言是媒介」的看法銷聲匿跡，「語言具有一個目的」的看法也會隨之幻滅。把這兩個看法統統丟掉的文化，將會是近兩百年以來現代思想的幾個大趨勢——德國觀念論、浪漫主義詩歌及烏托邦政治所共具的趨勢——的大勝利。

這種非目的論的思想史觀（包括科學史）在文化理論上的貢獻，可與孟德爾（Mendel）以機械論解釋自然選擇對於演化理論的貢獻，相提並論。孟德爾讓我們看到，心靈只是這演化過程偶然發生的事情，而不是整個過程的核心。戴維森讓我們把語言及文化的歷史，想像成達爾文所見的珊瑚礁的歷史。舊的隱喻不斷死去，而變成本義（literalness），成為新隱喻得以形成的基座和托襯。這個類比教我們把「我們的語言」——二十世紀歐洲文化與科學的語言——看作只是許許多多純粹偶然的結果。我們的語言和我們的文化，跟蘭花及類人猿一樣，都只是一個偶然，只是千萬個找到定位的小突變（以及其他無數個沒有定位的突變）的一個結果。

我們必須先肯定赫塞（Mary Hesse）的科學革命觀，才有辦法接受這個類比。赫塞認為，所謂科學革命乃是對自然加以「隱喻式的重新描述」（metaphoric redescription），而不是對自然內在本性的洞識[7]。其次，我們千萬不可以認為，當代物理或生物科學對實在的重新描述，較之當代文化批判對歷史的重新描述，多少更接近「事物自身」，或更不具「主觀見解」。我們必須相信，造成DNA或「大爆炸」（Big Bang）之說的因果力量叢，與造成「世俗化」或「晚近資本主義」之說的因果力量，在種類上並無二致[8]。這些不同的因果力量叢，乃是一些隨機因素，決定著哪些東西是或不是我們談話主題，哪些東西重要或不重要、可能或不可能。

文化史的目的論——即認爲文化的終極目標在於眞理的發現或人類的解放——與此處所勾勒的尼采與戴維森式的史觀，其中的差異還可以這樣來看：即如果要對人類與宇宙其他事物加以描述，則後者的史觀與純粹機械式的描述是相容不悖的。因爲眞正的創新畢竟可以發生在一個由盲目的、偶然的、機械的力量所構成的世界之中。例如，我們可以把「創新」視爲當一個宇宙射線擾亂一DNA分子中的原子，從而使東西傾向於變成蘭花或類人猿時，所發生的事情。當機會來臨時，蘭花對其存在必要條件的純粹偶然而言，仍然是新奇而不可思議的。同理，我們可以把亞里斯多德隱喩式地使用「實體」(ousia)一詞，聖保羅隱喩式地使用「聖愛」(agapē)一詞，牛頓隱喩式地使用「重力」(gravitas)一詞，都當作是宇宙射線擾亂了他們大腦中若干重要神經細胞的精密結構的結果。或換一個更具說服力的說法，他們這些創新都是嬰兒期若干古怪插曲的後果——若干特殊精神創傷在他們大腦中留下的若干強迫性怪癖的結果。這些結果都是不可思議的、前所未有的。

這種思想史觀與尼采把「眞理」定義爲「隱喩的機動部隊」(a mobile army of metaphors)，前呼後應，也與我早先對伽利略、黑格爾、葉慈等人的描述相互呼應：新的語彙在他們心中滋生，於是他們具備了新的工具，可以做這些工具尚未出現前所無法想見的事情。但要接受這樣一幅圖象，我們必須以戴維森的方式來了解「本義」(the literal)與「隱喩」(the metaphorical)之區分：這不是兩種意義的區分，也不是兩種詮釋的分別，而是對雜音和記號之慣常使用與不慣常使用

(familiar and unfamiliar uses)的區別。雜音和記號的本義使用，就是我們可以用我們關於人們在不同情況下會說什麼的舊理論來加以處理的使用；隱喻的使用則使我們忙於發展出新理論。

關於這一點，戴維森說，我們不應該認爲隱喻表式具有一個意義，不同於其本義。所謂具有意義，就是在一個語言遊戲中擁有一個定位。依照定義，隱喻不在一個語言遊戲擁有一個地位，因此沒有意義。戴維森反對「把隱喻和認知的內容聯繫起來，並認爲作者期望傳達此認知內容，而詮釋者若要獲得訊息則必須把握此內容」❾。在他看來，把一個隱喻投入會話中，就像是突然把會話中斷一段時間，做個鬼臉，或從你的口袋拿出一張相片給對方看，或指著周遭環境的一個特色，或往你的交談者臉上打一巴掌，或親他一下。把一個隱喻投入一篇文章中，就像使用斜體字、插圖或奇怪的標點符號或編排方式。

這些動作都是對你的交談者或讀者製造效果的方式，不是傳達訊息的方式。對於這些動作，問「你確確實實想說什麼？」乃是不恰當的反應。如果一個人想要說什麼——亦即如果他想說出一個具有意義的句子——那麼他應該說出來就是了。然而，這個人卻認爲，他的目標最好用別的手段來達成。一個人以不慣常的方式使用慣常的字詞——而不使用巴掌、親吻、相片、姿勢或鬼臉——並不表示這個人所說的必須具有意義。一個人企圖陳述那個意義，就會企圖找到字詞的某種慣常（亦即，本義的）使用方式，某種已經在一語言遊戲中具有地位的句子，並宣稱確實有**此企圖**。但是，隱喻的不可轉述（unparaphrasability）正表示，對於這個人想要達到的目的而言，使用慣常語句是不適當的。

誠如實證論者所言，說出在某一個語言遊戲中不具固定地位的一個句子，就等於說出既非眞亦非假的東西，套用哈京（Ian Hacking）的術語：這東西不是「眞值的候選者」（truth-value candidate）。這是因爲這個句子既不能被證實也不能被否認，既無法辯護也無法反駁，只能加以仔細品嘗或吐出來。但這並不表示它後來不可以**變成**一個眞值候選者。如果它確實被仔細品嘗而不是吐出來，那麼這個句子就有可能被重複、流行起來、到處流傳。於是它會要求一個習慣的使用，在語言遊戲中一個慣常的地位，從而不再是一個隱喻，或者說，像我們語言中大部分的句子一樣，變成死的隱喻。它將變成語言中本義上眞或本義上假的句子。換言之，我們關於我們同伴語言行爲的理論，將讓我們不假思索就能應付這詞句的說出，正如我們應付語言中大部分句子的說出一樣。

隱喻不具有意義。戴維森的這個說法，看起來好像哲學家典型的俏皮話或詭論。其實不然[10]。這說法背後的一個更大的企圖，是要我們不再把語言視爲一種媒介。而這個大企圖背後又有一個更大的企圖，即是要剔除傳統哲學的人性觀。要了解戴維森說法的重要性，最好把他對隱喻的處理，一方面和柏拉圖主義與實證主義，另一方面和浪漫主義，加以比較對照。柏拉圖主義和實證主義對隱喻都抱持一種化約論的觀點：對「語言再現實在」這個嚴肅目的而言，隱喻若非可以轉譯，不然就是毫無用處。相對的，浪漫主義則抱持擴張論的觀點：認爲隱喻是奇怪的、神祕的、了不起的。浪漫主義者把隱喻歸諸一個神奇的機能，叫「想像力」，他們認爲想像力乃是自我的中心，是內心深處的核心。正如隱喻對柏拉圖主義和實證主義而言是不相干的，本義對浪漫主義而言也是不相干的。因爲前者認爲語言的目的在於再現我們外在的隱藏實在，而後者則認爲語言的目的在於表現我們內在的隱藏實在。

因此，實證主義的文化史觀認爲語言環繞著物理世界的輪廓逐漸不斷地茁壯起來，而浪漫主義的文化史觀主張語言逐漸不斷使「精神」進行自我反省。尼采的文化史和戴維森的語言哲學對語言的看法，則和我們現在對演化過程的看法一樣：新興的生命形式不斷消滅舊有的形式——不是爲了達到一更高的目的，而是盲目的。實證主義者認爲伽利略發現了一套語詞，這套語詞乃是要恰如其分地符合世界所不可或缺，而且在亞里斯多德中付之闕如。戴維森主義者則認爲伽利略碰到了一個新的工具，這工具碰巧比先前的任何工具，更適合於若干特定的目的。一旦我們認識到伽利略語彙所能做的事情後，人們就沒有多少興趣去做原來由亞里斯多德語彙所做（而多瑪斯主義者〔Thomists〕認爲應該繼續做）的事情。

同樣的，浪漫主義者認爲葉慈抓到了前人所未曾抓到的某種東西，表現了某種長久以來渴望表現的東西。戴維森主義者則認爲葉慈碰到了一些工具，使他寫出來的詩能夠不再只是前人詩作的變奏而已。一旦我們有了葉慈後期詩作，我們就比較沒興趣閱讀羅塞蒂。對革命家、強健科學家及詩人們而言如此，對強健哲學家而言亦然。黑格爾、戴維森等強健哲學家所感興趣的是解消

(dissolve)傳統問題，而不是加以解決(solve)。在我看來，以辯證法取代證明來作爲哲學方法，或拋棄眞理的符應理論，都不是對先前已經存在的元目——稱爲「哲學」或「眞理」——的本性有所「發現」，而是在改變我們談論的方式，因而也改變了我們想要做的是什麼，我們認爲我們是什麼。

但是，如果從尼采式的角度——即泯除實在與現象的區分——來看，則改變我們如何談論也就是改變了我們是什麼(對我們的目的而言)。尼采宣稱上帝已死，等於宣稱我們不爲更高的目的而服務。尼采以自我創造取代發現，其實是以飢渴的世世代代相互踐踏的圖象，取代人類一步一步接近光明的圖象。在一個尼采式隱喩已經變成本義的文化中，人們自然會承認哲學問題和詩的問題一樣，都只是短暫的；並不存在任何問題，可以把世世代代結合在一起成爲單一的自然類(natural kind)——稱之爲「人類」。把人類歷史視爲一個接著一個隱喩的歷史，會讓我們了解到詩人——廣義而言，新字詞的創製者，新語言的構成者——乃是人類的前衛先鋒。

關於這最後一點，我會在第二、三章，透過布倫(Harold Bloom)「強健詩人」的概念來加以發揮。但要把這第一章作個結束，我必須回到早先的一個主張，這主張一直是此章的核心，即：這世界並不具備任何判準，供我們在不同的隱喩之間作出選擇，我們只能把不同的語言或隱喩彼此互相比較，而無法把它們拿去和一個超越語言的東西——「事實」——相比較。

爲這主張辯護的唯一辦法，就是像古德曼、帕特南和戴維森等哲學家所做的一樣：指出企圖了解「世界的本然狀況」或「符合事實」等片語的意思，是沒有用的。他們這些努力可以從庫恩和赫塞等科學哲學家的著作得到佐證。這些哲學家指出爲什麼相信自然的書本是用數學語言所寫，並以此解釋伽利略語彙比亞里斯多德語彙更能預測，乃是行不通的。

語言哲學家和科學哲學家提出來的這一類論證，應該放在若干思想史家作品的脈絡中來看。這些思想史家，如布魯門柏格（Hans Blumenberg），一直企圖爬梳信仰時代（the Age of Faith）和理性時代（the Age of Reason）的相同與差異[11]。這些史學家指出我早先提到的一點，即：「世界或自我具有一內在的本性」——物理學家或詩人也許曾經瞥見的東西——這觀念乃是另一個觀念的殘餘，該觀念相信世界是上帝所創造的，上帝依據心中的目標來創造，且祂本身有一套語言來描述祂自己的計畫。只有當我們抱持這樣一幅圖象，相信宇宙本身就是一個人或由一個人所創造時，我們才能了解「世界具有一內在本性」是什麼意思。因爲這句話的眞正意義只是說：比起其他語彙，某些語彙更能再現這個世界，而不是——爲這或那目的——更能作爲應付世界的工具。

拒絕視語言爲再現，並且在語言方面徹底採取維根斯坦式的態度，事實上就是把世界加以「非神化」(de-divinize)。唯有如此，我們才能完全接受前文所提出來的論證：由於眞理是語句的一個性質，由於語句的存在依賴於語彙，由於語彙是人類所創造的，所以眞理也是人類所造。因爲只要我們認爲「世界」是某種我們應該尊敬和應付的東西的名稱，是某種具有人格的東西（因爲它對於它自己的描述，知道孰優孰劣），我們就會堅持任何哲學上對眞理的說明，都必須保護一個「直覺」：眞理就在「那兒」。這直覺隱約告訴我們，拋棄「尊重事實」和「客觀性」這類傳統語言，乃是傲慢不恭；不把科學家（或哲學家、或詩人、或**某人**）視爲具有祭師的功能，讓我們接觸到超越人類的領域，乃是危險的、褻瀆的。

從我所建議的觀點來看，主張一個「恰當的」哲學理論必須考量我們的直覺，乃是一種反動標語，也犯了循環論證的大忌[12]。因爲我的觀點強調，我們的語言根本無所謂適切於前語言的意識，因爲這種意義之下的意識並不存在；哲學家的職責也在於利用語言表述我們對事物本性的深層意識，因爲此所謂深層意識只是子虛烏有。這裏所指的這種意識，其實只是一種使用祖先的語言的傾向，一種崇拜祖先隱喻的屍體的傾向。除非我們罹患了德希達所謂的「海德格式的懷舊」，否則我們應該把「直覺」斥爲陳腔濫調，只是使用一特定詞庫的習慣，只是還沒有被取代的舊工具。

因此，史學家（如布魯門柏格）所述說的故事，可以大略歸結如下：很久以前，我們覺得有需要崇拜某種超越可見世界的東西。從十七世紀開始，我們試圖以對眞理之愛取代對上帝之愛，相信科學家所描述的世界具有準神性（quasi divinity）。自十八世紀末開始，我們試圖以對自我之愛取代對科學眞理之愛，崇拜我們自己深處精神的或詩的本性，相信這內在自我具有準神性。

布魯門柏格、尼采、佛洛伊德和戴維森這一脈思想，建議我們向前邁進一步，不再崇拜**任何**

東西，不再把「任何東西」視爲具有準神性，從而把**所有東西**——我們的語言、我們的良知、我們的社會——都視爲時間和機緣的產物。達到了這種境界，就是佛洛伊德所謂「承認機緣値得決定我們的命運」。下一章我將指出，佛洛伊德、尼采、布倫關於我們良知所作的論述，和維根斯坦、戴維森關於我們語言所作的論述，殊途同歸，都在展示其純粹的偶然性。

---

❶我無法提供個別的不同語言或語彙之間的區分判準，不過，我不太相信我們需要這種區分判準。長久以來，哲學家一直使用「在語言L之中」一語，而不太在乎我們如何判別哪裏是一個自然語言結束而另一個自然語言開始之處，也不關心「十六世紀科學語彙」壽終正寢，「『新科學』語彙」方興未艾，到底是在什麼時候。大體言之，當我們開始利用「翻譯」（translation），而非「解釋」（explanation），來討論地理上或時間上的差異時，這種語言和語言之間的斷層就已經發生了。當我們發現「提及」語詞開始比「使用」語詞還要方便時，換言之，當我們開始把兩組人類實務分別放入括弧，來強調它們的差異時，這種斷裂就發生了。

❷尼采從「眞理不是符應實在」，推演出「我們所謂的『眞理』，只是有用的謊言」。這種推理造成了不少的混淆不清。這種混淆偶爾也可以在德希達身上看到。德希達從「形上學家所希望找到的那種實在，根本不存在」，導出「我們所謂的『實在的』，實際上是不眞實的」。這類混淆使尼采和德希達被譴責爲自我矛盾，因爲他們宣稱認識到了他們自己宣稱是無法認識到的東西。

❸我必須提醒，就我這裏對他的觀點所提出的解釋或延伸，戴維森完全無須負責。關於我對他的解釋，更爲詳盡的陳述請參見拙文"Pragmatism, Davidson and Truth," in Ernest Lepore, ed., *Truth and Interpretation: Perspectives on the Philosophy of Donald Davidson* (Oxford: Blackwell, 1984)。對於這種解釋，戴維森提出了他的回應，參見氏著 "After-thoughts" to "A Coherence Theory of Truth and Knowledge,"in Alan Malachowski, ed., *Reading Rorty* (Oxford: Blackwell, in press)。

❹對於這些質疑，我有一個詳盡的論述，請參見拙著"Contemporary Philosophy of Mind," *Synthese* 53(1982): 332-348。關於我對德內特觀點的詮釋，他提出了質疑，請參見氏著 "Comments on Rorty," *Synthese* 53 (1982): 348-354。

❺此文收錄於 Ernest Lepore, ed., *Truth and Interpretation*。

❻"A Nice Derangement of Epitaphs," in Ernest Lepore, ed., *Truth and Interpretation*, p.446.粗體部分爲筆者所加。

❼請參見氏著 "The Explanatory Function of Metaphor," in Mary Hesse, *Revolutions and Reconstructions in the Philosophy of Science* (Bloomington: Indiana University Press, 1980)。

❽伯納・威廉斯 (Bernard Williams) 反對這種一致性的說法。他對戴維森和我的觀點的討論，請參見氏著 *Ethics and the Limits of Philosophy* (Cambridge, Mass.: Harvard University Press, 1985) 一書，第六章。我在"Is Natural Science a Natural Kind?" in Ernan McMullin, ed., *Construction and Constraint: The Shaping of Scientific Rationality* (Notre Dame, Ind.: University of Notre Dame Press, 1988) 一文中，對威廉斯的批評作了局部性的回應。

❾Davidson, "What Metaphors Mean," in his *Inquiries into Truth and Interpretation* (Oxford University Press, 1984), p. 262.

⑩對於戴維森的隱喻理論乃是俏皮話云云的譴責，以及其他的批評，我在 “Unfamiliar Noises: Hesse and Davidson on Metaphor,” *Proceedings of the Aristotelian Society*, supplementary vol. 61 (1987): 283-296 一文中，有進一步的回應。

⑪請參見 Hans Blumenberg, *The Legitimacy of the Modern Age*, trans. Robert Wallace (Cambridge, Mass.: MIT Press, 1982)。

⑫關於這種說法應用到具體的案例上，請參見拙著 “Contemporary Philosophy of Mind” 一文，其中我討論到，內格爾（Thomas Nagel）的「主體性」概念和瑟爾（John Searle）的「內在意向性」說中，都可以看到他們訴諸直覺。德內特對兩者有進一步的批評，他的批評和我本人的批評相互呼應。請參見氏著 “Setting Off on the Right Foot” and “Evolution, Error, and Intentionality,” in Dennett, in *The Intentional Stance* (Cambridge, Mass.: MIT Press, 1987)。

第二章　自我的偶然

正當我著手撰寫本章的主題時，無意間發現詩人拉金（Philip Larkin）的一首詩，幫助我鎖定我想要表達的意思。該詩的最後一部分如下：

而一旦你走完你心靈的長程，
你所得到的報償，清晰如裝載單一張
其他東西，對你，都不應
　存在。
而有何利可圖呢？唯有，屆時
我們依稀辨識了
我們一切言行載負的模糊印記，
才能將它追根究柢。

但老實說，
在我們死亡開始降臨的那個綠色夜晚，
就它的一切，是難以心滿意足的，
因爲它只一回適用於一人，
而斯人將逝。

這首詩討論的是對死亡或消失的恐懼，拉金在訪談中承認這一點。然而，「對消失的恐懼」其實是一句空泛無用的話，因爲我們不可能對不存在本身產生懼怕，只有具體的喪失才會使我們心生恐懼。「死亡」和「虛無」是同樣響亮、同樣空洞的話頭。「畏懼死亡」或「畏懼虛無」這種說法，和伊比鳩魯解釋爲什麼人不應該畏懼這兩樣東西，一樣笨拙無用。伊比鳩魯說，「當我存在，則死亡不存在；而當死亡存在，則我不存在」，其實是以一空洞換另一空洞。因爲「我」一詞和「死亡」一詞同樣空泛而毫無內容。要使這些語詞具體而落實，我們必須將這裏所指的「我」填入詳細內容，明確指出將要消逝的是什麼，以便使恐懼變成具體的。

拉金的詩本身爲他所恐懼的東西到底是什麼，暗示了一條解開謎底的線索。拉金害怕消失的是他個人獨特的裝載單（lading-list），他自己對什麼是可能、什麼是重要的獨特了解和感受。這才是他的「我」異於他人的「我」之所在。我認爲，喪失那個差異性，乃是任何詩人——任何製造者、任何期望創造新東西的人——心中最大的恐懼。對於什麼是可能、什麼是重要，一個畢生追求日新又新的答案的人，一定會畏懼那答案的消逝。

但這並不只是說這個人害怕他的作品會遺失或乏人問津，因爲這恐懼摻入另一個恐懼之中，他害怕即使那些作品得到保存和注意，也可能沒有人發現其中有任何獨特之處。一般人所駕馭的文字（或形體、或定理、或物理的模型）可能只是些現成的項目，用例行慣常的方式重新安排而已。他們沒有在語言上印上自己的記號，相反的，他們終其一生都在已經造好的作品之間打轉。所以，其實他們根本沒有一個「我」。他們的創造和他們的自我，只是熟悉形態之較好或較差的例子而已。這就是布倫所謂「強健詩人對影響的焦慮」(the strong poet's anxiety of influence)，強健詩人「害怕發現自己只是一個複製品或仿造品而已」[1]。

依此詮釋，拉金詩中所謂把一個人一切「言行所載負」的「模糊印記」(blind impress) 都加以追根究柢，如何才算成功？我想，答案應該就是發現自己的獨特性，發現自己的裝載單和其他人的裝載單的差異。如果一個人可以在白紙（或畫布或影片）上獲得這項承認，換言之，爲他自己的獨特性找到獨特的文字或形式，那麼他就算**證明**了他不是一個複製品或仿造品而已。他就可以像若干詩人一樣，成就人類最大可能的強健。因爲他知道那將逝亡的東西是什麼，因而也知道他已經成功地變成了什麼。

但是，拉金詩的結尾似乎又與這種布倫式的解釋背道而馳。我們在那尾聲聽到，把自己的獨特性追根究柢是「難以令人心滿意足的」。這似乎是說，變成一個獨特個性的人——依最強烈的意義，天才乃是這種個體性的典範——是難以令人心滿意足的。拉金假裝蔑視自己（詩人）的志業，因為作為成功的詩人，他寫在紙上的東西「只一回適用於一人／而斯人將逝」。

我說「假裝」，因為我相信，一個詩人對於自己成功地把自己一切言行——所有他過去的詩作——所承載的模糊印記追根究柢，不可能認真地視為微不足道。自從浪漫主義首開先例，繼而黑格爾發揚光大，人們開始把自我意識等同於自我創造以來，沒有詩人會再嚴肅認真地認為，個人的獨特性是自己作品的絆腳石。但在這首詩裏面，拉金佯裝認為模糊印記——使每一個人都是「我」，而不只是其他人的複製或模仿的那些特殊偶然——其實不重要。他暗示，除非一個人發現任何人任何時候都共通的東西，而不只適於一人、一回，否則他不可能死得心滿意足。他假裝認為，成為一個強健詩人是不夠的；唯有成為一個哲學家，發現連續性而不是呈現不連續性，他才會獲得滿足❷。

我認為，拉金這首詩之所以耐人尋味、具有說服力，就在於他把詩與哲學的古老爭辯，舊事重提。自來，承認偶然並努力成就自我創造，和超越偶然並努力成就普遍性，兩者之間就存在著某種緊張關係。這緊張關係於自黑格爾以降❸（尤其自尼采以降）的哲學之中，未曾稍歇。本世紀的重要哲學家們紛紛追隨浪漫主義詩人，試圖跟柏拉圖決裂，而認為自由就是承認偶然。這些哲學家都企圖把黑格爾對歷史性的堅持，從他的泛神主義觀念論中解脫出來。他們都贊成尼采，認爲人類的英雄是強健詩人、創製者，而不是傳統上被刻畫爲發現者的科學家。更普遍地來說，他們都極力避免哲學中冥想的氣味，避免哲學中把生命視爲固定不變、視爲整體的企圖。他們如此做，都是因爲他們堅持個體存在的純粹偶然所致。

所以，這些哲學家對於拉金所處的那種尷尬而又耐人尋味的地位，都感同身受。拉金這首詩的目的就是想指出，若與尼采之前哲學家的期望相比，只做詩人所能做的事情其實是令人無法心滿意足的。尼采之後的哲學家，諸如維根斯坦和海德格，他們寫作哲學，都是爲了呈顯個體與偶然的普遍性與必然性。維根斯坦和海德格都捲入了柏拉圖所發動的哲學與詩之爭辯中，而兩者最後都試圖擬就光榮而體面的條件，讓哲學向詩投降。

我們可以回到拉金的詩中，來闡明這個對照。拉金的暗示是，如果一個人所發現的「模糊印記」**不**只適用於「這個人這一回」，而適用於所有人類，則他或許會更滿意一點。我們不妨把找到這種印記，視同發現人類存在的普遍條件、偉大的連續性——永恆不變的、非歷史的人類生活脈絡。事實上祭師就曾經宣稱發現到這種東西。後來的希臘哲學家、隨後的經驗主義科學家，及更後來的德國觀念論者，都曾做過相同的宣稱。他們都要向我們解釋什麼是力量的終極原點、實在的本性、經驗的可能性條件。他們以此向我們透露我們實際上是什麼，在我們之外的力量強迫我們變成什麼。他們指出印烙在我們**每一個人**身上的戳記。這印記不是盲目的，因爲它不是隨機而然，不是純粹的偶然；而是必然的、本質的、有目的的，且構成人類的本性。它賦予我們一個目標，一個唯一可能的目標，這目標就是完全的認識那必然性，自我意識到我們的本質。

在尼采之前的哲學家看來，與此普遍的印記相比，個體生命的特殊偶然都是不重要的。詩人的錯誤就在於他們在獨特性、偶然上面白費筆墨——向我們訴說偶發的現象，而不是本質的實在；承認純粹時間的位置、純粹偶然的環境是重要的，就等於把我們貶抑爲生命短暫的動物。相反的，了解我們所必然居處的脈絡，就等於給予我們一個與宇宙本身共長久的心靈，給我們一張裝載單，這張裝載單是宇宙本身的裝載單的複印。在這張裝載單上，什麼是存在的、什麼是可能的或重要的，實際上對我們而言，**就是**可能的或重要的。一旦複製了這張裝載單，一個人將死得心滿意足，因爲他已經完成了人類唯一的任務——**認識眞理**，接觸到「在那兒」的東西；不須再做其他事情，因而也不必害怕會有任何可能的喪失，更不必再在乎逝亡，因爲他已經與眞理合而爲一，而依這傳統觀點，眞理是永恆不滅的。消逝的只是獨特個別的動物性。由於詩人對眞理不感興趣，故他們只把我們帶離這典型的人類任務，從而使我們墮落。

尼采是第一位公然呼籲丟棄「認識眞理」這種想法的人。他把眞理定義爲「隱喻的機動部隊」，等於是說，我們應該放棄用語言媒介「再現眞理」的看法，從而也放棄發現所有人類生命的唯一脈絡的想法。他的「觀點主義」(perspectivism) 等於是宣稱，這宇宙沒有一張必須被認識的裝載單，沒有一定的範圍。他希望，一旦我們知道柏拉圖所謂「眞實世界」只是子虛烏有，當死亡來臨時，一個人尋求的慰藉就不是在於他已經超越了動物性，而在於他是一隻具有獨特性的瀕死動物，他以自己的語言描述過自己，從而也創造了自己。更確切而言，他只創造了自己的重要部分，而這就在於建構自己的心靈；而所謂創造自己的心靈，就是創造自己的語言，不讓自己心靈的範圍被其他人所遺留下來的語言所局限❹。

但是，尼采在拋棄傳統眞理概念的同時，他並沒有一古腦兒否認人可以發現使我們變成我們自己的那些原因。他不否定一個人可以對他一切言行所承載的模糊而盲目的印記追根究柢，他只是否認這追究是一個發現的過程。在他看來，獲得這類自我認識，並不等於認識到一個任何時候都存在那兒（或存在內心深處）的眞理。相反的，他認爲自我認識是自我創造。認識到自己、直接面對自己的偶然、對自己的原因追根究柢的過程，與創造一個新的語言、獨創一些新的隱喩的過程，是一而二、二而一的。因爲對自己的個體性作任何**本義**的描述——亦即使用傳統語言遊戲來作個體性的描述——都注定失敗。其實這不是對獨特性追根究柢，只是把它當作根本不是獨特的，而是重複一個形態的標本，是某種已被指認出來的東西的複製品或仿造品。在尼采看來，無法成爲一個詩人，就等於無法成爲一個人，就是接受別人對自己的描述，執行一個已先設計好的程式，或頂多只是根據前人寫就的詩作，寫出優雅的變體而已。因此，要追根究柢使自己成爲自己的原因，其唯一的方式是用新的語言訴說一個關於自己的原因的故事。

這話聽起來有點弔詭，因爲我們一般認爲**原因**是被發現的，而不是被創造的。一般認爲，訴說**因果**的故事乃是語言的**本義**使用的典型。隱喩乃是語言的新創部分，如果我們的目的不是要品味這種新創，而是要解釋爲什麼出現的是這些（而非別的）創新，那麼隱喻似乎就無用武之地了。不過，記得第一章曾經說過，即使在自然科學中，我們也不時看到眞正嶄新的因果故事，例如庫恩所謂「革命科學」所製作出來的那一類故事。即使在科學中，隱喻式的重新描述乃是天才與革命躍進的標誌。如果我們順著庫恩這個觀點，又採納戴維森的意見，認爲本義／隱喻的區分在於舊語言與新語言之別，而不在於語詞與世界的關聯是否緊密，那麼上述的弔詭自然就消失了。如果我們接受戴維森，不再認爲語言的目的在於符合世界，我們便能了解布倫和尼采主張的核心所在，那就是強健的創造者——以嶄新方式使用字詞的人——最能體悟她自己的偶然。因爲比起追求連續性的史學家、批評家或哲學家，她能更清楚的了解她的**語言**，和她的雙親或她的歷史時代一樣，都是偶然的。對於「眞理是隱喻的機動部隊」一主張，她能夠體悟其意蘊，因爲她已經單獨憑著自己的力量，打破一個觀點、一個隱喻區，進入另一個中。

尼采相信，大概唯有詩人才能眞正體悟偶然。其他人注定只是哲學家，堅信事實上只有一張正確的裝載單，一個對人類處境的正確描述，一個普遍的生活脈絡。我們注定把我們有意識的生命都花在企圖逃離偶然，而不像強健詩人般肯定並掌握偶然。於是，尼采把柏拉圖和基督宗教對人禽之辨所賦予的道德意義，轉嫁於強健詩人和其他人類之辨。因爲，雖然和所有其他動物一樣，強健詩人也是自然力量的因果產物，但是他們（作爲產物）有能力使用前所未用的文字，來訴說他們自己的傳記。因此，弱與強的分野，就是使用慣常而普遍的語言，與製造新的語言（雖然新製語言最初是不慣常的、有獨特風格的，但它畢竟使自己一切言行所負載的盲目印記可以理解）兩者的分野。如果運氣好的話——天才與瘋子的差別就在這種運氣——該語言還會流傳到下一代，成爲不得不接受的語言。於是**他們的**言行便會負載著該印記。

換另外一種說法，依照西方哲學傳統的看法，個人生命的極致，就在於它突破了時間、現象、個人意見的世界，進入了另一個世界——永恆眞理的世界。相對的，在尼采看來，極致生命所必須越過的重要關卡，不是時間與超時間眞理的分界，而是舊與新的界線。他認爲一個成功極致的個人生命，就在於它避免對其存在偶然作傳統的描述，而必須發現新的描述。這正是眞理意志（the will to truth）和自我超克意志（the will to self-overcoming）的差異所在；也是兩種救贖觀念的分野：一個認爲救贖就是與一個比自己更偉大的、更永久的東西接觸，另一個認爲——如尼采所言——救贖是「把一切『曾是』皆重新創造爲『我曾欲其如是』」（recreating all "it was" into a "thus I willed it"）。

不論在個人生命的戲碼，抑或整體人類歷史的劇本中，都沒有任何預定的目標，可以勝利成功地被達成或悲劇性地歸於失敗。這類戲劇的背景，不是由一個恆常不變的外在實在，或一個取之不盡、用之不竭的內在靈感泉源所構成；相反的，把一個人的生命或一個社會的生命視爲戲劇式的敍述，重點就是要把它當作一種尼采式的自我超克歷程。這種敍述的典型例子就是天才的生命。一個天才可以針對過去的相干部分說「我曾欲其如是」，因爲她已經發現一個前所未聞的方式去描述那個過去，因而也發現一個前人認爲不可能的自我是存在的。

從這尼采式觀點來看，對自我加以一步比一步更加透徹的思考、探討、重織，其背後的衝動不是驚奇（wonder），而是恐懼（terror）。這也是布倫「害怕發現自己只是一個複製品或仿造品」一語的意思。亞里斯多德相信哲學肇端於驚奇，這驚奇來自發現自己處在一個比自己更大、更強、更高貴的世界之中。布倫相信詩人肇始於恐懼，害怕自己臨終時所處的世界，乃是一個非自己所創造的世界，一個前人傳承下來的世界。這類詩人的期望是「過去」試圖如何對待她，她能以同樣的方式對待「過去」：使「過去」本身（包括那些盲目而模糊地印烙在她一切言行上的因果歷程）負載著**她的**印記。這個——向過去說「我曾欲其如是」——大事業的成功，就是布倫所謂成功地「生出自己」（giving birth to oneself）。

佛洛伊德的重要性，就在於他幫助我們接受並具體實現尼采和布倫心中所謂全幅發展的人到底是什麼。布倫曾謂，佛洛伊德是「不可迴避的，因爲他甚至比普魯斯特更代表我們這時代神話詩的精神，他既是我們的心理學家和我們小說的重要製作者，同時也是我們的神學家和我們的道德哲學家」❺。他對良心追根究柢，在我們成長過程的偶然中找到良心的根源，在這意義下，他乃是把自我加以非神化的道德家。唯有這樣來看佛洛伊德，才能了解他在我們文化中所扮演的角色❻。

以這種方式看佛洛伊德，就是把他放在康德的背景下來了解他。康德的良知概念神化了自我。如果我們像康德一樣，不相信經驗事實的科學知識是我們和超越（我們）的力量之間的接觸點，那麼我們會很自然地和他一樣，轉向內在，在我們的道德意識中尋找那個接觸點，認爲它就在我們對是非的追求中，而不在我們對眞理的追求裏。對康德而言，「我們內心深處」的是非意識取代了「在那兒」的經驗眞理。康德欣然承認上面的星空只是內在道德法則的一個**象徵**；換言之，道德自我乃是我們內在不屬於現象的、不是時間和機緣之產物的、不作爲自然時空因果的那個部分，對於這道德自我而言，上面的星空只是其不可限制性、超升性、無條件性的一個可有可無的隱喻而已。

康德的這個轉向建立了一個背景，使浪漫主義者得以把握到上帝的內在性。但由於康德堅信自我的中心乃是他所謂的「普遍道德意識」，因此對於浪漫主義者企圖使個人獨特的、詩的想像力變成自我的中心，康德感到不寒而慄。不過，自從康德以後，堅持個人的自發性與私人的完美的浪漫主義，與堅持普遍共有的社會責任的道德主義，兩者之間的戰爭就一直持續著。佛洛伊德幫助我們平息這場戰爭。他把道德意識加以「非普遍化」（de-universalize），使道德意識變成像詩人的創作一樣，個人有個人的獨特性。因此，他讓我們把道德意識視爲歷史條件的產物，和政治及美感意識一樣，都是時間和機緣的產物。

佛洛伊德有一篇討論達文西的文章，其結尾一段我在第一章結束前曾略加引用，全文如下：

當他寫道太陽不動時，達文西想要克服對宇宙抱持一種宗教虔敬的那種態度；如果今天有人認爲機緣不值得決定我們的命運，那他簡直倒退回去以宗教虔敬的觀點看待宇宙……我們都太容易忘記，打從精子與卵子交會的一剎那開始，與我們生命有關的每一件事物，事實上都是機緣……對於這個「充滿無數未曾進入經驗的原因（ragioni）」的大自然（哈姆雷特引用達文西的含糊字眼），我們所致的敬意仍然太少。

作爲人類，我們每一個人都對應於這無數實驗中的一個，透過這些實驗，大自然的那些「原因」才闖入經驗之中。❼

由於在當代文化中佛洛伊德思想已經變成普通常識的一部分，因此我們很容易接受這種觀點，認爲我們的良心就是這樣一種實驗，良心的刺痛乃是對嬰兒時期被壓抑的性衝動的罪惡感之重新喚醒，而那些壓抑則是從未進入經驗的無數個偶然所造成的產物。今天我們很難想見，當初佛洛伊德開始提出他的良心觀念，認爲良心就是那些「不願失去兒時自戀的完美的人」❽所設定的「理想自我」（ego ideal）時，其所造成的震驚到底有多麼劇烈。如果佛洛伊德所提出的只是一個抽象的準哲學式的大主張，相信良心的聲音只是父母及社會的聲音的內在化，那麼他根本不會造成震驚，因爲這個主張在柏拉圖的《理想國》（*Republic*）中，史拉西馬可（Thrasymachus）早有暗示，後來又有霍布斯（Hobbes）等化約論者加以發展。佛洛伊德別開生面的地方是，對於什麼東西進入了良心的形成過程，他提出了具體的**細節**；對於爲什麼非常具體的若干情境和個人會引起無法忍受的罪惡感、強烈的焦慮，或窒息般的憤怒，他提出了解釋。茲引底下關於潛伏期的描述爲例：

> 隨著戀母情結的瓦解，原欲發生了退化的墮落，超我變得格外地嚴厲和無情，而自我，在服從超我的同時，以良心、同情憐憫和潔癖的形式作出強烈的反動形成（reaction-formations）……不過，同樣地，強迫性精神官能症在這裏也只是把去除戀母情結的正常方法，加以過度運用而已。❾

佛洛伊德在這一段和其他地方討論他所謂「同情心的自戀起源」❿，都提供我們了解同情心的一種方式，即認爲同情心不在於認同我們和其他同類成員共具的普遍人性核心，而在於以非常特定的方式對待非常特定的一些類型的人，和非常特別的事情。因此，他讓我們了解到爲什麼我們會盡心竭力幫助一位朋友，而同時對另一位我們認爲同樣心愛的朋友的更大痛苦，卻完全置若罔顧。他可以解釋，爲什麼一個人可以既是一位溫柔的母親，同時又是一名集中營裏冷酷無情的守衛；或一位正直和氣的公務員，同時又是冷漠疏遠的父親。他把良心和潔癖連在一起，又將這兩者不僅與強迫性精神官能症聯結一起，也聯繫到（他在別的地方也這麼做）宗教衝動和建構哲學體系的刺激。這些都打破了傳統上高級與低級、本質與偶然、核心與邊陲的分野。他留給我們的自我，乃是一個由偶然所構成的組織，而不是一個由若干機能所構成的（至少潛在上）秩序井然的系統。

佛洛伊德爲我們指出，爲什麼在一些情況下我們對殘酷（cruelty）感到遺憾，而在另一些情況下我們卻又樂此不疲。他指出，爲什麼我們愛的能力只局限在具有若干非常特別形狀、大小、顏色的人、物或觀念。他爲我們指出，爲什麼引起我們罪惡感的東西，是若干非常特定的（且理論上次要的）事件，而不是（一般道德理論所以爲的）非常重大的事件。更重要的是，他給我們一套設備，來建構自己在道德考量上所專用的語彙。因爲，像「嬰兒期的」（infantile）、「虐待狂的」（sadistic）、「強迫性的」（obsessional），或「偏執狂」（paranoid）等術語，迥然不同於希臘及基督宗教流傳下來的諸惡及諸德的名目，每一個使用這些術語的個人，都會對它們產生非常特別且非常不同的共鳴：我們自己與非常特殊的人（如我們的父母）之間的相似和差異，以及當下處境與我們過去非常特殊的處境之間的相似和差異，都透過這些術語呈現在我們心中。這些術語讓我們能夠對自己的發展過程、每個人獨特的道德奮鬥過程，勾畫出一個敍述。這樣描繪出來的敍述，遠比哲學傳統所提供的道德語彙，在組織上更密緻，在體裁中更合乎我們個人的例子。

總而言之，佛洛伊德使道德考量（moral deliberation）具有明智計算（prudential calculation）一向所擅長的精打細算、巨細靡遺和面面俱到。因此，他打破了道德的罪惡和實際的不明智之分野，也模糊了明智與道德的界線。相對地，柏拉圖和康德的道德哲學都圍繞在這界線上——這也是當代分析哲學家對「道德哲學」的典型理解。康德將我們分裂爲兩部分，一部分稱爲「理性」，人人皆具同樣的理性；另一部分包括經驗的感覺和欲望，這部分由盲目的、偶然的、個人獨特的印象所構成。相對於此，佛洛伊德認爲理性是偶然與偶然之間相互調節的機構。但是，他把理性機構化，並不只是另一種抽象的化約論而已，也不只是另一種「顚倒的柏拉圖主義」。霍布斯和休姆(Hume)關於理性的討論保留了柏拉圖原來的二元論，以便將這二元加以顚倒過來，故他們的討論方式仍舊是抽象的、簡單化的、化約論的。佛洛伊德不循此法，他畢生致力揭示我們無意識策略的複雜微妙、精明狡黠、機靈敏銳。由於佛洛伊德的影響，我們才有可能把科學和詩歌、天才和精神病——且最重要的，道德和明智——不視爲不同機能的產物，而視爲是調節適應的不同方式。

所以，佛洛伊德使我們認眞考慮，可能根本沒有一個稱爲「理性」的核心機能或核心的自我，從而也使我們認識到尼采式的實用主義和觀點主義之重要性。佛洛伊德的道德心理學所提供給我們的那個自我描述的語彙，截然不同於柏拉圖的語彙，同時也截然不同於尼采的另一個側面，即海德格嚴正加以譴責的「顚倒的柏拉圖主義」——企圖浪漫地揚肉體而抑精神，揚情感而抑理智，把一個稱爲「意志」的神祕機能放在一個稱爲「理性」的同樣神祕的機能之上。

柏拉圖和康德的理性觀念，都環繞在一個看法上，即認爲如果我們要在道德上有所成就，就必須把特殊的行動置於普遍的原則之下[11]。佛洛伊德建議，我們必須回歸特殊物，觀察分辨現在的特殊情境和選擇，異於或同於過去的特殊行動或事件。他認爲，唯有掌握到我們過去個人獨特的若干關鍵性的偶然，才能在我們身上發現有價值的東西，才能創造值得我們尊敬的現在的自我。他教我們的方法是，利用（例如）我們過去對特殊權威人物的反應，或利用嬰兒期強加在我們身上的行爲模式，來詮釋我們現在正在做、或自認爲在做的事情。他建議我們應該鼓勵自己，把成功的自我創造或從個人獨特的過去解脫出來的過程，編織成個人獨特的敍述——或「病歷」。他建議我們應該自責的，乃是無法從過去解脫出來，而不是無法遵守普遍標準。

換句話說，佛洛伊德摒棄了柏拉圖的一個企圖，即把公共的和私人的、國家的諸部分和個人靈魂的諸部分、對社會正義的追求和對個人完美的追求，合併起來。佛洛伊德對道德主義和浪漫主義的聲音一視同仁，但他既不願偏袒任何一方，也不企圖把它們綜合起來。他將自我創造的私人倫理和相互協調的公共倫理，截然劃分開來；他企圖讓我們相信，並沒有所謂普遍共有的信念或欲望——即只要是人類，都有這些信念或欲望，且我們之所以是人類，就是因爲我們都具有這些信念或欲望——可以作爲道德主義和浪漫主義之間的橋梁。

按照佛洛伊德的說法，我們有意識的私人目標係從我們無意識的強迫性觀念和恐懼（obsessions and phobias）派生出來，故和後者一樣，都是個人獨有的。儘管有佛洛姆（Fromm）和馬庫色（Marcuse）等人的努力，佛洛伊德的道德心理學還是不能用來界定社會目標，或（與個人目標相對的）全人類的目標。佛洛伊德根本不能被硬塞入柏拉圖的模子中，認爲他是爲善惡、是非或眞實幸福提供普遍判準的道德哲學家。他的**唯一**用途就在於他有能力使我們從一般概念轉向具體，從尋找必然眞理、顚撲不破的信念的企圖，轉向個人過去的獨特偶然，或我們一切言行所承載的盲目或模糊印記。他所提供的道德心理學，與尼采和布倫把強健詩人視爲人類典範的企圖，是相容一貫的。

不過，佛洛伊德的道德心理學與尼采及布倫的這一項企圖雖然相容，但它卻不蘊涵這一項企圖。對那些堅持這類詩人是人類典範的人而言，佛洛伊德似乎可以使他們獲得解放和啓發。但試想一個人（如康德）可能會堅信無私的、無自覺的、缺乏想像力的、端正誠實的、富責任感的人，才是人類模範。這些人就是康德的著作所崇尚的；他們既不像柏拉圖的哲學家那樣心思格外敏銳或對知識極具好奇心，也不像基督教聖者那樣熱中於爲十字架上的耶穌的愛奉獻犧牲。

康德區分實踐理性與純粹理性、理性宗教與宗教狂熱，構想出單一的道德令式觀念，爲的就是這一類人。因爲他認爲，這類人之所以偉大，乃是因爲他們自視爲無條件義務的承擔者，爲實踐這種義務，他們不必訴求於明智的計算、想像的投射或隱喩的重新描述。所以，康德不僅發展出一套嶄新的、富想像力的道德心理學，而且也對生命及文化每一個面向提出全方位的隱喩式的再描述，其目的完全是要替這類人構作一個睿智的世界。用他的話來說，他拒絕知識，其目的就在於爲這類人的信仰找到定位，使他們相信，他們所必須做的就是實踐義務；他們是人類的模範。

關於什麼才是眞正人類的典型，過去似乎常常有必要在康德和尼采之間作一選擇。但是，佛洛伊德提供的人類觀，卻可以避免這項選擇。凡讀過佛洛伊德的人，都不會把布倫的強健詩人或康德的普遍義務實踐者，視爲人類典範，因爲佛洛伊德規避人類典型的觀念本身。他不相信人類是具有一內在本性的自然類（natural kind），具備一組有待開發或永遠開發不盡的內在力量。佛洛伊德反對康德的殘餘柏拉圖主義與尼采的顚倒柏拉圖主義，他認爲尼采的超人和康德的普遍道德意識，只是許多調節適應方式中的兩個例子，只是我們處理面對成長過程的偶然或盲目印記的許多策略中的兩個例子。兩者都言之成理，各有各的利弊得失。端正人士往往枯燥乏味，大才子則與瘋子相去無幾。佛洛伊德崇敬詩人，卻又將詩人形容得像嬰兒一樣；他覺得純粹道德的人顯得無聊，卻又認爲這種人是成熟的。他既不偏袒熱中其中一方，也不要求我們在其中作一選擇。他不認爲我們具有一項機能，可以作這樣的選擇。

他也不認爲有必要建構一套人性理論，來維護其中任何一方的利益。他認爲這兩種人都在能力範圍內盡力而爲，但沒有一個是「比較眞實的人」。拋掉「眞實的人」這個概念，就等於不再像第一章所描述的康德一樣，企圖將自我加以神聖化，以取代神聖化的世界；也就是拆除必然性的最後一個大本營，把建構「人類皆面對相同的必然命令、相同的無條件要求」一觀念的最後企圖，消除乾淨。尼采與佛洛伊德的聯繫，就在於這個企圖——試圖主張盲目印記並非不值得作爲我們的生命或詩歌的藍圖。

不過，前述佛洛伊德認爲道德人士端正而枯燥乏味，這種說法遺漏了尼采和佛洛伊德間的一大差異。佛洛伊德指出，如果觀察思想正派、循規蹈矩的人的內心世界，如果讓這人躺在心理治療椅上，我們會發現他只是在表面上枯燥乏味。在佛洛伊德看來，沒有人是裏裏外外枯燥乏味的，因爲根本沒有一個意識是枯燥乏味的。佛洛伊德之所以比尼采更有用、更有道理，就在於他不把大部分的人都貶抑爲只是終將死亡的動物。因爲佛洛伊德的潛意識幻想理論，告訴我們如何把每一個人的生命都視爲一首詩——或更確切言之，每一個人的生命都不會因受痛苦的折磨，而無法學習語言，也不會因俗務纏身，而沒有閒暇發展自我描述⓬。他認爲每個人的生命，都企圖用自己的隱喻來裝飾自己。誠如律夫（Philip Rieff）所言，「佛洛伊德賦予每個人一個富創造性的意識，從而民主化了天才。」⓭屈林（Lionel Trilling）也表示過相同的看法：「佛洛伊德指出，詩是心靈的構造本身所固有的；他認爲，就其主要傾向而言，心靈其實是創作詩歌的機能。」⓮柏沙尼（Leo Bersani）更把律夫和屈林的看法推擴一步：「心理分析理論把幻想概念（the notion of fantasy）的問題性揭露無遺，使我們不能再理所當然地劃分藝術與生活。」⓯

屈林的說法——心靈是創作詩歌的機能——好像退回到哲學，回到內在人性的觀念；尤其，似乎回到浪漫主義的人性論，由「想像力」扮演起希臘人所賦予「理性」的角色。其實不然。對浪漫主義而言，「想像力」與一個外在於我們的東西有關，「想像力」證明我們有別於另一個世界。想像力是一種表現的機能。然而，在佛洛伊德看來，我們每一個語言使用者多少具有閒暇，都具備幻想的能力和時間，而在這一方面，我們所皆具的乃是一種創造隱喻的機能。

依第一章所概述戴維森的隱喻說，當一個隱喻被創造出來時，雖然它確實爲先前存在的某個東西所**引起**（caused），但它卻不**表現**（express）某個已經存在的東西。對佛洛伊德而言，引起這個隱喻的原因，不是對另一世界的回憶，而是某一個特殊的「心理投射」（cathexis）；換言之，對早期生活中某個特殊的人、物、字詞灌注了一定的能量，因而產生強迫性觀念的過程；這種對個別特殊事物的專注，當其釋放能量時，就是造成隱喻使用的原因。由於每一個人都是有意識或無意識地在實現其個人的幻想，因此，人類生活中有別於其他動物的一個部分，就在於人會爲了達到象徵的目的，而在後來的生活中使用早先碰到的每一個特殊的人、物、情境、事件和字詞。這過程就等於是對過去碰到的這些事物加以重新描述，從而對它們說：「我曾欲其如是。」

從這角度來看，知識分子（使用文字、視覺或音樂形式來達到上述象徵目的者）只是特例——知識分子使用記號和雜音所要做的事情，其實一般人也都在做，只是一般人使用的是他們的配偶及小孩、他們的同事、他們的貿易工具、他們生意的帳本、他們在家中累積的財物、他們聽到的音樂、他們所做或所觀看的運動、他們上班時所經過的樹木。佛洛伊德告訴我們，任何東西——從一個字的發音、一片葉子的顏色，到一張皮的觸感——都可以用來將一個人的自我同一感（自我認同）加以戲劇化和具象化。因爲，這一類東西在個人生命中所扮演的角色，其實是過去哲學家認爲可以（或至少應該）只由普遍共通的東西來扮演的。這一類東西可以把我們一切言行所負載的盲目模糊印記加以象徵化；它們表面上雜亂無章的湊合，其實都可以構成生活的基調；任何這樣的湊合，都可以構成人生奉獻服膺的無條件命令——這命令並不會因爲（最多）只對一個人有意義，而不成爲無條件的。

換句話說，隱喻本義化的社會過程，同樣地發生在一個人的幻想生活中。某個東西之所以被我們稱爲「幻想」（fantasy），而非「詩」或「哲學」，乃是因爲它所環繞著的隱喻並未被其他人所熟悉流傳，易言之，它所運用的說法和行動的方式，其他人無法加以利用。但是，佛洛伊德向我們說明，一個在社會上看起來是無意義、荒謬不經或卑污低下的東西，如何可能變成一個人自我認同中的關鍵因素，變成一個人以其獨特方式追究其一切言行的盲目模糊印記時所運用的關鍵因素。相反的，如果某個私人的強迫性觀念所產生的隱喻被一般人認爲有用，那麼我們就會說那是天才，而不是瘋癲或叛逆。天才與幻想的差異，不在於天才的印記掌握到了普遍的東西，或先已存在外在世界或內心自我中的實在，而幻想則無。反之，這差異只在於天才個人獨具的東西，「湊巧」地被其他人所熟悉流傳——其所以只是巧合，是因爲某些歷史情境的偶然所使然，是因爲那個社會「湊巧」地在那個時候出現這樣一個特殊的需要。

綜而言之，舉凡詩、藝術、哲學、科學或政治方面的進步，都源自私人的強迫性觀念與公共需要間偶發的巧合。強健的詩、常識的道德、革命的道德、常態的科學、革命的科學以及只對個人有意義的幻想，從佛洛伊德的觀點來看，這一切都是面對盲目模糊印記的不同方式——或更確切地說，都是面對不同盲目模糊印記的方式：不論是個人獨具的印記，抑或特定歷史條件下的社會諸成員所共有的印記。這些策略之中，並不會有一些策略因爲較善於表現人性而優於其他策略。沒有一種策略會比其他策略更具人性，正如同筆不會比屠夫的刀子更確定是一個工具，或雜種蘭花不會比野玫瑰更不是一朵花。

能夠眞切領會佛洛伊德的觀點，就能夠克服威廉·詹姆斯所謂的「人之盲目」(a certain blindness in human beings)。詹姆斯敍述他旅途行經阿帕拉契山脈，看到人家砍伐樹林，清理出一片空地，代之以一塊泥濘的花園、一間小木屋和幾隻鴿子。他舉出他當下的反應來說明他所謂的盲目：「樹林被摧毀了；而人們製造出來的『改進』，卻是慘不忍睹，像是身體上的潰瘍，絲毫不具人工之巧，以彌補自然美的喪失。」然而，詹姆斯接著卻說，當一個農夫走出木屋，告訴他說，「面對這些絕無人跡的荒涼山坳，我們並不快活，除非我們稍加開墾」，他才恍然大悟：

> 原來我一直誤會了這處境的整個內在意義。由於對我而言，林中空地所意味的無非是濫墾，因此我想，對那些以粗壯的手臂和馴服的斧頭開拓這些林地的人而言，他們一定沒有別的看法。但是，當**他們**面對這一片慘不忍睹的斷幹殘枝時，他們想到的卻是個人的勝利……。簡單地說，這林間空地對我而言只是視網膜上一幅醜陋的景象，對他們而言卻具有象徵的意義，讓他們回味道德的記憶，像一首義務、奮鬥和成功的讚美詩。

> 對於他們處境的獨特理想性，我已盲目不見，這當然就和他們對我的狀況的理想性盲目不見，道理是一樣的——如果他們也來劍橋一窺我奇怪的室內學院生活方式。[16]

我認爲佛洛伊德把詹姆斯的要點發揮得更爲淋漓盡致，因爲從性倒錯、極端殘酷、荒謬不經的強迫性觀念和狂妄的幻覺等的案例中，他讓我們看到這些案例的「獨特理想性」，幫我們破解了這些特別棘手的盲目例子。他讓我們了解，這些乃是性倒錯者、虐待狂或瘋子所作的私人詩歌：每一首都和我們自己的詩一樣，組織縝密繁複，並「令人回味道德的記憶」。他讓我們看到，道德哲學家筆下極端的、無人性的、不自然的活動，其實和我們自己的活動是相連一貫的。不過，關鍵在於，他不循傳統哲學的、化約論的途徑來做到這一點。他不是在告訴我們，藝術**事實上**是昇華，哲學體系的建構**只是**偏執誇大的妄想，或宗教**只是**對嚴厲的父親的錯亂記憶。他不是在說，人生**只是**原欲能量源源不絕地尋找輸出管道。他對於援用實有與現象的區分，或事物「只是」或「事實上是」某種十分不同的東西等說法，並不感興趣。他想做的只是提供我們對事物的另一個再描述，把它和所有其他的再描述一起歸檔；提供我們他認爲有機會被使用並（因而）本義化的另一套語彙、另一組隱喻。

如果說佛洛伊德持有自己的哲學觀點的話，那麼他會和詹姆斯一樣是位實用主義者，和尼采一樣是位觀點主義者，或者也可以說，和普魯斯特一樣是位現代主義者[17]。因爲十九世紀末風雲際會，使得再描述的活動不必再像以往一般嚴肅不堪。對同一事件的諸多描述可以來個偷天換日，不必追問何者才是正確的——「再描述」是一種工具，而不宣稱發現事物的本質。從而，新的語彙不必再宣稱再現實在並以取代所有其他的語彙爲鵠的；新的語彙只是另一個語彙，另一個人類的規畫，是一個個人選擇的隱喩。我們難以想像，如果沒有這個時代的大氣候，佛洛伊德的隱喩如何可能廣被接受、使用和本義化。但反過來說，如果沒有佛洛伊德的語彙，我們也難以像後來一樣接納尼采、詹姆斯、維根斯坦或海德格等人的隱喩，或津津有味地閱讀普魯斯特。這個時代的人物們相互勾結串通，搭腔唱和，他們的隱喩也沆瀣一氣。這種現象很容易被形容爲世界精神大步邁向更清晰的自我意識，或人類心靈的長度逐漸延伸爲宇宙的長度。但是，對我所舉的這些人物而言，這類形容和他們共有的一種嬉戲和反諷精神（the spirit of playfulness and irony），是扞格不入的。

他們共同肯定再描述具有力量，肯定語言能夠使新的、不同的事物成爲可能和重要，而上述的嬉戲精神就是這種肯定的產物。這種肯定之所以可能，乃是因爲目標已經轉變爲擴大不同描述的蒐集，而不再是尋找「唯一正確的描述」。這目標的轉變之所以可能，乃是因爲世界與自我已經非神化了。這兩者的非神化表示，人們不再認爲世界或自我擁有一套自己的語言，像一個與人互相抗衡的詩人，向我們說話。世界或自我都不具備類似人的人格，都不想要以一特定的方式被表現或被再現。

不過，世界和自我都具有超人的力量——例如，消滅我們的力量。世界能夠盲目地、莫名其妙地粉碎我們；無言的絕望、劇烈的精神痛楚，都足以讓我們自我毀滅。但是，不論我們是否採用並轉化它們的語言，從而與這種威脅的力量合而爲一，將其置於我們自己更有力的自我控制之下，事實上都無法讓我們獲取這種超人的力量。這個策略只適用於我們和其他人的交往，例如雙親、諸神或前代詩人。因爲我們和世界、殘暴的力量、赤裸的痛楚之間的關係，畢竟不同於我們和其他人的關係。面對非人的、非語言的東西，我們便不再有能力透過獲取和轉化來超克偶然和痛楚，我們唯有的能力只是**承認**偶然和痛楚。在哲學與詩的古老爭辯中，如果詩獲得最終的勝利——「自我創造」隱喻最終勝過了「發現」隱喻，那是因爲我們終於俯首相信，這是面對世界時，人類所能期望擁有的唯一力量。因爲我們終於不再堅持，眞理——不僅力量和痛楚——必須在「那兒」等著被發現。

這很容易令人推想，如果有一個文化，它的詩已經公開地、明顯地戰勝了哲學，人們所接受的自由定義是對偶然而非對必然的承認，那麼，在這個文化中，拉金的詩是不是會顯得平淡無奇？對人類有限性的悲愴哀愁是不是會消逝如煙？事實上，這種文化或許根本不可能存在，人的悲愴哀愁或許是無法根絕的。以精神充沛的尼采式嬉戲爲主流的文化，和哲學家國王的統治或國家的凋萎一樣，猶如天方夜譚，難以想像。同樣的，我們也很難想像有一個人，覺得他或她的生命已經圓滿完足，可以死而無憾，因爲他或她曾經想要的統統已經獲得滿足。

甚至布倫的強健詩人也不得不承認這一點。儘管我們拋棄了那個傳統哲學的理想，不再企求在一個「本義的」不變事實之永恆背景前，把自己視爲固定不移和完滿一體，並代之以尼采式的理想，以自己的語言了解自己，向自己的過去說「我欲其如是」，從而得到救贖——儘管如此，我們仍然不得不承認，這「欲其如是」的意願，將永遠只是一個計畫而不是結果；只是人生的有限壽命所永遠無法完成的計畫。

強健詩人的死亡恐懼是對無法圓滿完足的恐懼，因爲人對世界和過去加以再描述的計畫、人利用個人獨特的隱喻來自我創造的計畫，都無法避免其邊緣性與寄生性。隱喻乃是舊字詞的非慣常使用，但唯有在其他舊字詞以舊有慣用的方式被使用的背景下，隱喻的非慣常使用才有可能。一個「全隱喻」(all metaphor) 的語言是一個沒有使用的語言，因此根本不是語言，而只是胡言亂語。因爲儘管我們同意語言不是再現或表現的媒介，語言畢竟還是溝通的媒介，社會互動的工具，是自己與其他人類相互聯繫的方式。

尼采將詩人加以神化的企圖必須以此矯正，因爲即連強健詩人也必須依賴他人。布倫所言甚是：

> 令人傷心的事實是：一首詩**不具有**呈現、統一性、形式或意義……那麼，一首詩擁有或創

> 造什麼？可惜！一首詩**不擁有**任何東西，也**不創造**任何東西。一首詩的呈現乃是一個承諾，乃是所期望的事物本質的一部分，乃是尚未見到的事物的證據。一首詩的統一性就在讀者的善意之中……一首詩的意義只是說有，或更確切地說，**曾有**另一首詩存在。⑱

在這一段文章中，布倫把詩——和詩人——加以非神化，正如尼采非神化了眞理，佛洛伊德非神化了良知。布倫之於浪漫主義正如佛洛伊德之於道德主義。在這裏他們所採用的策略並無二致：就是利用由偶然關係組成的一個網絡，一張向後延伸到過去、向前延伸到未來的網子，來取代一個已經成形的、統一的、當下的、自我完足的實體，一個可以被視爲固定不移和完滿一體的東西。布倫提醒我們，甚至強健詩人也依附於她的前人，甚至她也只能創造一小部分的自己，因此同理，她也依賴未來所有不可知的陌生人的仁心善意。

這令人想起維根斯坦的一個論點：沒有私人語言（private languages）。他論道，要把意義賦予一個字或一首詩，你不可以把它拿來和一個非語言的意義互相對照；一個字詞或一首詩，只有和一堆已經被使用的字詞或一堆已經寫成的詩互相對照，才會有意義⑲。維根斯坦的論點可以改寫爲：每一個耐人尋味的隱喻都得有許許多多索然無趣的本義言說作爲襯托，同理，每一首詩都預設許多文化背景。從書寫的詩說到人生的詩，我們可以說，純粹尼采式的人生——純粹只有行動（action）而沒有回應或反動（reaction）——是不可能的。人生的絕大部分必須寄附在未被再描述的過去，依賴於尚未出生的後代的仁心善意。強健詩人最強的宣稱莫過於濟慈所言：他「將是英詩人之一」，此所謂「之一」，用布倫的話來說，即是「在他們的中間」，未來詩人出生於濟慈的口袋，正如濟慈出生於前代詩人的口袋。依此類推，尼采式超人最強的宣稱也莫過於：儘管超人與過去的差異不可避免地是微不足道和細微末節的，這些差異仍然會延續到未來，超人對過去的細小片段的隱喻式再描述，將會成爲未來本義事實的一部分。

總而言之，我建議要了解拉金所指有限性的悲愴哀愁，最好的辦法就是不要解釋爲無法達成傳統哲學企求達成的目標——即非獨特的、無時間性的、普遍的東西，而要解釋爲認識到在某個程度上，人必須信賴那些過其他生活、寫其他詩的人的仁心善意。納伯科夫（Nabokov）最傑出的書《黯淡的光》（*Pale Fire*）環繞著「人的一生是深奧而未完成的詩的註腳」一語。此語既綜合了佛洛伊德的主張——每一個人的生命都是複雜的個人幻想的展現，也提醒我們，這種展現在死亡介入之前是不可能完成的。其所以不可能完成，乃是因爲沒有任何東西必須要我們完成；事實上，只有一張關係的網子——一張在時間中天天延長的網子，必須不斷重新編織。

但是，如果我們避免了尼采的顛倒式柏拉圖主義——自我創造的生命可以和柏拉圖所主張的冥想式生命一樣，是圓足完滿而自主的——那麼，我們就會心滿意足地認爲，人生乃是這種永遠無法完成、卻又時而英雄式地不斷重織的網子。我們就會了解，強健詩人有意識地需要**證明**他不是一個複製品或仿造品而已，而他這種需要事實上只是一般人一個無意識的需要的特例：一般人無意識地都需要和機遇所給予他的盲目模糊印記得到妥協，都需要利用他自己（儘管只是細微末節）的措辭，重新描述那個盲目模糊印記，從而爲自己創造一個自我。

---

❶Harold Bloom, *The Anxiety of Influence*(Oxford University Press, 1973), p. 80. 又參見布倫的主張：「詩人的出發點（不論多麼地「不自覺」），在於他們比其他男男女女，更加強烈地反抗死亡的恐懼。」(p.10) 我相信布倫會贊成把「詩人」的範圍，從寫詩的作者擴大到我目前所指的廣泛的、一般的意義上，使普魯斯特和納伯科夫（Nabokov），牛頓和達爾文，黑格爾和海德格，也都能涵蓋在內。這些人也都比我們大部分人，對於死亡，以及原創性的匱乏，進行更強烈的反抗。

❷「在他們內心的隱私處，批評家深愛連續性，可是，凡是只活在連續性中的人，是不可能成爲詩人的。」(Bloom, *The Anxiety of Influence*, p. 78) 在這方面，批評家屬於哲學家的一個分支，或更確切地說，是海德格和德希達所謂的一種「形上學家」。德希達說，形上學乃是「對中心結構的追求……乃是具有根據地的遊戲觀念，這遊戲所根據的是一種基本的不動性和一種千眞萬確的確定性，而這些是遊戲所無法達到的東西」(Derrida, *Writing and Difference*〔Chicago: University of Chicago Press, 1978〕, p. 279)。形上學家追求連續性——如圓拱般統攝一切的可能性條件，這些連續性提供一個空間，讓不連續性存在其中。批評家不爲人知的夢想，就是提供分類架，讓未來的所有詩人各自找到適合的位置；庫恩之前的科學哲學家所明白揭示的期望，就是提出

一個所有未來科學革命都無法動搖的「科學本質」論。

布倫與保羅・德・曼（Paul de Man）之間最重要的差異（遑論布倫所謂的「道路解構公司」〔Deconstruction Road Company〕），就是德・曼認為哲學使他意識到了過去、現在、未來一切可能的詩之必要條件。我相信布倫對德・曼的反駁是正確的。德・曼主張「所有眞正詩的或批判的活動，都在預演無目的的、無意義的死亡活動；換另一種說法，就是語言的問題性」（Bloom, *Agon* 〔Oxford University Press, 1982〕, p. 29）。相對的，布倫絕對不會牽扯上「語言的問題性」之類的哲學概念，或「無目的的、無意義的死亡活動」之類的抽象說法。我贊成他認為，這些東西會阻礙批評，批評應該是「一種藝術，其任務在認識詩與詩之間的祕密通道」（*The Anxiety of Influence*, p. 96）。猶如佛洛伊德尋覓童年至成人之間、或親子之間的祕密通道，這種藝術也不太需要追求連續性，甚至佛洛伊德後設心理學所設定的那些連續性，也無必要。

❸布倫說，「如果本書的論證是正確的，那麼，過去三百年來，大部分詩的隱密主題就是影響的焦慮，每一個詩人都恐懼已經不再有適當的工作讓他執行。」（*The Anxiety of Influence*, p. 148）我想布倫肯定會同意，這種恐懼也普遍存在於具有原創性的畫家、物理學家、哲學家身上。在第五章，我提出一個看法，就是說黑格爾的《精神現象學》（*Phenomenology of Spirit*）一書，乃是哲學進入時不我予與焦慮時期的發軔，為後來的尼采、海德格和德希達設下任務，亦即不可以再坐上那個古老的辯證翹翹板。黑格爾所謂的哲學**形態**，其實就是尼采所稱「歷史對於〔有原創性的哲學家的〕生命是相當不利的」，因為黑格爾的看法讓尼采和齊克果發現，**現在**既然有了黑格爾的自我意識，恐怕哲學的原創性不復可能。

❹我對尼采的解釋，有很大部分來自內哈瑪斯（Alexander Nehamas）極富創見和深度的 *Nietzsche: Life as Literature*(Cambridge, Mass.: Harvard University Press, 1985）一書。

❺Bloom, *Agon*, pp. 43-44. 又見 Harold Bloom, *Kabbalah and Criticism* (New York: Seabury Press, 1975), p. 112：「十九和二十世紀許多有關人性與觀念的論述，有一個奇怪的現象，就是如果我們把『人』換成『詩』，或把『觀念』換成『詩』，這些論述就會變得非常明白易懂。……在我看來，尼采和佛洛伊德乃是這種不可思議的代換最主要的例子。」

❻在 "Freud and Moral Reflection," in *Pragmatism's Freud*, eds. Joseph Smith and William Kerrigan (Baltimore: Johns Hopkins University Press, 1986) 一文中，我對這個主張有一個較完整的鋪衍。

❼Standard Edition (S.E.), XI, 137. 我要感謝 William Kerrigan 提醒我這一段文章。

❽"On Narcissism," S.E. XIV, 94.

❾S.E. XX, 115.

❿例如 S.E. XVII, 88。

⓫晚近分析哲學對這個假定有許多質疑，請參見史尼溫（J. B. Schneewind）和貝爾（Annette Baier）的著作。又參見 Jeffrey Stout, *Ethics After Babel* (Boston: Beacon Press, 1988)。

⓬關於爲什麼需要有這一點補充，請參見史加莉（Elaine Scarry）的傑作《肉體在痛》（*The Body in Pain: The Making and Unmaking of the World*〔Oxford University Press, 1985〕）。在該書中，史加莉提出一個對比。一方面是隱痛：施虐者剝奪受害者的語言以及受害者與人類制度的聯繫，以便造成其痛苦。另一方面是人類參與制度的能力，這種能力來自語言和閒暇餘裕。史加莉指出，施虐者眞正喜歡的享受，乃是**侮辱**他的受害者，而不是使他在痛楚中吶喊。痛楚的吶喊只是另一種侮辱而已。關於最後這一點，我在第七、八章討論納伯科夫和歐威爾論殘酷時，會進一步加以發展。

⓭Philip Rieff, *Freud: The Mind of the Moralist* (New York: Harper & Row, 1961), p. 36.

⓮Lionel Trilling, *Beyond Culture* (New York: Harcourt Brace, 1965), p. 79.

⓯Leo Bersani, *Baudelaire and Freud* (Berkeley: University of California Press, 1977), p. 138.

⓰"On a Certain Blindness in Human Beings," in James, *Talks to Teachers on Psychology*, eds. Frederick Burkhardt and Fredson Bowers (Cambridge, Mass.: Harvard University Press, 1983), p. 134.

⓱請參見 Bloom, *Agon*, p. 23：「……所謂『文學的文化』，我的確指西方當前的社會，因爲它沒有眞正的宗教和眞正的哲學，將來也不會再找到；而且，由於心理分析及其實用的宗教與哲學，只是文學的文化之一部分，因此，遲早我們會使用佛洛伊德主義**或**普魯斯特主義一類的說法。」在第五章我會討論普魯斯特的角色：道德的模範。

⓲ Bloom, *Kabbalah and Criticism*, p. 122.

⓳「正如我們無法（在性方面或其他方面）擁抱一個人，除非我們擁抱他或她的整個家庭羅曼史，同樣的，我們也無法讀懂任何詩人，除非我們讀懂了他或她的整個詩人家庭羅曼史。問題在於化約以及如何盡量避免化約。各種批評——修辭學派的、亞里斯多德派的、現象學的和結構主義的——都在化約，不論是化約到意象，或觀念，或既有的事物，或音素。道德的和純粹哲學的或心理學的批評，也都化約到各種敵對的概念架構。若有的話，我們是化約到另一首詩。**一首詩的意義只能是另一首詩**。」(Bloom, *The Anxiety of Influence*, p. 94；粗體爲作者所加）又參見頁七〇，比較頁四三：「讓我們拋棄把一首詩當作一個元目來單獨『理解』的作法，那種作法已經失敗。相反的，讓我們開始學習一種讀詩的方法，也就是把一首詩，當作是它的詩人——**作爲一位詩人**——對從前的一首詩或一切詩故意的錯誤解釋。」

布倫的反化約主義，與維根斯坦、戴維森、德希達的主張——意義乃是建立在與其他文本的關係上，而不是在與文本之外的東西之關係上——有不謀而合之處。私人語言的觀念，和謝勒斯的「既有的迷思」(the Myth of the Given) 一樣，都來自一個願望：希望語詞可以不必依賴其他語詞，就能擁有意義。這個願望又屬於沙特所發覺的另一個更大願望的一部分，亦即希望變成自滿自足的自在存在。在"Portrait of the Anti-Semite," in *Existentialism from Dostoevsky to Sartre*, ed. Walter Kaufmann (New York: New American Library, 1975), p. 345 一文中，沙特把反猶太的人，描寫成「一個想要成爲無情的石頭、怒暴的洪水、肅殺的閃電的人——換言之，什麼都可以，就是不想成爲一個人」。沙特的這個描繪，就是在批評查拉圖斯特拉 (Zarathustra)，和布倫所謂的「化約主義」，以及海德格與德希達所謂的「形上學」。

第三章 自由主義社會的偶然

凡主張——如第一章——眞理不存在「那兒」的人，都會被懷疑是相對主義者和非理性主義者。凡質疑——如第二章——道德與明智之分野的人，都會被懷疑是不道德的。爲了抵擋這些質疑，我必須提供論證，指出絕對主義與相對主義、理性與非理性、道德與明智等等的分野，乃是陳舊過時且笨拙不堪的工具，是我們應該摒棄的語彙的遺跡。然而，「論證」並不是正確的字眼。因爲依照我的思想史觀，思想的演進乃是千挑萬選的隱喻的本義化過程；一個人對某事物的再描述如果遭到反對，其駁回的方式大抵上是對其他事物加以再描述，試圖擴大個人所偏好的隱喻的範圍，從側翼包圍這些反對的意見。因此，我的策略就是設法使這些反對說法所使用的語彙顯得不好，從而更換主題，而不是和反對者的批評正面迎戰，讓他選擇武器和戰場。

這一章我的主張是：要符合自由主義社會的制度與文化，我們選用的道德與政治反省的語彙，最好迴避上述的種種分野，而不是保留它們。我將設法指出，啓蒙運動理性主義的語彙，雖然與自由主義民主的肇始息息相關，但已經變成了民主社會延續與進步的障礙。我主張，第一、二章所勾勒的語彙——環繞在隱喻和自我創造等概念，而非眞理、理性和道德責任等概念——會比較適合於這個目的：民主社會的延續與進步。

不過，我並不是說，我所勾畫的戴維森／維根斯坦的語言觀和尼采／佛洛伊德的良知與自我觀，提供了「民主制度的哲學基礎」。因爲啓蒙運動理性主義的語彙一旦煙消，「哲學基礎」的概念也會隨之雲散。我所勾畫的這些觀點並不爲民主制度奠下基礎，不過它們倒容許民主制度的實務和目標可以被重新描述。接下來，我將試圖以非理性主義的、非普遍主義的方式重新構述自由主義的希望。我想以這種方式來構述，將會比舊的描述方式更能促進這些希望的實現。但是，把現行的制度和實務加以再描述，並不是防禦它們使免受敵人的攻擊；這工作比較像重新裝修一幢房子，而不像支撐它，或在它的周圍架設柵欄。

尋找基礎與企圖重新描述之間的不同，恰好標示著自由主義文化與舊的文化生活形式的差異。因爲依其理想形式，自由主義文化是一個徹頭徹尾啓蒙開明的、世俗的文化：這個文化絲毫不殘留神的遺跡——不論其以神化的世界或神化的自我形式存在；這個文化不相信人類應該向任何非人的力量負責；這個文化丟棄或徹底重新詮釋神性的概念，以及「奉獻給眞理」和「滿足精神最深刻的需要」等概念。在理想上，前兩章所勾畫的非神化歷程，其最高的境界就是我們有能力不再認爲下面這個觀念有用，即：有限的、會死亡的、偶然存在的人類，無法從其他有限的、會死亡的、偶然存在的人類導出他們生命的意義。在這理想的自由主義文化中，「相對主義」的警告，質問社會制度是否在現代已經日益「合乎理性」，或懷疑自由主義社會的目標是不是「客觀的道德價值」，統統會令人覺得莫名其妙。

因此，我認爲我這個觀點非常適合於自由主義政治。爲了讓我的主張比較容易令人接受，我首先想指出這主張與柏林（Isaiah Berlin）對「消極自由」（negative liberty，反對目的論式的人性完成觀）的辯護，其間有哪些相似點。柏林在〈自由的兩個概念〉（"Two Concepts of Liberty"）一文中說，一如我在第一章所言，我們必須拋棄以拼圖觀點（the jigsaw puzzle approach）來了解語彙、實務與價值。用柏林的話來說，我們必須放棄「相信人們向來所信仰的一切積極價值，最終都必須相容一致，或甚至彼此蘊涵」❶。佛洛伊德主張，我們應該把自己看作是大自然所做諸多實驗之一，而不是大自然的設計之極致實現。我一再強調佛洛伊德的這個主張，這正呼應柏林之援引穆勒（J. S. Mill）「在生活中實驗」一語（事實上也呼應傑佛遜和杜威使用「實驗」一詞來形容美國的民主制度）。在本書第二章，我譴責柏拉圖／康德主義者試圖從事柏林所謂「將（我們的）人格分裂爲二：超越的、主宰的控制者，與必須被馴服控制的欲望和情感的經驗叢」❷。

柏林在其文章結尾引用熊彼得（Joseph Schumpeter）語：「文明人與野蠻人的差異，在於前者了解到個人信念只具相對的有效性，但卻能夠堅定不移地捍衛這些信念。」柏林補充道：「企圖超越此限制或許是一種根深柢固的、無可救藥的形上學需求；然而，讓這需求決定個人的實踐，卻是一種同樣根深柢固且更危險的道德與政治不成熟的徵兆。」❸熊彼得的這個主張——這乃是文明人的標記——用我這兒所發展的術語來說，就是聲明：本世紀自由主義社會已經產生愈來愈多的人，能夠承認他們用來陳述最崇高希望的語彙，乃是偶然的——他們自己的良知乃是偶然的——但卻還對他們的良知忠貞不二。尼采、威廉・詹姆斯、佛洛伊德、普魯斯特和維根斯坦等人物的出現，說明了我所謂的「自由作爲對偶然的承認」。在這一章，我將宣稱，這項承認乃是自由主義社會成員的主要品德，而自由主義社會的文化應該以醫治我們這「根深柢固的形上學需求」爲鵠的。

爲了顯示我的觀點如何看待相對主義的指摘，我將討論一下當代自由主義傳統最尖銳的批評者山德爾（Michael Sandel）對柏林一文的評論。山德爾說，柏林「差一點就陷入相對主義的困境」，並問道：

> 如果一個人的信念只是相對地有效，爲什麼堅定不移地捍衛這些信念呢？柏林假定的道德宇宙具有悲劇性的構造〔譯按：指價值的互不相容或不可共量〕，問題是，自由理想難道不也和其他相競的理想一樣，都要受到價值的終極不可共量性的約束？若是如此，爲什麼自由理想具有優越的地位？而如果自由不具有道德上的優越地位，如果它只是眾多價值之一，什麼可以支持自由主義？❹

山德爾在提出這些問題時，預設了啓蒙運動理性主義的語彙。其次，由於熊彼得和柏林本人也使用這套語彙，山德爾乃利用這個便宜，試圖指出他們的觀點是不一致的。把山德爾的問題稍加仔細地檢視一番，或許有助於釐清，持著什麼觀念的人才會認爲「相對主義」和「道德上優越的」等語詞是有用的，從而也有助於顯示，爲什麼若要形容熊彼得、柏林和我期望讚賞的人物的心境，我們最好避免使用「只是相對地有效」一詞。

「信念只是相對地有效」似乎意謂，這些信念只對那些持有若干其他信念的人——而不是對任何人和每一個人——而言，具備充足理據（be justified）。然而，如果這就是這句話的意思，則「相對的有效」一詞便不具凸顯對照的力量，因爲，若是如此，凡具備**絕對**有效性的語句都不會是有趣的。絕對有效性將只局限於日常的老生常談、基本的數學眞理等等——沒有人想要爭論這類信念，因爲它們既不具爭議性，且對個人的自我認同或生命的目標也非極具重要性。那些對個人自我意象具重要性的信念，其所以重要乃是因爲它們的存在與否，係區分好人與壞人的判準，區分個人想成爲的人與不想成爲的人的判準。凡是對**任何人**而言都具備充足理據的信念，其實都是無關緊要的。維繫這種信念，並不需要「堅定不移的勇氣」。

因此，所謂「只相對地有效的信念」，必須相對於那些對非顛倒錯亂的（uncorrupted）人而言具備充足理據的語句（譯按：不是相對於前述的「絕對有效的信念」）。凡是「非顛倒錯亂的」人，其理性或內在追求眞理的機能 (built-in truth-seeking faculty)，和其良知或內在辨別是非的構造(built-in righteousness detector)，都具有足夠的能力，克服邪惡的激情、庸俗的迷信和卑下的偏見。「絕對有效性」一概念是無法理解的，除非我們預設一個分裂的自我，一半恰巧爲人與上帝共享的部分，另一半爲人與動物共享的部分。可是，如果接受理性與激情，或理性與意志的這種對立，自由主義者便會陷入自相矛盾。如果同意佛洛伊德和柏林，認爲不應該將人分裂爲理性與激情，那麼，我們就必須拋棄，或至少嚴格地使用傳統上對「理性的信念」(rational conviction) 和「由原因(而非由理由) 所引起的信念」(conviction brought about by causes rather than reasons) 的區分。

嚴格限制其使用的最好辦法，就是將理性的說服形式和非理性的說服形式的對立，局限在一個語言遊戲的內部，而千萬不要將該對立運用到語言行爲上有趣的而且意義非凡的轉變上。如果我們接受第一章的核心主張，這樣嚴格限制的理性概念便是我們唯一能夠接納的概念——畢竟眞正重要的，乃是語彙的轉變，而非信念的轉變；是眞値候選者的轉變，而非眞値的賦予。在一個語言遊戲的內部，在什麼是可能和什麼是重要的共識範圍內，「基於理由的信念」和「基於原因(而非理由) 的信念」的分野是有用的。這個分辨工作，可以從明顯的差異著手，如蘇格拉底式對話與催眠暗示的分別；然後進一步鞏固這分野，處理較爲模糊的例子：洗腦、媒體宣傳，以及馬克思所謂的「錯誤意識」。固然，我們沒有涇渭分明的方式可以劃分說明與脅迫，從而也沒有涇渭分明的方式可以區分「改變信念的原因同時也是理由」和「改變信念的原因『只』是原因」，可是，那不是這分野的特殊缺陷，其他大部分的區分也都有這類模糊不清的地帶。

然而，一旦我們的問題是如何從一個語彙轉到另一個語彙，從一個核心隱喻組合轉到另一個核心隱喻組合，理由和原因的區分就開始失去其效用。那些使用舊語言而又不希望改變的人，那些認爲使用該語言乃是理性或道德的正字標記的人，就會認爲激進者、年輕人或前衛藝術家所玩的新語言遊戲、新隱喻的訴求，根本就是**非**理性的。新的說話方式的普及就會被視爲「流行」或「叛逆的需求」或「頹廢」。爲什麼有人用這種方式說話，就會被視爲會話層次以下的問題，就會被轉由心理學家或（若有必要）警察來處置。反過來說，在那些設法使用新的語言，設法將新的隱喻加以本義化的人看來，使用舊語言的人乃是非理性的，是激情、偏見和迷信的犧牲者，傳統的永久保存者等等。在任何一方的哲學家就可以站出來，發展一套道德心理學，或知識論，或語言哲學，支持對理由／原因如何區分的反對意見，並把對方抹黑。

一旦我們相信對於目前使用的特殊歷史條件下的暫時性語彙，沒有任何外在（於這語彙）的觀點來判斷該語彙，那麼，我們便不會再堅持：就像在語言內部我們有所謂理由來決定是否相信一個語句一樣，我們也可以有理由來決定使用什麼語言。進一步，我們也不會再相信可以找到對諸語彙而言中立的「理性」概念，來判斷思想或政治的演進是不是理性的。不過，如果斷言歐洲歷史上道德與思想的重大發展——基督宗教、伽利略科學、啓蒙運動、浪漫主義等等，統統只是僥倖地陷入暫時的非理性，這又似乎荒誕不經。因此，我們獲得的啓示應該是：理性與非理性的區分實際上比它看起來更爲無用。一旦我們了解所謂進步——不論是社會的或是個人的——既包含從利用舊字詞陳構的前提來論證，也包含新語言的使用，我們就會了解到，凡是環繞著「理性的」、「判準」、「論證」、「基礎」和「絕對的」等概念打轉的批判語彙，都不適合用來描述舊語彙與新語彙的關係。

戴維森有一篇討論佛洛伊德的非理性觀的文章，在結論中他說，一旦我們捨棄「理性的絕對判準」概念，從而讓「理性的」一詞指「內在的融貫性」，那麼——如果不對這語詞的使用加以限制——我們就會被迫把許多我們崇尚的東西稱爲「非理性的」。尤其，我們就不得不用「非理性的」一詞來形容戴維森所謂「我們致以極高敬意的一種自我批判和改革的形式，這種自我批判和改革甚至向來還被視爲理性的本質和自由的根源」。戴維森針對這點論道：

在這裏，我是指一類特殊的第二序欲望或價值，以及其所能發動的行動。這情況發生在一個人對自己的若干欲望，形成一個正面或負面的判斷，發爲行動，從而改變這些欲望。從被改變的欲望的觀點來看，並沒有改變的理由——理由來自一個獨立的根源，所根據的是進一步、局部相反的考量。這行爲者有理由改變他自己的習慣和性格，但那些理由所來自的價值領域，必然外在於發生改變的觀點或價值的內容。所以，這改變的原因——若眞的發生——不可能是它所引發的改變的理由。凡無法解釋非理性的理論，將也無法解釋我們所致敬的自我

批判與自我改進的努力，及其時所帶來的成功。❺

當然，如果自我批判和自我改進總是發生在最高層次的重要欲望——亦即**眞實**自我的欲望，或對人類而言關係重大的欲望——的框架內部，那麼，戴維森是錯誤的。因爲若是如此，這些最高序的欲望就會在第一序欲望和第二序欲望的爭執中加以仲裁和合理化。但是戴維森並未犯下這個錯誤，反之，我認爲他的前提非常正確，他相信凡可能成爲這類最高序欲望的東西，其實都是抽象而空洞的，以至於根本不具仲裁力量——這些欲望的典型例子，是「我希望成爲善的」、「我希望是理性的」、「我希望認識眞理」。由於什麼**才算**「善的」或「理性的」或「眞實的」，係由第一序和第二序的欲望的爭執所決定，因此，位居頂層巴望實現的善意志的抗議，其實根本無力干預那個爭執。

如果戴維森是正確的，則通常被用來反對柏林和能彼得的那些假定便是錯誤的。我們不可以假定有這麼一個最大可能的框架，在這框架內部人能夠問（例如）：「如果自由不具有道德上的優越地位，如果它只是眾多價值之一，那麼，什麼可以支持自由主義？」我們不可以假定，自由主義者應該有能力超越歷史的偶然，並且把現代自由主義國家賦予其公民的個人自由，視爲眾多價值之一。我們也不可以假定，合乎理性的作法，乃是把這種個人自由和其他價值擺在一起（例如納粹短暫地提供日耳曼人的民族目標意識，或啓發宗教戰爭的服從上帝意志的意識），然後利用

「理性」仔細檢視這些不同的價值，發現何者——若有的話——具有「道德上的優越性」。唯有假定了我們可以攀登到這樣的立足點上，「如果一個人的信念只是相對地有效，爲什麼堅定不移地捍衛它們呢？」這問題才會有意義。

反過來說，如果肯定戴維森的主張，認爲新隱喻乃是信念改變的原因而非理由，並肯定赫塞的主張，認爲新隱喻使思想進步成爲可能，那麼，熊彼得「相對的有效性」一詞和「相對主義的困境」概念，就顯得毫不相干了。正如對於相信上帝不存在的人而言根本無所謂褻瀆神明，對於肯定戴維森等人主張的人而言也無所謂「相對主義的困境」。因爲不存在這麼一個更高的立足點，我們必須對其負責，而且還可能冒犯其戒條；也不存在這麼一種活動：仔細檢視相競的價值，以便發現何者具有道德的優越性。因爲我們根本沒有辦法超越我們所採用的語言、文化、制度和實務，並把這些拿來和所有其他的等量齊觀，一視同仁。誠如戴維森所言，「說一個語言……並不是一種特徵，一個人能夠加以革除而同時還保留思想的力量。所以，一個人不可能暫時擺脫他自己的概念框架，採取一有利的觀點，來比較諸概念框架。」[6]或用海德格的話來說，「語言說人」(language speaks man，譯按：不是「人說語言」)，而語言在歷史過程中改變，因此人類無法逃避他們的歷史性。人類能做的，頂多只是操縱他們所處時代內部的張力，以期創造下一個時代的端緒。

話說回來，當然如果山德爾問題的預設是正確的，則戴維森和海德格是錯誤的。戴維森和維根斯坦的語言哲學——把語言視爲一種歷史的偶然，而不是一種逐漸取得眞實世界或眞實自我的眞實相貌的媒介——就會自相矛盾。如果接受山德爾的問題，我們就需要一套語言哲學、知識論和道德心理學，來維護理性的利益，保留道德與明智的分野，從而保證山德爾的問題是相干的。我們將會想要以不同的方式來看待語言，把語言當作發現眞理的媒介，而眞理存在於外在世界中（或至少存在於自我內部深處，我們找到永恆不變、無歷史性的最高層次的——並足以仲裁低層次衝突——欲望的地方）。對於戴維森和海德格形容爲過時落伍的研究模型——「主體／客體」和「架構／內容」的模型，我們會想要加以重新整修一番。

因此，傳統觀點認爲問「你如何知道？」隨時都是相干的，而相對的觀點認爲有時候我們所能問的只有「你爲什麼用那種方式談話？」。是不是有辦法解決這兩種觀點不分勝負的僵局？在這方面，哲學作爲一門學科，如果在這節骨眼向前跨一步，宣稱它將找到裁決這僵局的中立立場，會顯得荒謬可笑。過去的哲學家在尋找這類中立的立場方面，似乎沒有成功過。哲學家最好承認並沒有**單一**的辦法來打破這類僵局，也沒有單一的地點適合它後退一步來反省。相反的，打破這僵局的辦法不一而足，正如人們有許多聊天的話題。其中一個辦法，就是從不同的人格典範來看——冥想者VS.詩人，虔誠的人VS.同意值得讓機遇決定她命運的人。另一個辦法，就是採取仁慈倫理的觀點，而問：如果我們所有的人都不再操心「絕對有效性」，則人間的殘酷和不公正會不會減少？或反過來問：是不是唯有這些操心才能穩固我們的性情，讓我們堅定不移地護衛弱者，抵禦強者？或者，另一個——我認爲無效的——辦法，就是透過人類學，而問是否有「文化的普遍相」，或透過心理學，而問是否有心理的普遍相。由於立場不計其數，由於從外圍碰觸這問題並試圖從側翼包圍對手的辦法不可勝數，所以，在實踐上，根本沒有不可解的僵局。

相對於虛構的、理論上的僵局，唯有在下面的情況下我們才有眞實而屬於實踐層次上的僵局：此情況即如果若干特定的課題和若干特定的語言遊戲是禁忌；如果一社會存在普遍的共識，認爲若干特定的問題**無論如何**一定是相干的，若干特定的問題優先於其他若干特定的問題，討論有一個固定的先後順序，而絕不允許旁敲側擊的手法。自由主義者設法避免的，正是這種以「邏輯」統治而視「修辭」爲非法的社會。自由主義社會的核心概念是：若只涉及言論而不涉及行動，只用說服而不用暴力，則一切都行（anything goes）。其所以要培養這種開放的心胸，不是因爲《聖經》教導我們眞理是偉大的且將戰勝一切，也不是因爲，如米爾頓（Milton）所建議的，在自由而開放的對抗中，眞理必然得勝。這種開放的胸襟之所以要培養，應該以它自身爲目的。**所謂自由主義社會，就是不論這種自由開放的對抗結果是什麼，它都贊成稱之爲「眞理」**。這就是爲什麼企圖爲自由主義社會提供「哲學的基礎」，其實並不適合自由主義社會。因爲企圖提供這類基礎，等於假定了課題和論證具有一個自然秩序，這自然秩序既優先於新舊語彙的對抗，也凌駕於這種對抗的結果。

這最後一點讓我可以轉到我早先提出來的一個更大的主張：即自由主義文化所需要的，乃是一個已改善的自我描述，而非一組基礎。認爲自由主義文化應該有基礎，這其實是啓蒙運動科學主義的後果；而啓蒙的科學主義本身，又是要求人類計畫必須由非人的權威背書的宗教需求之殘餘。十八世紀的自由主義政治思想試圖和當時最有前途的文化發展——自然科學——搭上關係，乃是很自然的事。然而不幸的是，啓蒙運動將其大部分的政治修辭，編織在科學家作爲一種祭師的圖象周圍，依這圖象，科學家是「合乎邏輯的」、「有方法的」和「客觀的」❼，因而得以接觸到非人的眞理。這在當時是個有用的策略，但在今天卻比較沒用。因爲，首先，科學不再是最要緊，或最有前途，或最令人振奮的文化領域。其次，科學史家業已一淸二楚地指出，這幅科學家的圖象和實際的科學成就之間多麼互不相干，以及試圖獨立出所謂「科學的方法」是多麼無意義。雖然自十八世紀末迄今，科學業已經歷千萬次的萌芽開花，從而一些原來無法實現的政治目標都因科學而得以可能實現，儘管如此，科學還是已經撤退到文化生活的背景中。這撤退大體上乃是不同科學所使用的不同語言日益難以駕馭所致。我們固然不必爲這情形感到遺憾，但卻必須加以妥善應付。應付克服的一個方法，就是把注意力轉向**目前正處於**文化前線的那些領域，那些激發年輕人的想像的領域，亦即藝術與烏托邦政治。

在第一章開頭我說過，法國大革命和浪漫主義運動開啓了一個時代，使我們逐漸肯定語言革新的歷史角色。這項肯定可以歸結爲一個含糊而誤導的，但意義豐富而發人深省的觀念，即眞理是創造出來的，而非發現到的。我也說過，當他們關心的是目的而不是手段時，當代知識分子應該留意的領域乃是文學與政治。我現在可以進一步歸結，若我們關心自由主義社會的憲章，我們應該留意的也就是文學和政治兩個領域。我們有必要對自由主義加以重新描述，將它描述爲希望整個文化能夠「詩化」，而不是像啓蒙運動一樣，將它描述爲希望整個文化能夠「理性化」或「科學化」。換言之，我們必須放棄人人將以「理性」取代「激情」或幻想的希望，轉而冀望個人獨特的幻想得以實現的機會可以平等化。

依我之見，在理想的自由主義政治中，文化英雄是布倫的「強健詩人」，而不是武士、祭師、聖人，或追求眞理的、「合乎邏輯的」、「客觀的」科學家。這樣的文化將擺脫啓蒙運動的語彙，亦即山德爾對柏林的質疑中所預設的語彙；因而也不會再被所謂「相對主義」和「非理性主義」的幽靈所侵擾。這種文化不會假定，文化生活的形式不比其哲學基礎強而有力；相反的，這文化會根本拋棄所謂哲學基礎的想法，而認爲自由主義社會的證成，只是把它和其他關於社會組織的嘗試——過去的，以及烏托邦主義者所設想的——加以歷史的比較。

這種對自由主義的證成的看法（亦即認爲歷史的比較便足夠，而不必哲學的奠基），其實是從維根斯坦引申出來，因爲維根斯坦堅持，所有的語彙——有些甚至含有我們最爲重視的、與我們的自我描述最息息相關的字詞——都是人類所創造，都是人類創作諸如詩歌、烏托邦社會、科學理論，及未來世代等作品所使用的工具。事實上，以歷史的比較來爲自由主義社會提供充分理據，或證成自由主義社會，就是把自由主義的修辭建築在維根斯坦的這個想法上；也等於不再相信，把自由主義的敵人——納粹或馬克思主義——逼到論證的牆角，逼迫他們承認自由主義的自由具有他們自己的價值所欠缺的「道德優越性」，便足以爲自由主義提供充分理據或證成，從而駁倒這些敵人。由我所倡議的觀點來看，任何以這種方式把敵手逼到牆角的作法，最終將在敵手把那一面牆視爲另一個語彙，另一種描述事物的方式時功敗垂成。因此，那一面牆就像一幅描畫的布景，另一件人爲的作品，是文化舞台上的另一件道具。所謂詩化的文化，就是不再堅持要我們在描畫的牆背後再尋找眞實的牆，在純粹由文化建構出來的試金石之外再尋找眞理的眞正試金石。正由於詩化的文化肯定**所有的**試金石都是文化的建構，所以它會把它的目標放在創造更多不同的、多彩多姿的文化建構上。

綜而言之，從以上對「柏林的立場是相對主義的」一說的討論，我想得到的啓示是，針對這項指責不應該直接回答，而應該加以迴避。正如我們對於「你如何**知道**張三是個值得一交的朋友？」或「你如何**知道**葉慈是一位重要的詩人，黑格爾是一位重要的哲學家，伽利略是一位重要的科學家？」之類的問題置若罔聞，我們也應該學會對「你如何**知道**自由是社會組織的主要目標？」一類的問題置之不理。我們應該把對社會制度的忠誠，看作像擇友或英雄的選擇一樣，其所需要的充分理據只訴諸大家熟悉的、共同接受的前提，而且是隨心所欲的❽。這些選擇並不訴諸判準；在它們作成之前，不可能對它們進行無預設的批判反省，而且它們的形成，也不可能不用任何特殊語言或獨立於任何獨特的歷史脈絡之外。

當然，當我說「『我們應該』這麼做」或「『我們不可能』那麼做」時，我並不是站在中立的立場上發言。我是站在柏林這一邊發言的，想要爲柏林打雜，替他芟除哲學樹林下的一些叢藪。一如「打雜的」（underlaborer）這隱喻的啓用者洛克（John Locke），他無法在亞里斯多德形質論（hylomorphism）和微粒子論（corpuscularianism）之間採取中立，同理，在這麼龐大的政治問題上，我並不採取中立，而且哲學也不可能採取中立。然而，我要重申，當我說中立不是可欲的立場時，我不是從中立的哲學觀點發言，我不是在爲自由主義奠定基礎，聲明晚近的戴維森語言哲學或庫恩科學哲學業已證明過去的哲學家都錯誤地要求中立。我說的是，庫恩、戴維森、維根斯坦和杜威，都爲我們熟悉的現象提供了再描述，將這些再描述聚集一起，可以支持柏林對於不同政治制度和理論的描述方式。這些哲學家有助於爲政治自由主義提供一個再描述，但政治自由主義也有助於爲這些哲學家的工作提供一個再描述，因爲這個再描述讓我們看到，哲學研究沒有自然的順序。我們不必第一步先把語言搞定，然後及於信念和知識，再其次爲人格（personhood），最後才涉及社會。沒有所謂的「第一哲學」——無論這是指形上學或語言哲學，抑或科學哲學。但是，最後一次我要重申的是，關於哲學本身的那個主張，只是我爲了同一個目標所作的術語上的建議，這個目標就是要爲當代自由主義文化提供一個全然屬於它自己的語彙，爲它滌除適於往日需要的語彙所遺留下來的殘渣。

再看一次維根斯坦關於語彙與工具的類比，或許可以令人更容易了解爲什麼我要因爲政治自由主義而放棄哲學的中立性。我在第一章說過，這個類比的弊病，在於設計一件新工具的人往往能夠在事前解釋這新工具將會對什麼有用，爲什麼她需要這新工具；反之，文化生活的新形式的創造，或新語彙的創造，只有在回顧時才能解釋其功用。當我們還在進行了解如何使用基督宗教，或牛頓主義，或浪漫主義運動，或政治自由主義時，我們無法將它們視爲工具。因爲，作爲手段，它們的目標還無法一清二楚地陳述出來。但是，一旦我們了解如何使用這些運動的語彙，我們就能夠敍述一個演進史，指出若干特定隱喻的本義化如何使晚近發生的所有好事成爲可能。進一步，我們就能夠將所有這些好事，看作是某個更一般性的善——該運動的總目標——的特殊例子。後面這個過程就是黑格爾對哲學的定義：「把你的時代掌握在思想中。」(holding your time in thought) 我把這個定義解釋爲：「爲一切你對你的時代最贊同且堅定不移地認同的特有事物找到一個描述，一個關於目標——從過去到你的時代的歷史發展，乃是到達這目標的手段——的描述。」

因此，依這個意義下的「哲學」，誠如黑格爾所言，「唯有當一個生活形式衰老時，哲學才把灰色的漆成灰色。」基督宗教不知道其目的是減輕殘酷，牛頓不知道他的目的是現代科技，浪漫主義詩人不知道他們的目的是促成一個適合於政治自由主義文化的倫理意識的發展。但是，**我們**現在知道這些事情，因爲我們後來的人能夠敍述那些實際造成演進的人所無法敍述的演進史。我們可以把這些人看作是工具製造者，而不是發現者，因爲我們對於使用那些工具所製造出來的成品有一個清楚的意識。這個成品就是**我們**——我們的良知、我們的文化、我們的生活形式。那些使我們成爲可能的人，無法預先看到他們正在使什麼成爲可能，因而也無法描述他們的工作——作爲手段——所要達成的目標。但**我們**能夠。

現在就讓我把這論點應用到政治自由主義和啓蒙運動理性主義的關係上。這關係乃是霍克海默（Horkheimer）和阿多諾（Adorno）合著《啓蒙的辯證》（*Dialectic of Enlightenment*）一書的主題。我認爲，他們正確地指出，啓蒙運動所釋出的力量已經摧毀了啓蒙本身的信念。他們所謂的啓蒙運動「瓦解的理性」（dissolvant rationality），在過去兩個世紀啓蒙運動理念勝利的過程中，業已將十八世紀視爲當然的「理性」和「人性」觀念從根剷除。於是他們得到一個結論，認爲自由主義已經在思想上破產，喪失了哲學的基礎，自由主義社會已經在道德上破產，喪失了社會的凝合劑。這個推論是錯的。霍克海默和阿多諾假定，那些推動歷史發展的人描述他們事業所用過的語詞，必然還能夠正確地描述這歷史的發展；並依此推論，那一套術語的瓦解，剝奪了該發展的成果繼續存在的權利或可能性。其實這情形幾乎不可能發生。相反的，一個新文化生活形式的創立者所用的語詞，大體上都是從他們所希望取代的那個文化的語彙借用而來。唯有當這新形式衰老，且本身變成前衛人士攻擊的目標時，這文化的術語才開始成形。一個成熟文化偏頗不公地和其他文化相較，自我辯解的表白，其所使用的語詞不太可能是當時促使這文化誕生所使用的語詞。

令人激賞的是，對於社會的哲學基礎如何被啓蒙運動的懷疑論從根剷除，霍克海默和阿多諾所提出來的解釋。在他們看來，這些基礎乃是統治階層實施宰制所用的語言工具。誠如他們所說：

> 最後，啓蒙運動不僅消耗了〔社會統合的〕象徵，而且消耗了這些象徵的繼承者——普遍概念；形上學的殘餘無一倖免……在啓蒙運動中，概念所面臨的處境，就像擁有私產的人面對工業托辣斯一樣：無人能夠安心度日。❾

在這些經受不起這股瓦解力量的概念區分之中，「絕對有效性 VS.相對有效性」和「道德 VS.明智」就是很好的例子。用霍克海默和阿多諾的話來說，啓蒙運動的精神要求「每一個特殊的理論觀點都必須屈服於破壞性的批判，承認自己只是一種信仰——直到連精神、眞理以及啓蒙等概念本身也都變成萬物有靈論的魔術爲止」❿。套上我的術語，這就是說，每一個特殊的理論觀點都被視爲只是另一套語彙、另一個描述、另一種說話方式而已。

霍克海默和阿多諾認爲，文明也許無法逃過這一劫，而且文明所能提供的有用啓示只有里克爾（Ricoeur）中肯的所謂「狐疑詮釋學」（the hermeneutics of suspicion），亦即不斷地意識到任何新的理論建議也許都是維持現狀的另一個藉口。霍克海默和阿多諾說，「如果進步的破壞面被它的敵人考慮進去，盲目的實用思想便會喪失其超越的性質，及其與眞理的關係。」⓫然而，他們並沒有對啓蒙的朋友提出建議。他們沒有一個烏托邦的文化前瞻，能夠既融合又善用對於理性的瓦解性格、啓蒙運動的自我毀滅性的了解，也未曾試圖指出「實用的思想」如何可以不再是盲目的，且目光如炬。

然而，其他作家所做的正是這一點，他們想要保留啓蒙自由主義而拋棄啓蒙理性主義。杜威、歐克休特（Michael Oakeshott）和羅爾斯（John Rawls），都有功於剷除自由主義需要一套超歷史的、「絕對有效的」概念作爲其「哲學基礎」的想法，而另一方面又認爲這項剷除工作乃是強化自由主義制度的一個方式。他們論道，自由主義制度最好避免要求利用這類哲學基礎來爲其本身辯護，最好不必回答「爲什麼自由具有優越的地位？」的問題。這三人都欣然同意，關於我們的實務，我們所找到的只有循環的充足理據或證成，亦即用我們文化的一個特色來顯示另一個特色的好處，或利用自己的標準來偏頗地比較我們的和其他的文化。我要建議將這一類作家視爲啓蒙運動自我消除和自我完成的勝利。他們的實用主義反對啓蒙的理性主義，雖然在過去這實用主義也唯有因爲啓蒙理性主義，才——以良性辯證的方式——成爲可能。這實用主義可以算是成熟的（反科學化的、反哲學化的）啓蒙自由主義的語彙。

以下分別各引這三人的一段文字，代表他們的立場。杜威所言呼應黑格爾的哲學定義：

一旦我們承認，哲學以處理終極實在作爲幌子，而實際上卻始終關注著埋藏於諸社會傳統的珍貴價值，並且承認哲學的工作起源於社會目標的矛盾，起源於含有水火不容的時代趨勢的種種傳統制度的衝突，那麼，我們就會了解，未來哲學的任務，乃是人們對於他們時代的社會與道德紛爭，施以概念上的釐清工作。[12]

在杜威講座中，羅爾斯所言呼應了柏林和杜威：

> 任何正義觀念（a conception of justice）的充分理據或證成，都不在於它對於一個先前存在的、既與的秩序而言爲眞，而在於它符合我們對自己和我們的期望的深刻理解，也在於我們了解到，基於深埋在我們公共生活中的歷史和傳統，它乃是對我們而言最有道理的信條（the most reasonable doctrine for us）。[13]

最後，引一段歐克休特在觀念上與杜威不謀而合的文字：

> 道德既不是一套普遍原則的系統，也不是一部規則的法典，而是一個地方性的語言。普遍原則，甚至規則，固然可以從道德中導引出來，但（正如其他語言）道德絕非文法學者的作品，而是說話者所創造的。在道德教育中，我們所學的既不是定理（如善行就是公平的行爲或仁慈），也不是規則（如「一定要說實話」）；而是如何熟練地說這套語言……道德不是一個爲了陳述關於行爲的判斷，或爲了解決所謂道德問題的設備，道德乃是我們賴以思考、選擇、

行動和言說的一種實務。[14]

這一段歐克休特的引文可以說是一個跳板，有助於解釋爲什麼我認爲道德與明智（prudence）的分野，以及「道德的」一詞本身，都不再非常有用。我的論證係以一個眾所周知的反康德主張爲前提。歐克休特在此亦假定這個主張。這反康德的主張認爲，唯有在隱含指涉全幅道德和政治考量的制度、實務和語彙的情形下，「道德原則」（定然命式、功利主義原則等等）才是相干的。道德原則乃是這類實務的提示或縮寫，而不是這類實務的充分理據或證成；頂多，它們只是學習這類實務的輔助教材。上自黑格爾，下迄晚近傳統道德與法律哲學的批判者，諸如貝爾（Annette Baier）、費徐（Stanley Fish）、史陶特（Jeffrey Stout）、泰勒（Charles Taylor）以及伯納・威廉斯（Bernard Williams），莫不異口同聲贊同這個主張[15]。如果我們肯定這一點，自然而然就會問：「既然道德與明智這個古典的康德式對立，恰好顯現在訴諸原則與訴諸權宜的對立上，一旦我們丟棄了『道德原則』概念，我們是否仍有必要保留『道德的』一詞？」

歐克休特依循黑格爾的路子，提出一個建議：我們可以保留「道德」這個概念，但前提是必須能夠不再把道德當作內在神性的聲音，而只把它當作我們作爲一社會的成員、一共同語言的說話者所發出來的聲音。我們可以保留道德／明智的區分，只要我們不再把這區分視爲訴諸無條件命令與訴諸有條件命令的差別，而視爲訴諸團體的利益與訴諸個人的、可能互相衝突的私人利益之差別。這個轉變的重要性，在於這使得「我們的社會是不是道德的社會？」成爲不可能的問題。因爲這令我們不可能認爲，相對於我與我的社會之間的關係，存在著一個比我的社會更大的社會，亦即具有內在本性的「人類」。這個轉變非常適合於歐克休特所謂的**社會人**（societas）。歐克休特認爲，**社會人**有別於**宇宙人**（universitas），後者係由一批怪人所構成的社會，他們爲了彼此保護而相互合作，相對地，前者是一群利害與共的人所組成，他們爲了一個共同的目標而結爲一體。

歐克休特所提出的答案與謝勒斯的想法不謀而合。謝勒斯主張，道德其實就是他所謂的「我們—意圖」（we-intentions），「不道德的行爲」的主要意義就是「這種事情**我們**不幹」（the sort of thing *we* don't do）[16]。依這主張，不道德的行爲就是我們不做的事情，若是做了，那只可能是動物做的，或其他家族、部落、文化或歷史時代的人做的。倘若我們中間有人做了，或有人一而再再而三地做，那麼，那個人就不再是我們的一分子。她就變成被驅逐的人，不再說我們的語言，儘管以往她似乎說過我們的語言。謝勒斯呼應黑格爾，認爲道德哲學所要回答的問題形式是：「『我們』是誰？我們如何從過去演變成現在的我們？我們本該變成什麼？」而不是：「應該由什麼法則來指導我的行爲？」換言之，道德哲學所具有的形式是歷史的敍述和烏托邦的想像，而不是普遍原則的追求。

因此，道德乃是一組實務所構成，一組**我們的**實務。在歐克休特和謝勒斯的這個道德觀下，主張道德是我們靈魂的神性部分的聲音，和主張道德是人類的一個偶然作品——一個在時光和機緣的浮沉中成長的社會，是大自然的諸多「實驗」之一——其間的差別便非常顯豁。這種道德觀說明了，爲什麼當我們企圖把道德與明智的區分問題轉換成「我們社會的凝合劑是屬道德性的，抑或明智性的？」問題時，道德與明智的分野本身便冰釋瓦解了。這分野僅對個人而言才有意義。若這分野要對社會有意義，那就必須假定「人類」具有超乎歷史迄今所經歷過的各種生活形式之上的本質。然而，如果道德的要求乃是語言的要求，而語言乃是歷史的偶然產物，而不是要掌握世界或自我的眞相的企圖，則所謂「堅定不移地捍衛個人的道德信念」，不外是把自己認同於這種偶然產物。

現在讓我把這一點和我前面的說法綜合一下。前面我曾聲明，自由主義社會的英雄乃是強健詩人和烏托邦革命家。如果我們認爲詩人和革命家都是「異化的」(alienated)，那麼這裏的綜合便會顯得弔詭且注定失敗。但是，如果摒除晚近「異化」一詞的許多用法背後的一個共同假定，那麼弔詭便會自然消散。這假定是：異化就是褐棄人性，向隨意的、非人性的社會束縛抗議。我們可以捨棄這假定，而代之以另一個看法：即詩人和革命家假社會本身爲名，向不符合這社會的自我意象的那些社會面向抗議。

這個取代似乎泯除了革命家和改革者的分野。但是，在所謂的**理想的**自由主義社會中，這分野應該早已不存在了。在自由主義社會中，社會理想的實現，乃是透過說服而非武力，透過改革而非革命，透過當前語言及其他的實務之自由和開放的交往，提出新實務的建議。但這就是說，理想的自由主義社會，其目標不外乎是自由，其宗旨不外乎一種意願，亦即願意靜觀這些交往的動向，並遵行這些交往的結果。自由主義社會的目標不外乎是希望讓詩人和革命家的生命好過一點，同時了解到這些人只透過文字而非行動，讓其他人的生命難過一點。自由主義社會的英雄之所以是強健詩人和革命家，乃是因爲這社會承認，它之所以爲它，它之所以具有它的道德，它之所以說它的語言，並不是因爲它逼近了上帝的意志或人的本性，而是因爲一些過去的詩人和革命家說了他們所說的話。

一旦我們把我們的語言、我們的良知，和我們最崇高的希望視爲偶然的產物，視爲偶然產生出來的隱喻經過本義化的結果，我們便擁有了適合這理想自由主義國家公民身分的自我認同。這就是爲什麼這種理想國家的理想公民，會相信她的社會的創建者和保存者乃是這種詩人，而不是發現或清楚看見世界或人類的眞理的人。她本人也許是，也許不是一位詩人；她可能會，也可能不會爲她自己獨特的幻想找到她自己的隱喻；也許能，也許不能把這些幻想帶到意識層次。不過，她的常識必然是相當佛洛伊德式的，知道社會的創建者和改變者，以及她社會中公認的語言和道德立法者，只不過在偶然間爲他們的幻想找到字詞而已，而他們的隱喻只不過是偶然間符合了社會上其他人隱約感受到的需要而已。她的常識必然是相當布倫式的，相信她心目中社會所應體現的品德，其最清晰的典型，不是學院派藝術家或常態的科學家，而是革命的藝術家和革命的科學家。

總之，我的自由主義烏托邦的公民們，都會對他們道德考量所用的語言，抱持著一種偶然意識，從而對他們的良知和他們的社會，也抱持相同的意識。他們都會是自由主義的反諷者（liberal ironists），都能符合熊彼得的文明判準，能夠將承諾（commitment）和他們對自己的承諾的偶然意識，結合成一體。在本章的結尾，我想把我的觀點和兩位與我看法大致相合，但差異處卻南轅北轍的哲學家，比較一番，並藉此更加凸顯我所謂自由主義反諷者的輪廓。粗略言之，這差異就是：傅柯是不願成爲自由主義者的一位反諷者，而哈伯瑪斯則是不願成爲反諷者的自由主義者。

和柏林一樣，傅柯與哈伯瑪斯都對傳統上想把自我的核心部分孤立出來的柏拉圖主義與康德主義，大加撻伐。兩者都認爲尼采具有關鍵的重要性。傅柯認爲，尼采教他避免落入超歷史觀點的陷阱，和追求無時間性的起源的窠臼，而應該滿足於對偶然性的系譜學敍述[17]。尼采還教他小心留意自由主義，在政治民主所帶來的新自由背後，察看民主社會所強加上的新的束縛形式。

然而，相對於傅柯以尼采爲靈感來源，哈伯瑪斯雖然也同意對傳統理性主義的「以主體爲中心的理性」，施以尼采式的批判，但他卻認爲，尼采把我們帶入了死胡同。在哈伯瑪斯看來，尼采已經清楚地指出，就人類的「解放」目標而言，哈伯瑪斯所謂的「主體性哲學」——粗略言之，即是在我們生命要害中抽繹出道德義務，在我們內心深處，尋找超乎歷史偶然與社會化機緣之外的人我責任之起源——已然破產了。哈伯瑪斯說，自尼采開始，「對現代性的批評（亦即企圖爲前現代社會的種種社會凝合劑的失落，找到妥協讓步」[18]便已放棄了解放內容的堅持。」[19]哈伯瑪斯以爲，拒絕解放企圖，乃是尼采留給海德格、阿多諾、德希達和傅柯的傳統。這無疑是一個災難性的傳統，它已經使哲學反省變得對自由主義的希望而言，好則毫不相干，壞則深懷敵意。在哈伯瑪斯看來，這批思想家——這些被自己的反諷所吞噬的理論家——正好是主體性哲學的錯誤之明證。

哈伯瑪斯本人對尼采的回應，乃是試圖從尼采對我們宗教和形上學傳統的抨擊的底層切入，企圖以「主體互性哲學」取代「主體性哲學」，以哈伯瑪斯所謂的「溝通理性」取代康德與尼采共同秉持的古老「主體中心的『理性』觀念」。在此，哈伯瑪斯採取的手法與謝勒斯如出一轍：兩位哲學家都試圖將理性解釋爲社會規範的內在化，而非人類自我與生俱來的一部分。哈伯瑪斯想要以康德所期望的方式爲民主制度「奠基」——但要做得更完美，亦即以「無宰制的溝通」(domination-free communication)取代「對人類尊嚴的尊敬」，來確保社會會變得更爲世界主義(cosmopolitan)、更民主。

對於哈伯瑪斯、杜威和柏林等人所作的一類嘗試——亦即試圖環繞著民主社會的需要來建構哲學，傅柯本人的回應乃是揭發民主社會的種種弊端，指出民主社會扼殺自我創造和個人規畫的空間的種種方式。和哈伯瑪斯及謝勒斯一樣，傅柯也贊同米德(Mead)的自我觀，即認爲自我乃是社會的產物。和他們不同的是，傅柯不願承認現代自由主義社會所形塑出來的自我，會優於以前社會所創造的自我。傅柯的著作中，有一大部分——我認爲是最有價值的部分——就在顯示自由主義社會所特有的教養方式，如何把古老的前現代社會所無法想像的種種束縛，強加在其成員身上。不過，傅柯卻拒絕承認，這些束縛確實從痛苦的減輕得到了某種補償，這和尼采一樣，尼采也拒絕承認，「奴隸道德」的怨懟情結也從痛苦的減輕得到某種補償。

我不贊同傅柯的地方，就在於我相信這種痛苦的減輕確實帶來了那些束縛的補償。我同意哈伯瑪斯，認爲傅柯對權力如何塑造當代主體性的分析，「完全令我們無法看到，主體性格的情欲化和內在化其實也意味著自由和表現方面的某種收穫。」[20]更重要的是，我想現代自由主義社會已然包含它自我改良的制度，這種改良能夠緩和傅柯所看到的種種危險。事實上，我有個預感，西方社會和政治思想也許已經完成了它所需要的最後一次**概念上的**革命[21]。穆勒曾建議，希望各政府全心全意致力在讓人民恣意支配自己的私人生活與讓苦難盡量減少之間，尋找到最佳的平衡點。在我看來，這建議大抵已是最終的定論了。至於要發掘誰在遭受苦難，可以留給自由的新聞界、自由的大學，和開明啓蒙了的輿論去做。這類輿論的啓蒙，乃是諸如傅柯的《瘋顚與文明》(*Madness and Civilization*)、《規訓與懲罰》(*Discipline and Punish*)，以及左拉（Zola）的《萌芽》(*Germinal*)、萊特（Richard Wright）的《黑男孩》(*Black Boy*)，和歐威爾（Orwell）的《通向威根碼頭之路》(*The Road to Wigan Pier*) 與《一九八四》等作品的功勞。

然而，傅柯贊同馬克思和尼采的意見，相信有效改革的年代已經遙不可及了，現在需要的是一個大震盪；我們的想像力和意志在社會化的綑綁之下，使我們甚至連爲現有的社會提出新的可行方案，都已無能爲力㉒。傅柯不願意承認自己是站在**任何**「我們」的成員立場說話，所以更不可能像我一樣，使用「我們自由主義者」一詞。他說：

> 我不訴諸任何的「我們」——凡是必須以「我們」的共識、價值和傳統來構成思想的框架，界定思想的有效性條件，這樣的「我們」皆不合我意。但問題就在於：爲了維護自己所認可的原則和自己所接受的價值，一個人實際上適不適合把自己放在一個「我們」中間？還是說，有沒有必要仔細推敲這問題，使未來可以形成一個「我們」？㉓

這確實就是問題所在。但關於事實上有沒有必要形成一個新的「我們」，我便無法苟同傅柯的意見。我和傅柯的主要爭執，就在於「我們自由主義者」夠不夠好的問題上㉔。

前文提到，傅柯的書可以被自由主義的改革式政治文化所接納。對於我的這項建議，傅柯是不會領情的。我想，傅柯之所以有這種反應，一部分的原因就在於儘管他贊成米德、謝勒斯和哈伯瑪斯的自我觀，相信自我或人類主體只是教養的結果，但他的想法仍然以爲，人類內在深處有某種東西被教養扭曲、變形了。我這斷言可以從傅柯本人得到蛛絲馬跡：他格外不願承認（如同我在第四章所言）根本沒有所謂的「被壓迫者的語言」。有時候他暗示，他是在「爲」精神病人代言;或,他的著作揭發了「被壓制的知識……這些歷史知識在功能論和系統化的理論體系中存在,但卻被遮掩住了」[25]。

傅柯的許多文字,包括上文所引關於「我們」的一段,在在顯示他乃是雅科(Bernard Yack)所謂「渴望整體革命」的一例,他「要求我們的自律必須體現在我們的制度當中」[26]。我認為,自由民主制度的公民應該保留給私人生活領域的,正是這一類的渴望。尼采、德希達或傅柯等自我創造的反諷主義者所企求的那種自律,是永遠**不可能**體現在社會制度中的。自律不是所有人類內在深處所擁有的東西,也不是社會停止壓抑便可加以釋放出來的東西。自律這種東西,只是若干特別的人希望透過自我創造才達到的,而且只有少數人才眞正達到了自律。追求自律的欲望,與自由主義者想要避免殘酷和痛苦的欲望,是毫不相干的——事實上傅柯也同樣具有自由主義者的這種企圖,只是他不願用這些字眼來表達而已。

大部分反諷主義者都把對自律的渴望局限在私人領域(如我在第五章所言),普魯斯特就是如此,而尼采和海德格本來也該如此。傅柯不甘於只停留在私人領域,而哈伯瑪斯則置之不顧,認爲這與他的目標毫不相干。本書所鼓吹的妥協辦法,一言以蔽之,就是:把尼采/沙特/傅柯對眞誠(authenticity)和純粹性的追求加以**私人化**(privatize),以免陷入一個政治態度,認爲除了避免殘酷之外,社會還有其他的目標。

對於傅柯想要成爲反諷主義者而卻不想成爲自由主義者,我的異議就到此爲止。至於哈伯瑪斯想要成爲自由主義者而卻不想成爲反諷主義者，大家只要知道哈伯瑪斯對我的主張——自由主義的烏托邦將會是一個**詩化**的文化——厭惡有多麼深，便可淸楚看到我和他意見的分歧何在。他認爲，我關於隱喻、概念的創新和自我創造等的美學化的說法，不幸地太過偏重在他所謂的「語言的開顯世界的功能」(world-disclosing function of language)，而忽略了語言在「日常實踐」範圍內「解決問題的功能」。他對稱頌前一種功能表示不信任，而他發現對這種功能的稱頌，正好是諸如海德格和傅柯等新尼采主義者的通病。在他看來，卡斯多里亞迪斯 (Castoriadis) 在其《想像力所制定的社會》(*Imaginary Institution of Society*) 一書中乞靈於語言的這種功能，也同樣是令人懷疑的[27]。

哈伯瑪斯願意接受庫恩的觀點，即認爲「科學與科技、法律與道德、經濟學、政治學等等所使用的特殊語言……都以隱喻轉義的再生力量爲源泉活水」[28]。但他認爲我做得太過火——簡直到了危險的地步，因爲我主張「正如藝術和哲學出生於突生贅瘤般的語言創造過程一樣，科學和道德、經濟和政治，也以**一模一樣的方式**由這個過程獲得生命」[29]。他認爲，世界的開顯隨時都要透過日常世俗的實務來檢驗其「有效性」。他主張必須在「專家文化」內部進行**論證** (argumentative)，確保論證的形式不被激昂浪漫的新世界的開顯所推翻。希特勒和毛澤東代表了對現存體制的「浪漫式」推翻，而在哈伯瑪斯看來，這遠比杜威所謂「習慣的僵化」的窒息效果（例如，傳統上「文化領域」的劃分可能具有的窒息效果）更爲可怕。在他看來，諸如傅柯等想要把自己的自律反映到制度上的人，遠比傅柯所畏懼的「『專家文化』進行『生命權力』（biopower）」，更令人畏懼㉚。

不過，哈伯瑪斯對這兩種恐懼的反應是一樣的。他認爲，如果對於公共制度和政策的變革，其決定都透過「無宰制的溝通」過程來完成，那麼由前面兩方面而來的危險便可避免。在我看來，這相當不錯地重述了傳統自由主義的主張，即認爲避免社會制度繼續不斷殘酷下去的唯一法門，就是完善我們的教育品質、新聞自由、教育機會、發揮政治影響的機會，等等。因此，哈伯瑪斯重建某種理性主義的企圖，和我的「文化應該詩化」的建言，兩者的差異並不反映在任何政治的歧見上。我們的歧見不在於傳統民主制度的價值，不在於這些制度需要什麼改進，也不在於什麼是「免於宰制」的意義。我們的差異**僅僅**與一個民主社會應該具有什麼樣的自我意象──應該用什麼樣的修辭來表達它的希望──有關。不似我和傅柯的差異是政治上的，我和哈伯瑪斯的這些差異乃是通常所謂的「純粹哲學上」的差異。

哈伯瑪斯認爲，對於一個民主社會來說，至關重要的是它的自我意象必須體現啓蒙運動的普遍主義，和某種形式的理性主義。他認爲他對「溝通理性」的分析，旨在爲理性主義汰舊換新。我不想爲普遍主義或理性主義汰舊換新，反之，我想瓦解兩者，並以別的東西來取代。依我之見，哈伯瑪斯以「溝通理性」取代「主體中心的理性」，和我所強調的一個論點是一致的，只是他的方法容易產生誤導。我所強調的這個論點是：在一個自由主義社會中，不論是什麼，只要是透過不扭曲的溝通所產生的結論，或在自由開放的交往中獲勝的觀點，人們都會滿意地稱之爲「眞實的」（或「正確的」或「公正的」）。我這種取代，等於是反對相信人類主體和知識對象之間具有預先建立的和諧關係，也摒棄了傳統知識論／形上學的問題性。

對於這問題性，哈伯瑪斯願意拋棄其中的大部分。但是，儘管如此，他仍然堅持主張無扭曲的溝通乃是意見趨於會合的（convergent）過程，而且意見的會合乃是這種溝通之所以「符合理性」的保證。我和哈伯瑪斯之間，剩下來的差異就在於：他的普遍主義導致他用意見的會合來取代追求非歷史性的基礎；相對的，我對語言偶然性的堅持，令我對於意見會合所確保的「普遍有效性」概念，產生懷疑。哈伯瑪斯想要保存傳統上（如黑格爾和皮爾斯〔Peirce〕）所謂逐漸逼近**想像點**的說法。我反對這說法，而以另一個說法取代之：意見會合表示人們愈來愈願意在多元的情境中共同生活，而不再追求普遍有效性。我主張，自由達成的協議，乃是關於如何完成共同目標的協議（這些目標包括諸如原子行爲或人類行爲的預測和控制，生命機會的平等化，減少殘酷等等），但我也主張，在這些共同目標的背後，人們應該對私人目標的徹底多樣性、個人生命的徹底詩意性，以及作爲我們社會制度基礎的「我們—意識」（we-consciousness）的純粹詩意性，具有愈來愈強的意識。

依我之見，要對哈伯瑪斯所質疑的那些反諷論者——尼采、海德格、德希達——的主張有眞正持平的論斷，我們必須放棄普遍主義。哈伯瑪斯從公共需要的觀點來評斷這些人，相信他們作為**公共的**哲學家，頂多只是無用之徒，從壞的角度來看，則是危險的，這點我固然同意；但我堅持主張，他們和相類似的其他人，在反諷論者協調她**私人的**認同感和她的自由主義希望方面，扮演重要的角色。不過，問題的核心是協調（accommodation），而非綜合（synthesis）。我的「詩化的」文化，已經不再企圖把個人面對自己的有限性所採取的私人方法和個人對其他人類的義務感，統合起來。

然而，在哈伯瑪斯看來，這種自我的內在隔間——亦即把自己的最終極語彙區分為兩個獨立的部分，其本身就是有問題的。在他看來，這種內在的區隔乃是向非理性主義讓步，承認「理性的他物」（other to reason）擁有權利。但是，依我之見，如果我們不再認定「理性」是一種療傷止痛、調和異見的統合力量，是人類團結（human solidarity）的泉源，那麼我們就不會再認為理性與它的他物（例如感情、尼采的權力意志、海德格的存有）之間，具有所謂的對立。而且，如果沒有像理性這樣的人類團結的泉源，如果人類團結的觀念只是現代人偶然幸運的創造出來的好東西，那麼我們就不需一個「溝通理性」的概念，來取代「主體中心的理性」概念。我們沒有必要在反對宗教的同時，又拿出一套關於療傷止痛的統合力量的哲學，來說明這力量可以做到以前上帝所做的工作。

我反對任何關於超歷史的基礎或歷史終結式的意見會合之理論——不管是宗教的，抑是哲學的，而代之以關於自由主義制度和習俗之起源的歷史敘述：指出這些制度和習俗的設計，是為了減少殘酷，使在被統治者的同意下建立的政府成爲可能，並盡量使無宰制的溝通的實現成爲可能。這種歷史敍述同時也會澄清，爲什麼眞理即符合實有的觀念會逐漸被另一個眞理觀所取代——在這眞理觀下，凡是在自由開放的交往中最終被相信的東西，便是眞理。這樣從知識論轉移到政治，從解釋「理性」與實有的關聯，轉移到解釋政治自由如何改變了我們對人類探究之好處的理解——就在這轉折點上，杜威願意走下去，哈伯瑪斯則躊躇不前。哈伯瑪斯仍想堅持，「具**普遍**有效性的超越環節粉碎了所有的地域性……所宣稱的有效性，和實際現存的實務在社會上通行，是不同的，而且事實上乃是後者的現有共識之基礎。」我所謂「語言的偶然」所駁斥的正是這種普遍有效性的主張，而我的自由主義烏托邦的詩化文化，也不會再持有這種主張。相反的，自由主義烏托邦的詩化文化會贊同杜威的看法，即認爲「想像力乃是善的主要工具……藝術比各道德體系都還要道德。因爲所有的道德體系都是——或有傾向變成——現狀的神聖化……而人類的道德先知一直就是詩人，儘管詩人們都是透過自由詩篇或偶然來說話的」㉛。

---

❶Isaiah Berlin, *Four Essays on Liberty* (Oxford University Press, 1969), p. 167.

❷Ibid., p. 134.

❸Ibid., p. 172.

❹"Introduction" to Michael Sandel, ed., *Liberalism and its Critics* (New York: New York University Press, 1984), p. 8.這些見解並不代表山德爾本人對柏林的態度，而是針對駁斥柏林的一般標準意見，山德爾所提出的解釋。我在其他地方曾比較詳細地討論山德爾本人的觀點，也試圖針對他在 *Liberalism and the Limits of Justice* (Cambridge University Press, 1982) 一書中批評羅爾斯的若干論點，提出我的反駁。請參見拙著 "The Priority of Democracy to Philosophy," in *The Virginia Statute for Religious Freedom*, eds. Merrill D. Peterson and Robert C. Vaughan (Cambridge University Press, 1988)。

❺Donald Davidson, "Paradoxes of Irrationality," in *Philosophical Essays on Freud*, eds. Richard Wollheim and James Hopkins (Cambridge University Press, 1982), p. 305.

❻Davidson, *Inquiries into Truth and Interpretation*, p. 185.

❼請進一步參考拙著 "Science as Solidarity," in *The Rhetoric of the Human Sciences*, ed. John S. Nelson et al. (Madison: University of Wisconsin Press, 1987), pp. 38–52, and "Pragmatism Without Method," in *Sidney Hook: Philosopher of Democracy and Humanism*, ed. Paul Kurtz (Buffalo: Prometheus Books, 1983), pp. 259–273。

❽我的意思不是要提議恢復「認知的」與「非認知的」之區分，更不是要把對社會制度的忠誠歸諸後一類。和戴維森一樣，我認為實證主義者「認知地位」的標竿——眞與假之區分，既適用於「地球繞著太陽轉」一類的語句，同樣也適用於「葉慈是一位偉大的詩人」和「民主優於暴政」一類的語句。至於我所舉出具有「你如何**知道**……？」形式的問題，重點只是：沒有任何實際的辦法，可以將對這類事情的質疑消音。那些對這類事情咄咄逼問的人所關心的，乃是認知地位的問題，其他人對於任何道德上關係重大的東西，不太可能產

生這類的質疑。

❾Max Horkheimer and Theodor Adorno, *Dialectic of Enlightenment*, trans. John Cumming (New York: Seabury Press, 1972), p. 23.

❿Ibid., p. 11.

⓫Ibid., p. xiii.

⓬John Dewey, *Reconstruction in Philosophy* (Boston: Beacon Press, 1948), p. 26.

⓭John Rawls, "Kantian Constructivism in Moral Theory," *Journal of Philosophy* 77 (1980): 519.

⓮Michael Oakeshott, *Of Human Conduct* (Oxford: Oxford University Press, 1975), pp. 78–79.

⓯這一點之所以爲眾所周知，當然也要拜馬克思和馬克思主義者之賜。可是，不幸地，它卻也被這些人所提出的一個模糊區分扭曲了，那就是把「意識形態」和一種可以避免變成「意識形態」的思想形態（馬克思主義者自己的）分別開來。「意識形態」這個概念是毫無用處的，關於這一點，請參見 Raymond Geuss, *The Idea of a Critical Theory* (Cambridge: Cambridge University Press, 1981)。

⓰請參見 Wilfrid Sellars, *Science and Metaphysics* (London: Routledge & Kegan Paul, 1968), chaps. 6 and 7。在第九章，我會回到這一點上。

⓱請參見 Foucault, "Nietzsche, Genealogy History," in his *Language, Counter-Memory, Practice: Selected Essays and Interviews*, ed. Donald F. Bouchard (Ithaca, N.Y.: Cornell University Press, 1977), esp., pp. 146, 152–153。

⓲請參見 Jürgen Habermas, *The Philosophical Discourse of Modernity*, trans. Frederick Lawrence (Cambridge, Mass.: MIT Press, 1987), p. 139：「自十八世紀末以來，現代性論述屢有新的名稱，然其一貫的主題是：社會凝結力

的逐漸削弱，私人化和歧異化——換言之，就是片面理性化的日常生活實踐扭曲變形，從而喚起一種對類似宗教統合力量的東西的需要。」

⓳Ibid., p. 94.

⓴Habermas, *The Philosophical Discourse of Modernity*, p. 292.哈伯瑪斯的不平之鳴呼應了沃爾茲（Michael Walzer）和泰勒的批評。請參見他們的文章，收錄於 *Foucault: A Critical Reader*, ed. David Couzens Hoy (Oxford: Blackwell, 1986)。我也有一些類似的牢騷，請參見 "Moral Identity and Private Autonomy," in *Foucault*, ed. François Ewald (Paris: Editions du Seuil) (in press)。

㉑這當然不是說，世界已經完成了它所需要的最後一次**政治上的**革命。在諸如南非、巴拉圭和阿爾巴尼亞等國家中，不藉暴力的革命就可以減輕殘酷，乃是難以想像的。然而，在這類國家中，義無反顧的勇氣（類似南非工會議會〔COSATU〕的領導者，或「七七年請願書」〔Charta 77，譯按：一九七七年捷克反對人士所發表的文件，要求政府尊重人權，並撤銷對言論自由的限制等。〕的署名者），才是切合實際的美德，而不是對社會理論作出貢獻的那種反省的敏銳。在這些地方，傅柯所擅長的那種「揭發」（unmasking）根本無用武之地。

㉒傅柯曾在一篇訪談中說：「我認為，構想另一個體系，就是擴大我們對目前體系的參與。」（*Language, Counter-Memory, Practice*, p. 230）

㉓*The Foucault Reader*, ed. Paul Rabinow (New York: Pantheon, 1984), p. 385.引文取自他與 Rabinow 的一個對話。

㉔我同意傅柯，認為嶄新的「我們」確實可能因為問對了問題而形成。十七世紀伽利略的問題，「有沒有任何運動比其他運動更『自然』？」構成了一個知識分子的社群。另外，馬克思的問題，「國家只是布爾喬亞的執行

委員會嗎？」形成了另一個社群。然而，形成新的社群，和政治革命一樣，都不是一種內在的目標。而另一方面，把我們現在的「我們」的範圍加以擴大，乃是反諷主義的自由主義者主張的兩個內在目標之一，另一個內在目標是自我創造（不過，她所謂的「內在目標」，當然只是指「我無法用非循環的論證基礎來加以辯護的目的」）。

㉕Michel Foucault, *Power/Knowledge: Selected Interviews and Other Writings 1972–77*, ed. Colin Gordon (Brighton: Harvester Press, 1980), p. 82.哈伯瑪斯對於這一段有所討論（*The Philosophical Discourse of Modernity*, pp. 279–280）。我贊成他的看法，認爲爲了避免陷入自我指涉的困境，傅柯採取的典型辦法，就是「把他自己的系譜學，從所有其他人文科學中抽離出來，並使它和他自己的理論基本假定互相調和」。我也同意，傅柯的這個企圖是失敗的。

㉖Bernard Yack, *The Longing for Total Revolution: Philosophic Sources of Social Discontent from Rousseau to Marx and Nietzsche* (Princeton, N.J.: Princeton University Press, 1986), p. 385.雅科提出了一個很有道理的主張。他認爲，由盧梭開始，至康德主張一部分的自我外在於自然，這個看法衍生出一個觀念，即相信社會扭曲了人性很深刻的部分。和米德的自我觀一樣，謝勒斯把義務／仁慈的分野加以自然化，有助於我們拔除當代激進主義非常典型的誘惑根源：即認爲「社會」乃是**內在地**非人性化的。

㉗例如，哈伯瑪斯討論到卡斯多里亞迪斯「自我通透的」（self-transparent）社會觀念：這種社會「不會把自己想像的根源藏匿在超社會的投射上，相反的，它清楚的認識到自己乃是一個自我制定的（self-instituting）社會」（*The Philosophical Discourse of Modernity*, p. 318）。哈伯瑪斯批評我和卡斯多里亞迪斯沉溺於**生命哲學**（Lebensphilosophie）：窺其大意，是說我們兩個人想要的是詩化，而非理性化。至於我本人對卡斯多里亞迪斯

（顯然較爲同情的）看法，請參見拙著“Unger, Castoriadis and the Romance of a National Future,” *Northwestern University Law Review* (in press)。

㉘Habermas, *The Philosophical Discourse of Modernity*, p. 209.

㉙Ibid., p. 206.此處所引乃是哈伯瑪斯對拙作“Deconstruction and Circumvention,” *Critical Inquiry* 11(1984): 1–23一文主旨的解釋，根據他的解釋，我已經讓「實用主義的嚴肅洞見」被「那造成語言轉向的**生命哲學**之尼采式哀痛」所蒙蔽。

㉚不過，哈伯瑪斯絕對沒有忘記最後這一類危險。根據他的診斷，這種危險乃是「生活世界的殖民化」(the colonization of the life-world)。請參見氏著 *Theory of Communicative Action*, vol. 2, pp. 391–396。

㉛John Dewey, *Art as Experience* (New York: Capricorn Books, 1958), p. 348.

第二篇——反諷主義與理論

第四章 私人的反諷與自由主義的希望

每一個人都隨身攜帶著一組語詞，來爲他們的行動、他們的信念，和他們的生命提供理據。我們利用這些字詞，來表達對朋友的讚美，對敵人的譴責，陳述我們的長期規畫、最深層的自我懷疑，和最高的期望。我們也利用這些語詞，時而前瞻時而回顧地，述說我們的人生故事。我稱這些語詞是一個人的「終極語彙」(final vocabulary)。

這語彙之所以是「終極的」，乃是因爲凡對這些語詞的價值產生了疑惑，其使用者都不得不求助於循環的論證，以求解答。那些語詞乃是他在語言範圍內所能做到的一切；超出了那些語詞，便只有無助的被動，或訴諸武力。任何終極語彙都會有一小部分，是由「眞」、「善」、「正確」和「美」等內容空洞、富彈性且到處可見的詞語所組成，而大部分則是由「基督」、「英格蘭」、「職業標準」、「體面」、「仁慈」、「革命」、「教會」、「進步的」、「嚴謹的」、「有創造性的」等一類內容較充實、也較嚴格僵硬、較富地域性的詞語所構成。這些較富地域性的詞語，做了大部分的工作。

依我的定義，「反諷主義者」(ironist) 必須符合下列三個條件：(一)由於她深受其他語彙——她所邂逅的人或書籍所用的終極語彙——所感動，因此她對自己目前使用的終極語彙，抱持著徹底的、持續不斷的質疑。㈡她知道以她現有語彙所構作出來的論證，既無法支持，亦無法消解這些質疑。㈢當她對她的處境作哲學思考時，她不認為她的語彙比其他語彙更接近實有，也不認為她的語彙接觸到了在她之外的任何力量。具有哲學傾向的一些反諷主義者，都不會認為不同語彙的選擇，乃是在一個中立的、普遍的超語彙範圍內進行的，或由企圖穿透表象、達到實有的努力所達成的；他們認為，不同語彙間的選擇，只是拿新語彙去對抗舊語彙而已。

我稱這一類人為「反諷主義者」，因為他們知道任何東西都可以透過再描述而顯得是好或是壞，而且他們也不再企圖把終極語彙間的選擇判準羅列出來。這令他們處在沙特所謂的「超穩定的」（meta-stable）境界：由於隨時都意識到他們自我描述所使用的詞語是可以改變的，也隨時意識到他們的終極語彙以及他們的自我是偶然的、纖弱易逝的，所以他們永遠無法把自己看得很認眞。這種人自然而然會熱中於本書頭兩章所發展的理路。如果他們同時又是「自由主義者」——亦即（套用史克拉兒〔Judith Shklar〕的定義）相信「殘酷是最壞的事」的人——那麼他們自然而然熱中於第三章所提出的觀點。

反諷的反面是常識。對於不自覺地以自己及周遭的人所習用的終極語彙來描述重要事物的人而言，常識就是他們的標語。具備並順從常識，就是理所當然地相信凡用該終極語彙所構作出來的語句，便足以用來描述和判斷那些使用不同終極語彙的人的信念、行為和生命。凡是以常識為榮的人，都會覺得第一篇所發展的理路，不合他們的胃口。當常識受到挑戰時，起初，它的附從者的回應都是將他們所習用的語言遊戲的規則加以一般化，並清楚展示出來（這種例子可見於若干希臘詭辯學家，以及亞里斯多德的倫理學著作）。但是，如果所有用舊語彙構作出來的陳腔濫調或「俗見」（platitude），都無法抵擋某論證的挑戰時，由於有必要回應這挑戰，超越俗見的意願便會產生。到了這一步，對話就會變成蘇格拉底式的，這時「什麼是X？」的問法，就不再只是列舉X的例子所能回答。於是，或許就必須有個定義或本質。

當然，提出這類蘇格拉底式的要求，還不至於令人變成一位我所謂的反諷主義者，而只會令人變成——套用海德格的術語——一位「形上學家」（metaphysician）。在這意義下，所謂的形上學家，完全接受「什麼是X（例如：正義、科學、知識、存有、信仰、道德、哲學）的內在本質？」問題的表面意義。他完全相信，一個詞語在他自己的終極語彙中出現，就表示該詞語必然指涉某個**具有**眞實本質的東西。形上學家仍然固執於常識，因爲他不去質疑代表既有終極語彙之使用的那些俗見，尤其是下面這個俗見——相信在許許多多暫時的表象背後，可以發現一個永恆不變的實有。所以，他不作再描述，而只利用舊的描述來分析其他舊的描述。

相對的，反諷主義者是一位唯名論者（nominalist），也是一位歷史主義者（historicist）。她認爲任何東西都沒有內在的本性或眞實的本質；因此，她認爲像「公正的」，或「科學的」，或「理性的」等詞語在當前的終極語彙中出現，並不保證對正義、科學或理性進行蘇格拉底式的探討，會巨幅地超越當今的語言遊戲。反諷主義者花時間擔心她是不是可能加入了錯誤的部落，被教了錯誤的語言遊戲。她擔心，給她一個語言並使她變成人類的社會化過程，也許已經給了她錯誤的語言，從而使她變成了錯誤的人類。不過，她無法給出一個對錯的判準；所以，她愈是被迫利用哲學詞語來陳述自己的處境，她就愈持續不斷地使用諸如「世界觀」、「觀點」、「辯證法」、「概念架構」、「歷史時代」、「語言遊戲」、「再描述」、「語彙」和「反諷」等詞語，來提醒自己的無根性。

面對這類說法，形上學家的反應是將它稱爲「相對主義」，並且堅持重要的不是使用什麼語言，而是什麼是**眞的**。形上學家認爲，人類天生就有求知的欲望。形上學家之所以認爲如此，是因爲他們所繼承的語彙、他們的常識，給了他們一幅知識圖象，相信知識是人類和「實有」之間的一種關係，而且我們有需要和義務，進入這關係之中。常識還告訴我們，只要以適當的方式扣問，「實有」就會幫助我們決定什麼才是我們的終極語彙。所以，形上學家相信，外在的世界中存在著眞實的本質，而我們有義務去發現這些本質，這些本質也傾向於協助我們去發現它們。形上學家不相信，任何東西都可以透過再描述而顯得好或壞，或者，如果他們相信這一點，他們也會對這事實深感痛惜，並堅信實有會協助我們抗拒這類的誘惑。

相對地，反諷主義者不認爲尋求終極語彙的目的（即使只是局部地），是在對這語彙之外的某個東西有正確的把握。他們不認爲推理思維的主旨，是諸如「實有」、「眞實本質」、「客觀觀點」和「語言對實有的符合」等概念解釋下的**認知**。他們不認爲推理思維的主旨是在尋找可以精確地再現某種事物的語彙或透明媒介。對反諷主義者而言，所謂「終極語彙」並不表示這語彙「平息所有的疑惑」，或「滿足我們的終極性（ultimacy），或適切性（adequacy），或理想性（optimality）的判準」。他們不認爲反思受到判準的支配。在他們看來，判準只不過是俗見，其目的是把現行終極語彙的詞語放在脈絡中加以界定。反諷主義者同意戴維森，主張我們沒有能力走出我們的語言，以便把它和其他東西加以比較；也同意海德格，相信我們語言的偶然性和歷史性。

這個差異導致他們對書籍的態度，也大相逕庭。形上學家認爲圖書館應依照學科來劃分，相應於不同的知識對象。反諷主義者則認爲圖書館應按照傳統來劃分，各傳統中的每一個成員，都局部接受也局部修改了他所閱讀的作家的語彙。在反諷主義者看來，畢達哥拉斯、柏拉圖、米爾頓、牛頓、歌德、康德、齊克果、波特萊爾等所有具備詩歌才華的人，所有具備再描述天分的原創性心靈，其作品都只是通過同一個辯證磨坊的五穀雜糧而已。相對的，形上學家想做的第一步就是正名，分清這些人之中誰是詩人、誰是哲學家、誰是科學家。他們認爲關鍵在於把文類安排得井然有序，絲毫不紊，亦即依照一個先在的框架來排列文章的順序，而且這個框架——不管它還具備什麼其他功能——至少必須能夠把知識宣稱和其他引起我們注意的宣稱，清楚分開。反之，反諷主義者寧可避免使用**任何**這類框架，來對她所閱讀的書籍亂動手腳——雖然出於反諷的無奈，她知道這幾乎是不可能的。

對形上學家而言，按照柏拉圖／康德一脈相傳的正統定義，「哲學」企圖認識一些特定的事物

——一些相當普遍的、重要的事物。對反諷主義者而言，在這定義下的「哲學」，企圖運用並發展一套很特別的、預先選定的終極語彙，一套繞著現象與實有的分野打轉的終極語彙。形上學家與反諷主義者在這問題上的爭端，同樣也和語言的偶然性有關——到底西方文化與柏拉圖和康德共通的那些部分，是窺探世界本來面目的鑰匙，還是只是居住在一特定時空下的人們的論述特徵而已？形上學家假定，傳統所提出的問題，無一不能解決，而柏拉圖／康德哲學傳統的語彙，乃是使我們能夠達到某種普遍性的東西的工具。相對的，反諷主義者質疑這套語彙會不會只屬於「希臘的」，或「西方的」，或「布爾喬亞的」特定時空而已。形上學家贊同柏拉圖的回憶理論，依照齊克果的覆述，這套理論是說我們內在就擁有眞理，我們有天生的判準，可以讓我們在聽到正確的終極語彙時將它辨識出來。而這個理論的眞正底牌是說，我們當代的終極語彙已經相當接近那唯一正確的終極語彙，所以我們應該一致地接受它，用它構作前提，導出正確的結論。形上學家認爲，雖然我們也許尙未得到所有的答案，但已經獲得達到正確答案的判準。所以，他認爲「正確」不只意謂「適於說我們的語言的人」，而具有更強烈的意義，即「把握到眞實的本質」的意思。

在反諷主義者看來，追求一個終極語彙，並不必然會殊途同歸，達到會合一致（converge）。她認爲，「人類有天生的求知欲望」、「眞理獨立於人類心靈」等句子，只是爲了灌輸一個具有地域性的終極語彙——西方人的常識——所用的俗見而已。她之所以是一位反諷主義者，乃是因爲她自己的終極語彙並不包含這一類的觀念。當她尋找一套更好的終極語彙來取代她目前使用的一套時，她對自己這個行爲的描述所用的主要隱喻，會是創造而非發現，是追求多樣性和新奇性，而非與一個先前存在的東西會合一致。她認爲終極語彙乃是具有詩性的成就，而非遵循預先羅列出來的判準辛勤探索的果實。

由於形上學家相信對於那個唯一「正確的」終極語彙，我們已經掌握了許多，接下來只需要仔細推敲琢磨它的蘊涵，所以他們認爲，哲學探討的工作，就是發掘和辨識那些提供這語彙詞語的脈絡定義的種種俗見之間的關聯。因此，他們認爲，能夠將詞語的使用加以精益求精或釐清爬梳，就可以把這些俗見（或套用他們比較喜歡的說法，這些直覺）編織成一個通體透明的系統。這導致兩個後果：第一，他們傾向於把注意力集中在這語彙中，諸如「眞的」、「善的」、「人」(person) 和「對象」等等內容較爲空洞、較富彈性、應用範圍較廣的詞語上，因爲詞語的內容愈空洞，俗見使用它的機會就愈多。第二，他們認爲哲學探討的典型是邏輯論證，也就是發掘命題之間的推論關係，而不是把不同的語彙加以比較和對照。

形上學家的典型策略，就是在兩項俗見或兩個直覺上有道理的命題之間，發掘一個表面上的矛盾，然後提出一項區分來解決矛盾。接著，形上學家再把這項區分安置在一個由種種區分交錯聯繫起來的網絡——一個哲學理論——之中，消除原初那樣區分所具有的一些張力。這種理論建構的方法，與法官解決棘手案件的方法，或神學家詮釋晦澀文章的辦法，如出一轍。那種活動是形上學家的理性典範。形上學家認爲，各式各樣的哲學理論會逐漸趨於會合一致，它們乃是對於諸如眞理和人格等事物的本性的一系列發現，逐步趨近這些事物的本然，並帶著整體文化逐步趨近一個對實有的精確再現。

然而，從反諷主義者的觀點來看，這些理論——這些新區分的縱橫交錯的形態——所構成的序列，乃是新語彙暗中逐漸取代舊語彙的過程。形上學家所謂的「直覺」(intuitions)，反諷主義者稱之爲「俗見」(或「陳腔濫調」)。反諷主義者寧可說，當我們拋棄一個舊的俗見時（如，「生物種類的數目是一定的」，或「人類與動物的分別，在於他們內在有神性的火花」，或「黑人不具有白人所必須尊重的權利」)，我們是作了一個改變，而不是發現了一項事實。在觀察「偉大哲學家們」的前後關聯，以及他們的思想和其社會背景的互動時，反諷主義者所看到的是歐洲人在語言和其他實務方面所經歷的一連串改變。形上學家認爲現代歐洲人特別擅長於發現事物的實際本然，相對的，反諷主義者認爲現代歐洲人在改變他們的自我意象、重新創造自我方面，格外的迅速。

形上學家認爲，我們有一個思想上的無上義務，那就是提出論證，以比較不具爭議性的前提爲開端，爲那些具爭議性的觀點辯護。反諷主義者認爲，這類論證——邏輯論證——本身固然不錯，而且也是有用的闡述工具，但是說穿了，它們只不過是促使人們改變實務，同時又不必承認作過改變。反諷主義者比較喜歡的論證形式是辯證的，也就是說，她認爲說服的單位乃是語彙，而非命題。她的方法是再描述，而非推論。反諷主義者擅長於利用局部新創的術語，把不同領域的對象或事件重新描述一番，希望藉此刺激人們採用並拓展該術語。反諷主義者希望，在她尚未結束利用舊字眼來表達新意義之前——更遑論介紹了全新的字眼——人們就不再繼續問那些利用舊字眼說出來的問題了。所以，反諷主義者認爲邏輯附屬於辯證法，相對的，形上學家認爲辯證法只是修辭學的一支，而修辭學則只是邏輯的冒牌替代品而已。

在前文的定義下，我說「辯證法」企圖使語彙和語彙之間彼此對抗，而不只是從一個命題推論到另一個命題而已；因此，「辯證法」以再描述局部地取代推論。我之所以引用黑格爾的術語，乃是因爲我認爲黑格爾的《精神現象學》(*Phenomenology of Spirit*) 首開先例終結了柏拉圖／康德傳統，而且爲反諷主義者開發諸多巨型再描述可能性的能力立下了典範。從這角度來看，黑格爾所謂的辯證方法，根本不是一種論證的程序或統一主客體的方式，而只是一種文學技巧，用來從一個語彙平順、迅速地過渡到另一個語彙，以製造駭人聽聞的格式塔轉換 (gestalt switches) 效果。

黑格爾的作法，不是保留舊的俗見，並作出區分來協助這些俗見融貫一致；相反的，他不斷更改這些舊俗見所使用的語彙。他不建構哲學理論，並提出論證來加以支持；相反的，他藉著不斷轉換語彙（從而改變主題），來避免論證。在實踐上——儘管不是在理論上——他放棄了「達到眞理」的觀念，轉而支持「使事物煥然一新」的觀念。他對前人的批評，不是他們的命題是錯誤的，而是他們的語言已經落伍過時了。由於發明了這種批評方式，年輕的黑格爾脫離了柏拉圖／

康德一脈相承的傳統，而爲尼采、海德格、德希達等人開啓了一個反諷主義哲學的傳統。對這些反諷主義哲學家而言，他們的成就建立在他們與前人的關係上，而非在他們與眞理的關係上。

以上所謂的「辯證法」，現在有一個比較新穎的名稱，那就是「文學批評」(literary criticism)。在黑格爾的時代，人們還可能相信戲劇、詩和小說使人們已經認識到的東西更加清晰地顯現出來，相信文學附屬於認知部門，美附屬於眞理。老年黑格爾認爲，由於「哲學」這門學科在知識性上爲藝術所不及，所以優於藝術。事實上，他還認爲由於這門學科在他自己的絕對觀念論中已臻圓滿成熟，可能而且勢必會使藝術落到和宗教一樣的下場：落伍過時。然而，相當反諷且辯證地，實際上黑格爾所達成的，乃是在哲學中創立了反諷主義的傳統，從而促成哲學這門學科的非認知化、非形上學化。他促使哲學變成一個文學類型❶。老年黑格爾企圖建構一個關於與眞理達成一致的理論，而青年黑格爾藉著《現象學》的實踐，顚覆了與眞理一致的可能性。關於老年黑格爾的偉大評論家乃是像海涅和齊克果一樣的作家，他們看待黑格爾的方式，正和我們現在看待布萊克、佛洛伊德、D・H・勞倫斯或歐威爾的方式一樣。

我們反諷主義者不把這些人視爲通向眞理的匿名管道，而是看成特定終極語彙的簡稱，代表著該語彙使用者所特有的信念和欲望。老年黑格爾變成了一特定終極語彙的名字，齊克果和尼采變成了其他語彙的名字。若有人告訴我們，這些人的實際生活，與吸引我們去注意他們的那些書籍和語彙毫不相干，我們會置之不理。我們把這些人的名字看成他們自己書中的主角的名字。我們不會特意將斯威夫特（J. Swift）和「激烈的憤怒」（saeva indignatio）區分開來，也不會區分黑格爾和「精神」（Geist），尼采和查拉圖斯特拉（Zarathustra），馬塞爾・普魯斯特和敍述者馬塞爾，或屈林和「自由的想像」（The Liberal Imagination）。我們不在乎這些作家實際上是不是遵循他們自己的自我意象而行[2]；我們想知道的是，到底要不要採納那些意象，要不要全部地或局部地依照這些人的意象來重新創造自己。爲了回答這個問題，我們試盡這些人所製造出來的語彙。我們利用那些詞語來重新描述我們自己、我們的處境、我們的過去，然後將這些結果拿來和利用其他人物的語彙作出的再描述互相比較一番。反諷主義者希望透過這不斷的再描述，可以盡可能地創造出最佳的自我。

　　這種比較，這樣使人物相抗衡，乃是「文學批評」一詞現在所涵蓋的主要活動。像阿諾德（M. Arnold）、佩特（W. Pater）、利維斯（F. R. Leavis）、艾略特（T. S. Eliot）、威爾森（E. Wilson）、屈林、柯默德（F. Kermode）、布倫等有影響力的批評家——提議新經典或典律（canons）的批評家——所從事的工作，不是解釋書本的眞實意義，也不是評估所謂的「文學價值」。反之，他們花時間把書本放入其他書本的脈絡中，把人物放入其他人物的脈絡中，加以定位。這置入定位的工作，其實和我們把一個新朋友或敵人放入老朋友和敵人的脈絡中定位，方法上是一樣的。在從事這工作的過程中，我們修正對新敵友和舊敵友的意見；同時也藉著修正自己的終極語彙來修正自己的道德身分（moral identity）。文學批評爲反諷主義者所做的工作，和對普遍道德原則的追求爲形上學家所做的工作，意義上是一樣的。

對反諷主義者而言，除了別的終極語彙之外，沒有任何東西可以用來批評一個終極語彙。回應一項再描述的唯一對策，是提出另一項再再描述。由於沒有任何超越語彙的東西可以用來作爲選擇語彙的判準，批評的工作就在於看看這張相片、瞧瞧那張相片，而不是拿這兩張相片和原本比較一番。唯一可以用來批評一個人的東西，是另一個人；唯一可以用來批評一個文化的東西，是另一個文化，因爲對我們而言，人和文化乃是語彙的道成肉身，具體實現。所以，要解決或平息我們對自己性格或自己文化的疑惑，唯一的法門是擴大見識。而要擴大我們的見識，最容易的途徑是閱讀書籍，所以反諷主義者花在爲書籍定位的時間，比起花在爲實際活生生的人定位的時間還多。反諷主義者擔心，如果他們只認識他們附近的人，他們將陷於成長所帶來的語彙之中，而無法自拔。所以他們嘗試認識奇怪的人，如亞西比德 (Alcibiades)、索瑞爾 (Julien Sorel)；奇怪的家庭，如卡拉馬助夫家 (the Karamazovs)、卡紹本家 (the Casaubons)；以及奇怪的社會，如條頓騎士(the Teutonic Knights)、努埃爾人(the Nuer)，以及宋朝文人(the mandarins of the Sung)。

正由於文學批評家具備異常廣闊的見聞，所以反諷主義者才閱讀他們的作品，以他們爲道德顧問。文學批評家之所以是道德顧問，不是因爲他們具有取得道德眞理的獨特門路，而是因爲他們見過世面，人生經驗豐富。他們閱讀較多的書籍，所以較不容易陷入任何一本書籍的語彙中而無法自拔。反諷主義者更格外希望，批評家會協助他們執行黑格爾所擅長的辯證工作。也就是說，反諷主義者希望批評家能協助他們，透過某種綜合（synthesis）的功夫，使他們能夠對那些表面上矛盾對立的（antithetical）書本，不減讚賞之意。我們期望能夠同時賞識布萊克和阿諾德、尼采和穆勒、馬克思和波特萊爾、托洛斯基和艾略特、納伯科夫和歐威爾。所以，我們希望有個批評家，來爲我們指出如何將這些人的書擺在一起，形成一幅美麗的馬賽克。我們希望批評家能將這些人重新描述一番，來擴大經典或典律的範圍，給我們一套極豐富而多樣的典籍。對反諷主義者而言，這種擴大典律範圍的任務，取代了道德哲學家的努力，那就是將一般對於特殊道德例子所共同接受的道德直覺，拿來和一般所共同接受的普遍道德原則，協調到均衡的程度❸。

眾所周知，「文學批評」一詞，在本世紀中一而再、再而三地延伸擴大。起初，「文學批評」是指對戲劇、詩和小說的比較和評價——偶爾或許兼及視覺藝術。然後，它擴充到涵蓋過去的批評（例如，德萊登、雪萊、阿諾德、艾略特等人的散文和韻文）。隨後，它相當迅速地擴大，舉凡爲過去的批評家和當時的批評家提供批評語彙的書籍，均在它的範圍之內。這表示它已擴及神學、哲學、社會理論、改革派的政治綱領，以及革命宣言。簡言之，即擴大到凡是可能爲人提供可選擇的終極語彙的一切書籍。

當然，一旦將文學批評的範圍延伸到那麼遙遠，再稱呼它**文學的**批評便愈來愈沒意義。然而，由於一些偶然的歷史因素——與知識分子如何祭出學術專業的幌子以便在大學任職有關——這名字倒固定了下來。所以，我們不把「文學批評」一詞改爲像「文化批評」一類的名稱，反倒將「文學」(literature)一字擴大到文學批評家所批評的一切東西。在克拉克(T. J. Clarke)所謂的三、四〇年代紐約的「托洛斯基/艾略特」文化中,一位文學批評家應該唸過《遭到背叛的革命》(*The Revolution Betrayed*)、《夢的解析》(*The Interpretation of Dreams*),以及《荒原》(*The Wasteland*)、《人的希望》(*Man's Hope*)和《美國悲劇》(*An American Tragedy*)。在目前的歐威爾/布倫的文化中,她應該唸過《古拉格群島》(*The Gulag Archipelago*)、《哲學探究》(*Philosophical Investigations*)、《事物的秩序》(*The Order of Things*),以及《羅莉塔》(*Lolita*)和《笑忘書》(*The Book of Laughter and Forgetting*)。「文學」一詞現在所涵蓋的書籍幾乎無所不包,只要一本書有可能具備道德相關性——有可能轉變一個人對何謂可能和何謂重要的看法,便是文學的書。這與此書是否具備「文學性質」毫不相干。現在文學批評家不再從事所謂「文學性質」的發覺和闡述,而應該建議如何修正道德示範和顧問的準則,建議如何緩和這傳統中的張力,或如有必要,加劇這些張力——來促進人們的道德反省。

文學批評在民主社會的高級文化中地位愈來愈顯著,它已逐漸地、半自覺地取得過去曾經(先後)被宗教、科學和哲學所占有的文化角色。這過程其實與知識分子間反諷主義者相對於形上學家數量比例的提升,是相互平行的。這已經擴大了知識分子與大眾之間的鴻溝,因爲形上學已經深深植入現代自由主義社會的大眾修辭當中。「道德的」和「純粹美感的」之間的區分,和形上學一樣，也深入人心——人們通常利用這區分，將「文學」歸到文化上的附屬地位，暗示小說和詩根本與道德反省毫不相干。大抵而言，對現代自由主義社會的修辭來說，我在第三章開頭所提出的大部分對立，都是理所當然的。但在我看來，這些對立已然變成自由主義文化的障礙。

這情形已經導致許多人譴責反諷主義知識分子的「不負責任」。這些譴責當中，有若干是來自無知之士，他們根本從未讀過他們警告別人不要去讀的那些書，而只是本能地在維護他們自己的傳統角色而已。這些無知之士包括了宗教上的基本教義者、科學家（被反諷主義的一個蘊涵所冒犯：「合乎科學的」並不是最高的知識品德），以及哲學家（因為其信條是理性要求諸如穆勒和康德式的普遍道德原則的鋪展）。但是，上述那些譴責也出自一些知道自己在說什麼的作家，這些人的觀點值得尊重。前文業已提到，這些作家中最重要的是哈伯瑪斯。像阿多諾、傅柯一類批判啓蒙主義的人，似乎背棄了自由主義社會的社會希望。哈伯瑪斯對這些啓蒙主義的批判者，提出持續不斷的、巨細靡遺的、論證嚴謹的質疑。在哈伯瑪斯看來，黑格爾（以及馬克思）採取了一個錯誤的方針，堅守「主體性」哲學——自我反思哲學，而沒有企圖發展一套相互主體性的溝通哲學。

誠如我在第三章所言，我反對哈伯瑪斯之類對反諷主義的質疑，我要為反諷主義，以及習於視文學批評為主要知識學科的態度辯護。我的辯護有賴於私人領域和公共領域的嚴格區分。哈伯瑪斯認為，上自黑格爾下迄傅柯和德希達的一路反諷主義思想，對社會希望而言具有破壞性；反之，我認爲這路思想，對公共生活和政治問題而言，大抵上是風馬牛不相及的。在我看來，諸如黑格爾、尼采、德希達和傅柯等反諷主義理論家，對我們形成一私人自我意象的努力來說，是無價之寶；但一碰到政治，大致上是英雄無用武之地。哈伯瑪斯完全相信，哲學的任務是在於提供足以取代宗教信仰的某種社會凝合劑，也在於顯示啓蒙主義的「普遍性」和「理性」觀念乃是這種社會凝合劑的最佳選擇。所以，他認爲反諷主義者對啓蒙主義的批評，勢必會瓦解自由主義社會成員之間的緊密關係。他認爲，前文我所讚賞的尼采式脈絡主義和觀點主義（contextualism and perspectivism），乃是不負責任的主體主義。

哈伯瑪斯與馬克思主義者，以及他所批評的許多人一樣，都相信一個哲學觀點的眞實意義就在於其政治蘊涵，而且要判斷一位哲學家——相對於僅僅從事「文學」的作家，最終的參考架構也是政治的。在哈伯瑪斯工作所在的傳統中，政治哲學顯然是哲學的核心，正如在分析哲學傳統中語言哲學是核心。然而，誠如我在第三章所言，我們最好避免認爲哲學是一門具有「核心問題」或社會功能的「學科」；我們也最好避免相信哲學反省有一個自然的起點——在哲學諸多的次領域當中，有一個在提供理據的自然順序上優先於其他的。因爲，在我所提出的反諷主義看來，要爲信念或欲望提供理據，並沒有一個所謂的「自然的」秩序必須依循，而且邏輯／修辭、哲學／文學、使用理性的／非理性的方法來改變他人的心意等等區分，並無多大用處[4]。如果自我沒有核心，那麼我們只是用不同的方式，將信念和欲望的新可能，納入原先已經存在的信念與欲望網絡而已。在這領域中，唯一重要的政治區分是使用武力和使用說服的分野。

哈伯瑪斯以及其他對於「哲學只是文學的一部分」一說抱持懷疑態度的形上學家們都認爲，自由主義的政治自由要求人們對什麼是普遍的人性，必須有某種共識。對於我們這些既是反諷主義者而又相信自由主義的人而言，自由主義的這些政治自由，除了要求對這些自由的可欲性具有共識之外，並沒有任何比這更基本的問題需要具有共識。從我們的角度來看，自由主義政治最重要的是，人們普遍共同相信——誠如我在第三章所言——凡是經由自由討論所得到的結果，我們都願意稱之爲「眞的」或「好的」——只要我們妥善照顧政治自由，眞理與善將會妥善照顧它們自己。

這裏所謂「自由的討論」並不是指「免於意識形態」(free from ideology)，而是指下面的情形：即新聞、司法、選擇和大學都是自由的，有頻繁而迅速的社會流動，普遍的識字率，普及的高等教育，而且和平與財富已經讓人們有足夠的休閒，去聆聽許許多多不同的人，思考他們所說的話。我同意哈伯瑪斯的皮爾斯式的主張，認爲對於眞理判準，我們唯一能夠提出的一般性說明，乃是訴諸「無扭曲的溝通」[5]，可是我認爲，關於何謂「不扭曲」，除了說「不扭曲是指實施了民主的政治制度，而且有令這些制度發揮功能的條件」之外，我們實在無法著墨更多[6]。

根據前一章的描述，將理想自由主義社會結合在一起的社會凝合劑，只不過是一種共識——相信社會組織的目的，在於讓每一個人都有機會盡情發揮他或她的能力來從事自我創造，而且這個目的所要求的，除了和平與財富之外，還有標準的「布爾喬亞自由」。這信念並不建立在諸如人類普遍共同追求的目標，或人權，或理性的本性，或人類的福利，或任何其他東西等等的觀念上。這信念的眞正**深刻**的基礎其實是歷史的，也就是說歷史事實告訴我們，少了類似布爾喬亞自由主義社會制度的保護，人們會比較不能實現他們私人的救贖，創造他們私人的自我意象，或按照他們所邂逅的新人和新書來重新編織他們自己的信念與欲望之網。在這種理想社會中，公共事務的討論將會圍繞在：㈠當和平、財富和自由三者之一必須被犧牲，以成就其他兩者時，如何在三者的需要之間取得平衡？㈡如何使自我創造的機會平等化，然後讓人們自行使用或忽視他們的機會？

總之，我建議自由主義社會所需要的社會凝合劑就僅僅如此而已。對於這建議的反駁主要有二：第一，在實踐的層次上，這凝合劑實在不夠厚實。在民主社會的公共生活中，（主流的）形上學修辭才是自由制度的延續所不可或缺的。第二，人們在心理上不可能成爲自由主義的反諷主義者，換言之，人們在心理上根本不可能既相信「殘酷是最糟糕的事」，而又對什麼是普遍的人性，不具形上學的信念。

第一項反駁，乃是對一旦反諷主義取代了形上學，成爲我們的公共修辭，這世界會變成怎樣的預測。第二項反駁意謂我所提倡的公共／私人的劃分，是行不通的：沒有人可以把自己一分爲二，既爲私人方面的自我創造者，又爲公共方面的自由主義者——沒有一個人能夠（在不同的時刻）既爲尼采又爲穆勒。

我想相當迅速地打發掉第一項駁斥，來專注於第二項。第一項駁斥其實是預測，如果大眾之間主要流行的是反諷主義的觀念，如果人們關於道德、理性和人類的本性，普遍接受反形上學的、反本質主義的觀點，那麼自由主義社會將會受到削弱並瓦解。當然，這預測有可能是正確的，不過至少有一個極好的理由相信它是錯誤的，那就是以宗教信仰的沒落作爲類比。宗教信仰的沒落，尤其人們再也無法認眞相信死後報償的觀念，並不曾削弱了自由主義社會，事實上反而強化了它們。這與十八、九世紀許多人的預測正好相反。他們認爲，升天的希望對於道德組織和社會凝合劑的提供，是不可或缺的——例如，要求一位無神論者在法庭上宣誓誠實，根本是毫無意義的。然而，結果卻顯示，爲了未來的報償而願意忍受目前的苦難，已經從個人的報償轉變爲社會的報償，從將個人的希望寄託在天國轉變爲寄託在自己子孫身上❼。

自由主義之所以被這轉變所強化了，其理由在於：儘管科學的發現，以及哲學家企圖與自然科學亦步亦趨的努力，不斷地衝擊靈魂不朽的信仰，但任何科學的或哲學的意見的改變，似乎都無法傷害現代自由主義社會所特有的社會希望——即對我們的後代，甚至每一個人的後代，生命終將擁有更多的自由、更少的殘酷、更多的休閒，和更豐富的財貨與經驗。如果告訴一位將生命意義寄託於這希望的人，哲學家們正在使反諷主義蓋過眞實的本質、眞理的客觀性、無歷史性的人性的存在，那麼，你不太可能激起他或她太大的興趣，更不可能造成任何傷害。在我看來，自由主義社會是依靠哲學信仰而結合在一起的說法，似乎非常可笑。將社會凝結在一起的，乃是共同的語彙和共同的希望。一般而言，語彙寄生在希望之上：因爲語彙的主要功能是在鋪陳情節，述說未來的某些結果如何補償目前的犧牲。

現代的、有教養的、世俗的社會所依賴的東西，乃是具有合理的具體性、樂觀性和說服力的**政治的**劇本，而非關於死後救贖的劇本。爲了維繫社會希望，這種社會的成員必須能夠向自己提出一套關於事情如何才能有所改善的說法，並且相信這套說法的實現，不存在任何無法超越的障礙。如果說，社會希望已經在晚近益形困難，那不是因爲神職人員的倒戈背叛，而是因爲自二次大戰結束以來，歷史的演變已使這種說法愈來愈難以服人。蘇維埃帝國的犬儒心態和僵化固執、那些苟延殘喘的民主社會執迷不悟的短視和貪婪，以及南半球人口的爆炸和飢餓，在在使我們父母在三〇年代所面臨的問題——法西斯主義與失業——看起來幾乎是可以解決的。有些人對他們祖父母在世紀之交寫下的關於人類平等的政綱——標準的社會民主政綱，嘗試加以更新和改寫，但都不太成功。具有形上學傾向的思想家相信，有些問題的產生，乃是因爲我們沒有找到正確的理論凝合劑——一套能夠在個人主義及多元主義的社會中博得廣泛贊同的哲學；可是，在我看來，這些問題的產生，倒是一組歷史偶然所造成的。從這些歷史的偶然，我們很容易就看到，過去數百年來的歐洲及美國歷史——公共希望和私人反諷主義日益增長的幾個世紀——其實是時間長河中的一個孤島，周遭環繞充溢著悲慘、暴政和混亂。誠如歐威爾所言，「民主的遠景似乎在刺鐵絲網中結束。」

在第八章討論歐威爾時，我會再回到這個社會希望喪失的問題。目前，我只想把「缺少形上學會不會在政治上帶來危險？」的公共問題，和「反諷主義與人類的團結一體感是否相容？」的私人問題之間的糾結分解開來。為了解開這個糾結，我們或許最好區分唯名論和歷史主義在目前所處的情況（在目前這個自由主義文化中，年輕人於社會化過程中所得到的公共修辭，仍然是形上學家的修辭），以及它們在未來（亦即當公共修辭是從唯名論和歷史主義借用而來的時代）所處的情況。我們傾向於假定，唯名論和歷史主義乃是知識分子或高級文化所專有的財產，大眾無法對自己的終極語彙穩固與否那麼無動於衷。然而，記住，曾幾何時無神論同樣也是知識分子的專屬品。

在理想的自由主義社會中，知識分子仍將會是反諷主義者，雖然非知識分子不會。不過，唯名論和歷史主義有朝一日會變成非知識分子的常識。非知識分子會開始認為自己徹頭徹尾是偶然的，而且對自己之偶然成為自己，不會感覺到任何特別的疑惑。他們不會是愛讀、無所不讀的書蟲，也不會奉文學批評家為道德顧問，但是他會是常識上的非形上學家，正如過去富裕的民主社會中越來越多的人相繼變成常識上的無神論者。理想自由主義社會中的非知識分子，不會再覺得有必要回答「**為什麼**你是一位自由主義者？為什麼你**關懷**陌生人所遭遇的羞辱？」，正如十六世紀的普通基督教徒不覺得有必要回答「為什麼你是一位基督徒？」，或如同當今大部分人不再覺得有必要回答「你是否得救了？」❽。這種人不會需要為她的人類團結一體感提出理據，加以證成，因爲她成長過程中所學會玩的語言遊戲，不再是人們爲這種信念詢問並獲得理據所使用的語言遊戲。在她的文化中，當人們對文化的公共修辭有所懷疑時，不是以蘇格拉底式對定義和原則的追求來回應，而是以杜威式對具體選項和計畫的追求來面對。據我推測，這種文化不論在自我批判方面或在追求人類平等的誠摯上，比起我們目前所熟悉的、依然形上學的自由主義文化，若非有過之而無不及，至少是無分軒輕的。所以，一個以唯名論和歷史主義爲公共修辭的自由主義文化乃是可能的，而且可欲的。

但話說回來，即使我這看法是正確的，我也不能進一步主張可能有或應該有一個以**反諷主義**爲公共修辭的文化。我無法想像一個文化如何社會化它的年輕人，使他們不斷懷疑他們自己的社會化過程。反諷似乎先天地就是私人的事。依照我的定義，一位反諷主義者不把她繼承而來的終極語彙，與她試圖爲自己創造的終極語彙加以對照一番，是無法活下去的。反諷若非先天地懷恨在心（resentful），至少是從回應某一對象而出發的（reactive）。反諷主義者必須有東西來加以懷疑，必須有東西讓她疏離。

這就把我帶到前述的第二項反駁，即認爲在某種意義上，反諷主義者實在不適合作爲一位自由主義者，而純粹只從私人關懷和公共關懷來作區分，並不足以克服這種張力。爲了使這項反駁具備說服力，反對者可以指出，「社會組織的目標在於追求人類平等」的觀念，和「人類只是道成肉身的語彙」觀念之間，至少表面上是有衝突的。如果我們相信，我們全部都有一個無上的義務，必須減少殘酷、並使人們在遭受苦難的機會上是平等的，那麼我們似乎必須承認，人類一定有某種獨立於他們所說的語言的面向，值得尊重和保護。這就暗示，重要的是一種非語言的能力，亦即人們感受痛苦的能力，相較之下，語彙上的差別則不很重要。

形上學所追求的乃是那些能夠掌握眞實本質的理論，它試圖說明，人類不僅僅是無中心的信念與欲望之網。許多人之所以認爲這種主張與自由主義息息相關，其理由在於：如果人類確實只不過是語句態度（sentential attitudes），只不過是使用某歷史條件下語彙所構作出來的語句之心理傾向（dispositions）而已，那麼不只人性觀念，甚至人類**團結**的觀念，都會開始顯得古怪而可疑。因爲在這情形下，所有可能語彙的團結一致似乎是不可能了。形上學家告訴我們，除非有某種共通的原始語彙（ur-vocabulary），否則我們根本沒有「理由」不殘酷對待那些與我們持不同終極語彙的人。普遍主義倫理學與反諷主義之間，似乎是水火不容的，因爲實在很難想像，如果沒有一套人性學說，我們如何主張這種倫理學。這種訴諸眞實本質的人性學說，是和反諷主義互相衝突的。

所以，雖然更大的開放性，更多的自我創造空間，乃是反諷主義者對他們社會的標準要求，但在另一方面，這事實卻也被抵銷了，因爲反諷主義的這種要求，似乎只求一種使用反諷理論後設語言的言論自由而已，而這對市井小民而言是毫無意義的。我們很容易想像反諷主義者爲著波特萊爾們和納伯科夫們，極力要求更多的自由、更大的開放空間，而另一方面，卻完全忽略歐威爾的那種要求：例如，輸送更多的新鮮空氣進入煤礦坑中，或要求黨放普羅階級一馬。因此，人們的感覺是反諷主義與自由主義的關係非常疏遠，而形上學與自由主義的關係則相當緊密。這種感覺就使人對哲學上的反諷主義和文學上的美感主義，採取不信任的態度，斥之爲「菁英主義」。

這就是爲什麼像納伯科夫一類的作家——他們宣稱厭棄「話題垃圾」（topical trash），追求「美感的喜樂」（aesthetic bliss）——顯得在道德上是可疑的，甚至在政治上是危險的。而像尼采和海德格一類的反諷主義哲學家給人的印象，常和這些文學作家相提並論，即使我們故意忘記他們爲納粹所利用的事實。相對的，當我們留意到那些自稱「馬克思主義政府」的混蛋如何利用馬克思主義，宗教大審判如何利用基督教，格拉格林（Thomas Gradgrind，譯按：狄更斯小說《艱難時世》〔*Hard Times*〕中的人物，爲人現實而勢利）如何利用功利主義，我們仍不免對馬克思主義、基督教或功利主義心存敬意。因爲畢竟它們分別都會在歷史上爲人類的自由發揮作用，而反諷主義則不然。

反諷主義者乃是典型的現代知識分子，而且唯有自由主義社會才能給她展現異化的自由。這一點很容易令人進一步推想，反諷主義者自然而然是反自由主義的。許多人——上自班達（Julien Benda）下至斯諾（C. P. Snow）——都一直認爲，反諷主義與反自由主義的關聯幾乎是不證自明的。今天，許多人仍然相信，酷愛「解構」——當前反諷主義的流行標語之一——乃是缺乏道德責任的明顯表示。他們假定，道德上值得信賴的知識分子的標誌，乃是一種直率易懂、自然平易的散文，這恰好就是任何自我創造的反諷主義者不願寫的那種散文。

雖然這些推論之中有些是錯誤的，這些假定之中有些是毫無根據的，但是這裏對於反諷主義的疑慮，並非完全毫無道理。依照我的定義，反諷主義的根源乃是意識到再描述具有龐大的威力，但大多數的人都不願被再描述，他們希望別人按照他們的意思來了解他們：對他們本來的面貌和他們所說的東西，都認眞的當作一回事。反諷主義者則告訴他們，她或任何反諷主義者都可以任意操縱他們所使用的語言。在某種意義上，這主張潛藏著強烈的殘酷性。因爲要使一個人痛不欲生，最好的方法是侮辱他們，把他們認爲最重要的東西變得一文不值、落伍過時，或毫無意義❾。這就像是把一個小孩的寶貝東西（這些小東西可供小孩編織幻想，使他稍稍不同於其他小孩子）重新描述爲「垃圾」，丟棄到垃圾堆中。這也像是拿他的這些寶貝東西和另一個富裕人家小孩的寶貝東西來並排比較，使它們相形見絀，顯得荒謬不堪。理論上，這也是當一個原始文化被另一個較先進的文化征服時的情況。同樣的情況也發生在非知識分子站在知識分子前的一刻。但這些侮辱和溫斯頓·史密斯被捕時的情況相比，都還不算嚴重（譯按：此處情節出自歐威爾《一九八四》一書，詳細討論見本書第八章）。他們把他的紙鎭打爛，狠狠的毆打茱莉雅的腹部，開始強迫他不可以用他自己的語言，而必須用歐布萊恩的語言來描述他自己。因此，善於再描述的反諷主義者，事實上暗示人的自我和世界是一文不值的、落伍過時的，或**毫無意義的**，因爲他們對個人的終極語彙，以及個人用自己的語言來了解自己的能力，構成莫大的威脅。再描述往往帶來侮辱。

不過，請注意，再描述和其所可能帶來的侮辱與反諷主義的關係，不見得比它們與形上學的關係來得密切。形上學家也做再描述的工作，不同只在於他們標榜理性，而非想像。再描述乃是知識分子的共同特徵，非反諷主義者的專利。因此，爲什麼反諷主義者會引起**特別的**不滿？我們可以從以下的事實找到一點線索：通常形上學家利用論證來支持他們的再描述——或者依照反諷主義者對這過程的再描述來說，形上學家利用論證作幌子，來掩飾他們的再描述。但是，這本身並無法解決問題，因爲論證和再描述一樣，並不偏向自由主義和反自由主義之間任何一邊。或許眞正有意義的區別，是提出一個論證來支持再描述，等於告訴聽衆說，他們是在**接受教育**，而不是在被重新設計——眞理早就隱藏在他們大腦中，只須打開重見天日。如果把再描述說成是打開聽話者的眞實自我，或說話者與聽話者的公共世界之眞實本性，那麼再描述似乎暗示著：被再描述的人力量增加了，而非減少了。如果再加上說，被再描述者過去錯誤的自我描述，乃是他的世界、肉欲、魔鬼、他的老師，或他的壓抑性社會所強加在他身上的，那麼，這個暗示會顯得更加強烈。改信基督教或馬克思主義的人，都會覺得再描述等於是揭開了他的眞實自我或他的眞實利益。他開始相信，接受了那個再描述，使他脫離過去壓抑他的神祕力量，重新和一個更偉大的力量結爲一體。

簡言之，形上學家認爲，再描述和力量是息息相關的，正確的再描述可以使我們自由。反之，反諷主義者就不曾提供類似的保證。她不得不說，我們得到自由的機會端視歷史的偶然而定，而我們的自我再描述只偶爾才會影響歷史的偶然。形上學家自以爲認識的那種偉大力量，反諷主義者是不得而知的。當反諷主義者聲稱她的再描述比較好時，她沒有辦法像形上學家一樣，爲「比較好」提供有力的保證，說明所謂「比較好」就是「比較符合實在」的意思。

所以我的結論是，反諷主義者之所以受到譴責，不是因爲她有侮辱的傾向，而是因爲她無法增強力量。所以反諷主義者並非無法作爲自由主義者，只不過無法成爲自由主義的形上學家有時自我標榜的那種「進步而有活力的」自由主義者而已，因爲她無法提供形上學家所呈現的那種社會希望。她無法宣稱，採用了她對你自己或你的處境的再描述，會讓你有能力征服那些處處與你作對的力量。在她看來，那種力量一半靠武器，一半靠運氣，而和眞理是否站在你這一邊，或是否發掘「歷史的動向」，毫不相干。

因此，自由主義的反諷主義者和自由主義的形上學家有兩點不同：第一點牽涉到他們對於再描述對自由主義有何貢獻的看法；第二點牽涉到他們對於公共希望與私人反諷的關聯的看法。第一點不同在於，反諷主義者認爲，**唯有**能夠回答「什麼會構成侮辱？」一問題的再描述，才對自由主義的目標有所貢獻；相對的，形上學家還進一步要求回答「爲什麼我必須避免造成侮辱？」。自由主義的形上學家要求我們的**慈悲願望**（wish to be kind）必須要有論證來支持，由這論證推演出來的自我再描述，還必須強調人類具有共同的本性。（像反諷主義一樣）只說說我們對於侮辱都具有感同身受的能力，是不夠的。自由主義的反諷主義者只希望，再描述可以擴大我們的**慈悲的**

機會(chances of being kind)，減少我們侮辱別人的機會，並認爲我們**唯一**需要的社會同盟，乃是大家共同體認到我們都可能遭受侮辱。形上學家認爲，人的道德性就在於大家都與一個偉大的力量——例如理性、上帝、眞理或歷史——關聯在一起；反之，反諷主義者認爲，人的道德性、人類的道德主體性，就在於人是「有可能遭受侮辱的東西」。她的人類團結感建立在對人類共有的危險的感受上，而不是基於一種共通的人性或共享的力量。

人們既然希望用自己的語言來描述自己，自由主義的反諷主義者應該如何回應這個事實？我在前面已有暗示，自由主義的反諷主義者可以回答說，我們必須分清這些再描述的目的是公共的還是私人的。就我私人的目的，我用以重新描述你和其他人的語詞，可以和我對你的實際或可能的痛苦所抱持的態度，毫不相干。我的私人目的，以及我的終極語彙中與我的公共行爲毫不相干的那個部分，根本不干你的事。但是，就我是一位自由主義者而言，我的終極語彙中與我的公共行爲息息相關的那個部分，要求我警覺到我的行爲侮辱他人的種種可能。因此，自由主義的反諷主義者必須盡量發揮想像力，熟悉別人所可能擁有的終極語彙，這不僅能夠啓發自我，重要的是爲了了解那些使用這些終極語彙的人們所遭受的可能與實際的侮辱。

相對的，自由主義的形上學家希望他所找到的終極語彙，具有內在的、有機的結構，而不是像一塊拼貼布，從中間分割爲公共的和私人的兩個部分。他認爲，一旦承認每一個人都希望用自己的語詞來描述自己，我們就必須在這些語詞中找到一個最小公分母——一個對公共目的和私人目的、對自我定義和對人與人的關係都適合的描述。他像蘇格拉底一樣，祈求人能內外一致；他也會和柏拉圖相似，相信靈魂的三部分與國家的三部分，是相互呼應的，而且把靈魂中本質的部分和偶然的部分區分開來，有助於我們區分國家的正義與不義。這類隱喩反映了自由主義形上學家的一個信仰，即認爲自由主義的形而上的公共修辭，必須在個別的自由主義者的終極語彙中，占據核心的地位，因爲那個部分反映了她和其他人類所共有的東西，是團結的基礎[10]。

然而，反諷主義者所要拒絕的，就是在個人的終極語彙中區分核心的、共有的、義務的部分，與邊緣的、個性的、隨意的部分。她認爲，她和其他人類結爲一體，所依靠的不是一個共同語言，而**只是**人人都會有痛的感覺，尤其是其他動物所不可能有的那種痛：屈辱。在她看來，人類的團結根本不在於人人都認識一個普遍的眞理或追求一個普遍的目標，而是大家普遍都有一個自私的希望，即希望自己的世界——個人放入自己終極語彙中的芝麻小事——不會被毀滅。在公共目標方面，只要每一個人的終極語彙和別人的有足夠的重疊，讓每一個人對於是不是值得進入自己和他人的幻想世界，都有表達意見的語言，那麼每一個人的終極語彙各不相同，根本是無所謂的。但是，那些重疊的語詞——如「慈悲」、「有禮」或「尊嚴」——本身並不構成一套語彙，人們也無法從對自身本性的反省中，發現這些語詞。這種反省的結果，除了強烈意識到人人都有可能遭受苦難危厄之外，不會有其他的結果，也不可能找到爲什麼要關懷苦難的理由（a reason to care about suffering）。在自由主義的反諷主義者看來，重要的不是發現這類理由，而是當苦難發生的時候，她會注意到它的存在。她希望，在有可能侮辱到另一個具有完全不同終極語彙的人時，她不會被自己的終極語彙所局限和蒙蔽。

自由主義的反諷主義者認爲，發揮想像力爲他人設身處地的本事所做的工作，其實與自由主義的形上學家要理性、對上帝的愛或對眞理的愛等道德動機所做的工作，並無二致。但是，反諷主義者認爲，對於他人——不論在性別、種族、部落和終極語彙方面有何差異——所受到的實際或可能的侮辱，她所具備的預見能力和避免其發生的企圖，並不比她的其他部分更爲眞實、更爲核心、更接近「人性的本質」。事實上她認爲，這種能力與欲望，和構作微分方程式的能力一樣，都屬人類歷史相當晚近的現象，而且直到目前爲止，仍只局限於少數幾個地區。它主要和過去三百年的歐洲與美洲有關；而且和它關聯的，不是什麼超越的力量，而只是出現在具體歷史處境中的一股勢力，例如歐美富裕的民主社會將他們的風俗習慣散播到世界各地，這股勢力在過去曾被若干偶然所擴大，近來則已被其他偶然所削減。

自由主義的形上學家主張，優秀的自由主義者必須知道若干眞實不虛的關鍵命題；反之，自由主義的反諷主義者主張，優秀的自由主義者必須具備一種特別的實用知識 (a certain kind of know-how)。他認爲自由主義的高級文化以理論爲中心，她則認爲自由主義的高級文化以文學爲中心 (所謂文學，係指舊的、狹隘的意義，即戲劇、詩，尤其是小說)。他主張，知識分子的任務乃是針對大課題，提出若干眞實不虛的命題，來爲自由主義辯護，維繫自由主義的命脈；反之，她主張，知識分子的任務乃是針對個人或社會幻想與生活所環繞的種種不同的芝麻小事，提升人們加以認識和描述的本領。反諷主義者認爲，形上學中那些最基本的語詞，尤其是自由民主的公共修辭中那些基本的語詞，都只是另一個文本，只是人類的另一堆芝麻小事而已。她之所以能夠了解，以那些語詞爲個人生活重心是怎麼回事，與她之能夠了解，以上帝之愛或《一九八四》中的「老大哥」(Big Brother)爲個人生活重心是怎麼回事，其實並無二致。她的自由主義並不在於她對那些特殊語詞的執著，而在於她掌握許多不同組語詞的功能的能力。

這些區分可以幫助我們了解，爲什麼反諷主義哲學對於自由和平等，未曾也不會有太多的研究和貢獻。不過，這些區分倒也解釋了爲什麼舊的、狹隘的意義下的文學，以及民俗學和新聞學，貢獻良多。如前所述，痛乃是非語言性的：人類與不使用語言的野獸之聯繫，就在於痛。因此，遭遇殘酷的受害者，受苦受難的人們，並沒有眞正的語言。這就是爲什麼說，沒有所謂的「被壓迫者的聲音」或「受害者的語言」。受害者曾經使用的語言，現在無法再有效運作，他們已經痛苦到無法將新的語詞組合在一起。所以，將他們的處境表達成爲語言的工作，就必須由其他人來替他們完成。反諷主義的小說家、詩人或新聞記者善於此道，反諷主義的理論家通常反而沒有辦法。

哲學上的反諷主義對自由主義似乎未曾有任何貢獻。這項質疑相當正確，不過，那倒不是因爲反諷主義哲學在本質上就是殘酷的，而是因爲自由主義者往往期待哲學從事一項任務，即回答「爲什麼不應該殘酷？」或「爲什麼應該慈悲爲懷？」等問題；而且他們覺得，凡是拒絕這項任務的哲學，都是冷酷無情的。然而，那個期待本是形上學訓練的後果，如果我們能摒棄那個期待，自由主義者就不會再要求反諷主義哲學從事它所做不到的、在它的自我界定下所無法完成的工作。

形上學家在理論與社會希望、文學與私人完美之間所建立的聯繫，在反諷主義者的自由主義文化中，被顛倒過來了。在形上學的自由主義文化中，神學、科學、哲學等學科必須穿透私人的表象，達到普遍的共同實有，而人們期望這些學科能夠把人類結合在一起，從而減少殘酷。相對的，在反諷主義文化中，這項任務則被安排給那些專門從事私人和獨特面向的具體描述的學科，尤其是小說和民俗誌，讓人們對那些不使用我們的語言的人所經歷的痛苦，能夠感同身受。因此，兩者必須擔負過去普遍人性論述所必須承擔的重責大任。團結必須從細微的碎片中建立起來。團結不是已經在那裏等候被發現，它並不是以原始語言的形式存在著，我們只要聽到這語言，就可以認得它、發現它。

相反的，在我們當代越來越反諷主義化的文化中，哲學對私人完美的追求益形重要，而對社會任務則大不如前。接下來的兩章中，我主張反諷主義的哲學家乃是私人的哲學家，他們關心的是強調唯名論和歷史主義的反諷。他們的作品不適合公共目的，就自由主義者作爲自由主義者而言，根本英雄無用武之地。在第七、八兩章中，我舉例說明小說家如何從事對社會有用的事情——協助我們注意到我們本身的殘酷根源，以及殘酷如何在我們不留意的地方發生。

❶從這個觀點來看，分析哲學和現象學乃是一種返祖現象，退回到黑格爾以前，有幾分康德式的思考方式，企圖保存我所謂的「形上學」，使它成爲對媒介（意識或語言）的「可能性條件」之研究。

❷請參見 Alexander Nehamas, *Nietzsche: Life as Literature*, p. 234。內哈瑪斯在這一段文字中說，他所要討論的不是「那個寫作（尼采書籍）的可憐小傢伙」，相反的，他的焦點在於尼采「努力創造自己的藝術品，成爲一個文學作品中的人物，這個人物正好是一位哲學家。亦即努力提出一個積極的觀點，同時又不陷入獨斷的傳統」（p. 8）。根據我目前所提出的觀點，尼采也許是把黑格爾不自覺在從事的工作，很有自覺地加以完成的第一位哲學家。

❸這裏我是借用羅爾斯的「反省的均衡」（reflective equilibrium）概念。我們可以說，文學批評的工作，就是在不同作家的名字之間（而非在命題之間），創造出這種均衡。「分析哲學」和「歐陸哲學」之間的差異，最簡單的一個表示方式，就是說前者辯論命題，而後者辯論人名。當歐陸哲學開始以「文學理論」爲幌子，出現在英美文學系時，這並不是新方法或進路的發現，而只是把更多的人名（哲學家的名字），加入他們尋求均衡的人名之列。

❹當這些信念與欲望的網絡得到多數人的接受，「訴諸理性」或「訴諸邏輯」就會變得很有用，因爲這只是指訴諸廣被接受的共同基礎，提醒大家這個基礎是由哪些命題構成的。更廣泛地說，對於所有傳統形上學所作的區分，我們都可以加以社會學化，賦予一種可敬的反諷主義意義，也就是把它們當作偶然存在的不同實務（或

這些實務所採取的策略）之間的區分，而非不同的自然類之區分。

❺這並不是說，「眞理」可以定義爲「探討之後所相信的東西」。對於這種皮爾斯式理論的批評，請參見 Michael Williams, "Coherence, Justification and Truth," *Review of Metaphysics* 34 (1980): 243–272，以及拙著 section 2 of "Pragmatism, Davidson and Truth," in Ernest Lepore, ed., *Truth and Interpretation: Perspectives on the Philosophy of Donald Davidson*, pp. 333–355。

❻相對的，哈伯瑪斯以及那些同意他把**意識形態批判**視爲哲學核心課題的人，都認爲事情並非如此簡單。問題在於我們是否相信我們有辦法賦予「意識形態」一詞更有趣的意義，使它不僅意味「壞觀念」而已。

❼布魯門柏格認爲這個轉變與現代思想與社會的發展息息相關，而且他提出來的理由很有說服力。

❽尼采帶著鄙夷的口氣說：「民主乃是變得比較自然的基督宗教。」（*Will to Power*, no. 215）把那鄙夷的口吻剔除，他的說法是相當正確的。

❾參見史克拉兒論侮辱，*Ordinary Vices* (Cambridge, Mass.: Harvard University Press, 1984), p. 37，和史加莉論施虐者對侮辱的利用，《肉體在痛》（*The Body in Pain*）。

❿例如，哈伯瑪斯就企圖保留啓蒙主義理性主義中的一部分，建構一套「眞理的論述理論」（discourse theory of truth），來顯示「道德觀點」乃是一種「共相」，「不只是現代西方社會普通的男性中產階級的道德直覺而已。」(Peter Dews, ed., *Autonomy and Solidarity: Interviews with Jürgen Habermas* 〔London: Verso, 1986〕）在反諷主義者看來，現代西方社會興起前，無人擁有這類直覺，這事實與她是否也有這些直覺，根本不太相干。

第五章 自我創造與關係

——普魯斯特、尼采與海德格

我認爲，對於我們反諷主義者而言，理論已經不再是人類團結的媒介，而變成個人完美化的手段。爲了闡明這個主張，我得討論一些反諷主義理論的典範：青年黑格爾、尼采、海德格和德希達。我將使用「理論家」(theorist)一詞，而捨棄「哲學家」(philosopher)一詞，因爲 theory 一字的字源給我一些我想要的含意，也避免了一些我不想要的含意。我要討論的這些人認爲，根本沒有柏拉圖所謂的「智慧」(wisdom)那種東西，所以「智慧的愛好者」(philosopher 的字源意義)是不恰當的字眼。反之，theoria 意味著從相當遙遠的距離觀看一片廣闊的領域，而這正是我要討論的這些人所做的工作。他們統統擅長於對海德格所謂的「西方形上學傳統」，或我所謂的「柏拉圖／康德典律」(Plato-Kant canon)，後退幾步來反省，採取非常寬廣的角度來觀看。

這個典律的代表，亦即那些偉大形上學家的作品，企圖以固定不移的和整體的觀點觀看一切事物的典型。形上學家想要超越表象的雜多性，希望從高處看下來，可以意外地發現一個統一性，因爲統一性乃是一個信號，表示我們已經瞥見一個**眞實不虛**的東西，一個站在表象背後、創造表象的東西。相對的，我想要討論的反諷主義典律，乃是前後相繼的一些人，企圖回顧形上學家的這些超越企圖，並且在這些看似雜多不一的超越企圖中，找到一個統一性。反諷主義理論家認爲，形上學家這種垂直的、由上往下看的隱喩，是非常有問題的。因此，他換成一種在水平軸線上回顧過去的歷史主義式的隱喩。但是，他回顧所看到的，不是普遍的東西，而是一種非常特殊的人，專門撰寫一類非常特殊的書。反諷主義理論的討論主題乃是形上學理論。反諷主義理論家認爲，對於無歷史性的智慧的信仰與愛，其歷史乃是這一類人前仆後繼地尋找一個終極語彙的歷史，他們所尋找的這個終極語彙不是某個個別哲學家的終極語彙，而是在任何意義下都是**終極**的語彙——這個語彙不只是特殊歷史的產物，而是最後定論（the last word），是探索與歷史的最終匯流，從此以往，探索與歷史都是多餘的。

反諷主義理論的目的，是希望好好了解形上學的衝動或理論化的衝動，以便能夠完全擺脫它的束縛。因此，反諷主義理論就像一個梯子，一旦了解了形上學前輩的理論化衝動，就必須立刻丟棄❶。反諷主義理論家最不想要或不需要的，就是一套反諷主義理論。他絕不爲自己或爲他的反諷主義同好們，提出一套方法、綱領或理由。他的工作和所有的反諷主義者沒有兩樣，就是追求自律。他試圖從繼承下來的偶然中擺脫出來，創造他自己的偶然；從舊的終極語彙中解脫，塑造一個全屬他自己的終極語彙。反諷主義者的一般特徵，是他們都不希望對自己的終極語彙的疑惑，必須藉著一個比他們還巨大的東西來解決。這表示他們解決疑惑的判準，以及他們私人完美化的尺度，不在於和一個比他們強大的力量聯繫在一起，而是自律。一個反諷主義者是否成功的唯一衡量標準，就是過去——不是要遵照過去的標準生活，而是要用他自己的語言把過去再描述一番，然後讓自己有能力說「我曾欲其如是」(Thus I willed it.)。

反諷主義者的一般任務，其實就是柯立芝給偉大的、有原創性的詩人的建議：創造自己的品味(taste)，讓大家來裁判。不過，反諷主義者心目中的裁判就是他自己。他想要能夠用他自己的語言，總結他的人生。完美的人生就是在結束的時候確切知道，至少他的最後一個終極語彙扎扎實實是**他自己的**。反諷主義**理論家**和一般反諷主義者的區分，就在於前者的過去，乃是一個獨特的、範圍非常狹隘的文學傳統——大體上來說，就是柏拉圖／康德典律，及這個典律的註腳。反諷主義理論家所企求的，乃是對那典律加以重新描述，希望藉此促使那個典律失去它加在他身上的魔力——希望將閱讀那個典律的書籍而中的魔法加以袪除(以形上學——故有點誤導——的說法：反諷主義者想要找到的是哲學的神祕的、魔術般的眞名；只要你使用這個眞名，哲學就不再是你的主人，而變成是你的僕人)。反諷主義理論家與其他反諷主義文化的關係，和形上學家與其他形上學文化的關係不同，不是一種抽象對具體、普遍問題對特殊案例的關係。關鍵只在於他所反諷的是哪些具體事物，他所關心的過去包括哪些項目。反諷主義者所關心的過去乃是一些書籍，這些書籍宣稱也許有一個無法反諷的語彙，一個無法經由再描述來加以取代的語彙。我們可以把反諷主義理論家看作專攻這些書籍——這種特殊文類——的文學批評家。

在當代越來越反諷主義化的文化中，達到柯立芝所描述的那種完美的人物，常常被提到的兩位就是普魯斯特和尼采。內哈瑪斯（Alexander Nehamas）在其最近一本討論尼采的專著中，將兩位人物相提並論。內哈瑪斯指出，兩人的相同處，不僅在於他們窮盡一生以自我創造的偶然來取代繼承得來的偶然，而且他們也都把自己描述爲這項工作的奮鬥者。兩人都注意到，自我創造的過程本身乃是一種偶然的過程，他們無法全然意識得到；然而，他們認爲形上學家對自由與決定論之關係產生的疑問，根本不值得他們操心。普魯斯特和尼采是典型的非形上學家，因爲他們擺明就是只關心他們覺得自己如何，完全不在乎整個宇宙覺得他們怎麼樣。不過，普魯斯特認爲形上學只是另一種生活形式，尼采則被形上學所困擾。尼采不僅是一位非形上學家，而且是一位反形上學的理論家。

內哈瑪斯引述一段普魯斯特的文字，其中，普魯斯特的敍述者說他相信：

> ……在塑造一件藝術作品時，我們是毫無自由的，我們無法選擇如何完成它，它預先存在著，有一種必然性和隱密性，所以我們必須遵照自然法則，做我們該做的事，也就是說，我們應該發現它。

內哈瑪斯論道：

> 然而，此所謂的「發現」——亦即普魯斯特說的「我們眞實生命的發現」——只在這個藝術作品的創造過程中進行，因爲這個過程既描述亦構成這件藝術作品。而且，發現與創造之間的這種曖昧關係，完全和尼采的觀點若合符節，因爲尼采所謂「能夠變成我之所是」(being able to become who one actually is) 的觀念，也存在著這樣一種張力。❷

尼采所謂「我之所是」(who one actually is)，並不是指「我實際上一直是誰」，而是說「我創造自己的品味，並在最終據此品味裁判自己——在這創造品味的過程中，我把自己變成了什麼人」。但「最終」一詞在此易生誤會。因爲「最終」令人想到一個預定的終點。可是，透過再描述而逐漸意識到自己形成原因的過程，會一直進行到死亡來臨的那一刻。臨終的最後自我再描述，依舊還會有來不及重新描述的一些原因，其背後也會有來不及發現的自然法則（不過，也許對我讚賞不已的強勢批評家會意外地碰到它）。

像沙特一樣的形上學家，也許會將反諷主義者對完美的追求形容爲「終歸枉然的熱情」(futile passion)，但是像普魯斯特或尼采一樣的反諷主義者則會認爲，這種形容犯了循環論證的謬誤。終歸枉然的問題之所以產生，是因爲企圖超越時間、機緣和自我再描述，企圖發現一個更偉大的東西來取代這些東西。但對普魯斯特和尼采而言，**沒有任何東西**會比自我再描述更偉大或更重要，他們根本不想超越時間和機緣，而只想利用它們。他們相當清楚，決心、完美和自律，在在與何時突然死亡或發瘋有關。但是，這種相對性並不意味一切終歸枉然。終歸枉然的說法假定人可能在死亡或衰老來臨之前，仍然未發現人生的大祕密。然而，反諷主義者根本不想要發現這種大祕密。他們只想透過再描述來重新安排一些微不足道的無常事物。若他有幸沒有太早去世或發瘋，他就會有更多的材料讓他重新安排，也就有更多不同的再描述，但是，永遠不可能有所謂「正確的」描述。因爲，雖然徹底的反諷主義者可以使用像「比較好的描述」這樣的概念，但他沒有辦法爲這樣的概念提出使用的判準，所以他無法使用「正確的描述」一概念。因此，他不認爲無法變成一個「自在的存在」（être-en-soi）就表示一切終歸枉然。他和形上學家的區別，就在於他從來不想要（或至少不希望自己會想要）變成一個自在的存在。

儘管有這些相似之處，普魯斯特和尼采之間仍存在著一個重大的差異，而這個差異對我的討論而言非常具有關鍵性。普魯斯特的工作和政治不太有關；和納伯科夫一樣，他只是利用當時的公共議題來增加地方性的色彩。相對的，尼采的言論常常讓人覺得他有一個社會職責，好像他有一些與公共行爲息息相關的觀點——一些明顯地反自由主義的觀點。然而，和海德格的情形一樣，他這種反自由主義似乎是歧出的、深具個人色彩的，因爲尼采和海德格所代表的自我創造典型，似乎與社會政策毫不相干。我想，將兩人和普魯斯特比較一番，有助於釐淸這種情況，也可以支持我在第四章結尾所提出來的主張，即反諷主義者的終極語彙可以而且應該劃分爲毫無特殊關聯的兩個部分：大的私人部分和小的公共部分。

粗略地來看普魯斯特和尼采的差異，我們會注意到普魯斯特變成他這個人，他所採取的方式是對他親身遇到的活生生的人們，加以回應和重新描述；相對的，尼采則是對他在書本中所遇到的人們，加以回應和重新描述。兩人都撰寫敍述文，描述那些提供他們描述的人，企圖藉此來創造他們的自我；都企圖把他律描述的根源，加以再描述，以便達到自律。但是，尼采的敍述所描述的不是活生生的人，而是若干著名人物所代表的語彙。從《偶像的黃昏》(*The Twilight of the Idols*)中「**眞實世界**如何變成子虛烏有」(How the "True World" Became a Fable) 一節，我們可以窺見尼采敍述之一斑。

然而，人與理念的差異只是表面的。重要的是，普魯斯特所遇到的那些人，也就是那些描述他而又被他在小說中重新描述的人——父母、僕人、家庭的朋友、同學、公爵夫人、編輯、情人——**只不過**是一個湊合而已，只是他碰巧在生活上遇見的人而已。相對的，尼采所討論的語彙則彼此以辯證的方式，內在地互相關聯在一起。這些語彙不是機緣的湊合，而是構成一種辯證的發展；這個辯證發展所描述的，不是尼采的生命，而是某個更巨大的人物的生命。尼采給這個巨大人物最常用的名字是「歐洲」。和尼采的人生不同，在歐洲的生命中，機緣是無法侵入的。正如青年黑格爾的《精神現象學》和後來海德格的「存有的歷史」一樣，這個敍述中沒有偶然置身的餘地。歐洲、精神或存有，都不只是許多偶然累積起來的東西，或機緣遇合的產物——不是普魯斯特知道自己所是的那種東西。黑格爾、尼采和海德格都杜撰了一個大於自我的主角，利用這個主角的生涯來界定他們自己的觀點。這一點乃是他們三人與普魯斯特的眞正不同之處，而且也說明了爲什麼他們是**理論家**而不是小說家，是觀照大事大物的人，而不是建構芝麻小事的人。雖然他們三人都是道地的反諷主義者，而不是形上學家，但是他們都還不是徹底的唯名論者，因爲他們都不以安排芝麻小事爲滿足，而想要描述一個巨大無朋的東西。

這一點就是他們所建構的敍述和《追憶似水年華》(*Remembrance of Things Past*) 不同之處。普魯斯特的小說是由許多互相激盪的微不足道的偶然所構成的網絡。敍述者也許不會再碰到另一個馬德蕾娜小甜餅 (madeleine)。剛剛家道中落的蓋爾芒特王子不一定得和威爾笛蘭夫人結婚；他也許會找到另一個女繼承人。這類偶然唯有在回顧時，才會顯得有意義——而且每經一次再描述，它們就會顯出不同的意義。但是，在反諷主義理論的敍述中，柏拉圖**必須**讓步給聖保羅，基督宗教**必須**讓步給啓蒙運動。一個康德的後面**必須**跟著一個黑格爾，一個黑格爾的後面**必須**跟著一個馬克思。這就是爲什麼反諷主義理論會如此叛逆，如此容易陷於自我欺騙。而每一個新的理論家之所以都會指責他的前輩其實是掛羊頭賣狗肉的形上學家，理由之一也在於此。

反諷主義理論必須用敍述的形式來表達，因爲反諷主義者的唯名論和歷史主義，使他不可以認爲他的工作是在與眞實本質建立關係；他只能與過去建立關係。但是，與其他反諷主義者的寫作形式——尤其是普魯斯特所代表的反諷主義小說——不同的是：反諷主義理論與過去的關係所關聯到的，並非作者獨特的過去，而是一個更大的過去，是整個人類、整個種族、整個文化的過去。它所關聯到的不是偶然現實的雜薈湊合，而是一個由種種可能性所構成的領域。那個大於個人生命的主角，走過這個領域，並在這過程中逐漸窮盡他的種種可能性。由於美妙的巧合，大約就在敍述者誕生的同時，文化走到了這個可能性領域的盡頭。

我用來當作反諷主義理論典型的那些人物——《精神現象學》的黑格爾，《偶像的黃昏》的尼采，〈人文主義書簡〉("Letter on Humanism") 的海德格，不約而同地認爲，有一個大到足以具備命運的東西（歷史，西方人，形上學）已經窮盡了它自己的所有可能性，所以，現在一切必須汰舊換新。他們的興趣不只在使他們自己煥然一新，他們還要使這個大東西煥然一新；他們自己的自律就是這個煥然一新的大東西的副產品。他們想要的是崇高而不可言喩的東西 (the sublime and ineffable)，不只是美麗而新奇的東西 (the beautiful and novel)；他們要的是一個和過去完全無法共量 (incommensurable) 的東西，而不只是在重新安排和重新描述中掌握到的過去。他們要的不是重新安排所得到的可言說的、相對的美，而是「完全相異」(the Wholly Other) 所具有的不可言說的、絕對的崇高；他們要的是「整體的革命」(Total Revolution) ❸。他們想要對過去有一個全新的了解方式，希望這個新的了解方式和所有過去對自己的描述方式，完全無法共量。相對的，反諷主義小說家則對無法共量性興趣缺缺，純粹的差異便已令他們心滿意足。只要把自己的過去用一種以前未曾用過的方式加以重新描述，便可以獲得個人的自律。個人的自律不需要反諷主義理論家所要求的那種天啓式的煥然一新。對於自己對過去的再描述會變成自己的後繼者再描述的素材，反諷主義的非理論家毫不在乎，他對他的後繼者的態度只是「祝他們好運」。反之，反諷主義理論家則無法想像還有後繼者，因爲他是新時代的先知，在這個新時代中，凡過去所用的語詞都變成了無用的糟粕。

誠如我在第四章結尾所說，反諷主義的自由主義者所感興趣的不是力量或權力，而是完美。然而，反諷主義理論家仍然希望因爲他與一個偉大人物有密切的關係，而擁有一種特殊的權力，因此，他往往不是一個自由主義者。尼采的超人與黑格爾的世界精神、海德格的存有一樣，都有基督的雙重性格：是人，但在不可言說的面向上，又是上帝。基督宗教的道成肉身學說，是黑格爾說明自己任務的關鍵部分。當尼采把自己想像成反基督 (the Antichrist)，或前耶穌會見習僧海德格把存有形容爲既是無限寬厚，亦是完全相異時，同樣的學說也再度出現。

普魯斯特也對權力感興趣，不過他的興趣不在於變成一個比他了不起的人物的化身，或加以歌頌讚美。他所想要的乃是揭露一切有限權力的有限性，以便讓自己能夠從它們的束縛中解脫出來。他不想與權力爲伍，也不想提升他人的權力，而只想將自己從周遭的人對他的描述中解脫出來。他不想要只成爲這些人心目中所認爲的他，也不想要凝固在他人觀點的照片相框中。用沙特的話來說，他害怕被他人的眼神（例如聖盧的「嚴厲的眼神」或夏綠斯的「神祕凝視」）❹轉變成一個「物」。他從這些曾經描述他的人的束縛中解脫出來而獲得自律的方法，就是將他們重新描述一番。他從許多不同的觀點，尤其從許多不同的時間位置，來刻畫這些人，因而使這些人無一可以占據獨特的優越地位。他向自己解釋爲什麼這些都不是權威人物，都和他一樣，只是偶然的產物，並透過這種解釋，他獲得了自律。正如他是別人對他的態度的產物，他也把這些人重新描述爲別人對他們的態度的產物。

在他的生命和他的小說終了之際，普魯斯特顯示了時間對這些人到底做了什麼，從而也顯示了他利用他的時間做了什麼。他撰寫了一本書，從而也創造了一個自我，也就是該書的作者。他所創造的自我是他們所無法預見或甚至想像得到的。在某種意義上，他變成了他們的權威，正如同他年輕的自我也畏懼他們是他的權威一樣。但是，他的這項成就，使他可以擺脫權威的想法，從而不再相信有一個獨特優勢的觀點，可以用來描述每一個人。傳統上，形上學家都會提議他們的讀者接受與某種超然權力的聯繫，讓後生晚輩覺得自己就像全能者的化身。同樣的，夏綠斯在初次遇見年輕的馬塞爾（Marcel，譯按：《追憶似水年華》中敘述者的化名）時，也提議他接受類似的聯繫。然而，普魯斯特的自我創造過程使他擺脫了這種與超然權力聯繫的想法。

普魯斯特把他所遇到的權威人物看作是偶然環境的產物，將他們時間化和有限化。和尼采一樣，普魯斯特害怕他的眞實自我早已存在，而且別人會早他一步察覺到他的這個眞實本質，因此他希望將這恐懼除之而後快。但是，普魯斯特並沒有爲了達到這個目的，而宣稱他發現了他早年所遇到的權威人物所無法看到的眞理。他想辦法拆穿權威而又不把自己變成另一個權威，揭發有權有勢者的野心而又不與他們同流合污。他把權威人物有限化、相對化的方式，不是揭露他們「眞實的」本性，而是利用別的權威人物所提供的語詞來重新描述他們，拿其他權威人物來和他們比畫比畫，然後眼看他們一個個變模走樣。這樣將權威人物有限化、相對化的結果，使得普魯斯特不會對他自己的有限性感到羞愧。他承認偶然，從而克服偶然，使他不再畏懼疑慮自己所遭遇到的偶然不只是純粹的偶然而已。他把他的裁判們，變成和他一樣的受難人，從而成功地創造出屬於他自己的、可以用來評判他自己的品味。

和普魯斯特與青年黑格爾一樣，尼采也對自己所具備的再描述的能力，對自己能夠在一個事件的各種矛盾對立的描述之間來回遊走的本事，深自歡欣。他們三人都擅長於表面上站在同一問題的兩邊說話，而實際上依照前後不同的答案，不斷轉換觀點，從而改變問題本身。他們三人都喜歡品嘗時間所帶來的變化。尼采喜歡點明，凡是過去被提出來的關於「人」的假說——用他自己的話來說——「基本上都只是**非常有限的**時間內的一套關於人的說法」❺。更廣泛的來看，他喜歡顯示任何事物的一切描述，都相對於某個歷史處境下的需要而有所不同。他和青年黑格爾都採用這種手法，將所有已故的偉大哲學家加以相對化、有限化。對於一個從事哲學的反諷主義者而言，如果他要和這些偉大的哲學家們平起平坐，而不願做附麗驥尾的追隨者，那麼他也必須和尼采與青年黑格爾一樣，將這些偉大的哲學家們重新描述一番。

然而，和小說家不同，當理論家使用這個有限化、相對化的策略時，自然而然就會產生一個問題——黑格爾的批評者用「歷史的終結」(the end of history) 一語，來歸納這個問題之所在。如果個人將自己的原創性界定在與先驅者的關係上，而且非常得意自己對這些先驅的再描述，能夠比他們之間互相的再描述還要來得徹底和基進，那麼終究免不了會碰到一個問題：「對**我**加以重新描述的，又會是誰呢？」由於理論家想要**看到** (see) 而非**重新安排** (rearrange)，想要「超越」而非「操作」，因此他必須擔心一個所謂的自我指涉 (self-reference) 的問題——亦即必須利用他自己的理論，來解釋他自己爲什麼能在再描述上達到這樣空前的成功。他想要證明，由於一切的可能性已經山窮水盡，沒有人能再像他超越前人一樣，繼續超越他。換句話說，已經不再有繼續超越的辯證空間；思想已經走到了盡頭。「爲什麼我會認爲，或我如何才能宣稱：一切的再描述以我爲終結？」的問題，其實也可以說是「我應該如何下筆結束我的書？」的問題。黑格爾的《精神現象學》以一種模稜兩可的語氣作結——它的結語既可以詮釋爲開向一個無限長久的未來，也可以詮釋爲對於一個已經完結的歷史所作的回顧。不過，糟糕的是，黑格爾後來有些書結束的案語都是：「因此，德國變成了世界第一的國家，歷史就此終結。」[6]

齊克果說，如果黑格爾在他的《邏輯學》(*Science of Logic*) 中開宗明義地宣稱「這一切只不過是一個思想實驗」，那麼他也許可以成爲歷史上最偉大的思想家[7]。假定我們將那案語刪掉，那就可以顯示黑格爾對自己的有限性之體認，和對別人的有限性一樣，是非常深刻的；也就把他在自律方面的努力個人化了，而且也就不會誤會黑格爾竟然把他自己和超越物牽上關係。雖然與事實相違，但如果我們對黑格爾採取較爲同情寬厚的了解，我們寧可相信他會刻意避開哪一個國家會繼承德國，以及哪一個哲學家會繼承黑格爾等問題，因爲他會試圖透過齊克果所謂的「間接的溝通」——也就是不直接宣稱，而利用一個反諷的姿態——來顯示他對自己的有限性，具有非常深刻的意識。我們寧可看到黑格爾刻意地爲未來留下空白，邀請他的繼承人用他對待他的先驅的方式來對待他；而不是爲未來留下空白，傲慢自大地相信，從此以往，不可能再有所作爲。然而，不論黑格爾可能會怎麼辦，反諷主義理論都必須面臨一個問題，即如何進行有限化和相對化的工作，而同時又能夠展現出自己對自己的有限性之體認，也就是說，如何應付齊克果對黑格爾的要求——如何克服權威，而同時又不自立權威。反諷主義者所面臨的這個問題，和形上學家塡補表象與實在、時間與永恆、語言與非語言等鴻溝的問題，其實是相應的。

對於像普魯斯特一類的非理論家而言，就沒有這種問題。《重現的時光》(*The Past Recaptured*)的敍述者就不會被「誰將來重新描述我呢？」的問題所煩惱。因爲只要他將他的人生經歷，按照自己的意思重新安排，將所有的芝麻小事塑造成一個形式，他的任務便算完成。因此，他整理人生中的芝麻小事：希爾貝特在山楂叢中，蓋爾芒特教堂窗戶的顏色，「蓋爾芒特」這個名字的聲音，那兩次的散步，以及那些不停變化的螺旋。他知道，只要他死得早一點或晚一點，這個形式也會隨之而不同，因爲構成這形式的那些芝麻小事會隨之而減少或增加。但是，這無所謂。普魯斯特沒有如何避免被**揚棄**的問題。眾所周知，「美」(beauty) 是短暫無常的，因爲「美」依靠的是把形式賦予紛雜的現象，一旦紛雜的現象中增加了新的元素，它很可能就會毀滅。美必須有一個框架，而死亡提供那個框架。

反之，「雄偉」(sublimity) 就不是短暫無常的，也不依賴各元素間的關係，或在相互對應中呈現，而且也不是有限的。和反諷主義的小說家不同，反諷主義的理論家不斷受到誘惑，企圖追求雄偉，而無法滿足於美的追求。這就是爲什麼他往往容易重蹈形上學的陷阱，追求的是隱而不見的巨大實有，而不是表象之間的形式；從而向我們暗示，有一個比他還龐大的傢伙，其名曰「歐洲」或「歷史」或「存有」，而且他就是這個大傢伙的化身。由於雄偉的東西不是雜多現象的綜合，因此我們無法將我們在時間中所遭遇到的一系列經驗加以重新描述，從而獲得雄偉。追求雄偉不只是在一些微不足道的、偶然的現實中營造出一個形式，而是在創造一個足以網羅一切**可能性**的形式。自康德以來，形上學家對雄偉的追求所採取的方式，就是企圖列出「一切可能的X所必須具備的必要條件」(necessary conditions of all possible *x*)。當哲學家開始從事這種超越的工作時，他們所下的賭注，就遠遠超乎普魯斯特所達到的那種個人的自律和私人的完美。

理論上，尼采並不是在玩這種康德式的遊戲；但在實踐上，由於他宣稱他所看到的不只是不同的，而是更深刻的，宣稱他不僅回應對照 (reactive)，而且是自由自在的，因此，他背叛了他自己的觀點主義（perspectivism）和他自己的唯名論（nominalism）。他以爲他的歷史主義可以挽救他，使他不陷入這種自我背叛。然而，事與願違，因爲他渴望得到的乃是一種具有歷史性的雄偉，一種未來，這種未來斷絕了和過去的一切關係，從而只能夠以否定的形式，和這個哲學家對過去的再描述銜接起來。柏拉圖和康德很明智地乾脆將這雄偉孤置於時間之外，尼采和海德格則無法炮製這個詭計。他們必須停留在時間之中，然而卻又必須認爲，有一個決定性的歷史事件，將他們和所有的其他時間分隔開來。

黑格爾、尼采和海德格都相信自己親臨了像主客鴻溝的合攏、超人的降生，或形上學的終結等決定性的歷史事件。而這種對具有歷史性的雄偉之追求，使他們自我陶醉於「最後的哲學家」的幻想角色中。凡是想要得到這種地位的人，他的著作勢必會企圖使人們除了用他的語言外，無法對他加以重新描述，也就是使他不可能變成別人的美的形式中的一個元素，一個微不足道的東西。追求雄偉不只是在創造一個用來自我評判的品味，而是企圖使他人無法用任何品味來評判我。如果換成普魯斯特，他會很甘願相信自己可能變成他人美的形式中的一個元素；他會很高興看到自己可以爲別人，扮演他自己的先驅——如巴爾札克或聖西門（Saint-Simon）——爲他所扮演的角色。但是，像尼采一類的反諷主義理論家，有時候是無法忍受這種念頭的。

讓我們來比較一下尼采對「觀點主義」的辯護與他對「反應對照性格」（reactiveness）的激烈撻伐。當尼采忙著將他的先驅們相對化和歷史化時，他興高采烈地將他們重新描述爲與歷史事件、社會條件、他們自己的先驅們等等的關係之網絡。在這些時候，他相當堅守他自己的信念，認爲自我不是實體，而且主張我們應該拋棄「實體」(substance) 的觀念本身——所謂的「實體」，乃是一種無法採取不同的觀點加以相對化的東西，因爲它有一個眞實的本質，本身具備一個特殊的觀點。但是，在另外一些時候，也就是超人進入他的想像世界時，他就把他的觀點主義忘得一乾二淨。尼采所謂的「超人」，不只是對過去種種刺激的一堆獨特的「反應對照」而已，而是純粹的自我創造、純粹的自發性。當他開始解釋如何變得了不起、與眾不同，如何和一切曾經存在過的東西完全不一樣的時候，他就把人的自我說成所謂的「權力意志」(will to power) 的儲存器。超人擁有非常龐大的這種東西的儲存器，而尼采本人權力意志的儲存器，當然也頗爲可觀。觀點主義者尼采所感興趣的，乃是尋找一個觀點，來回顧他所繼承的一切觀點，以便從中看到一個美的形式。那個觀點主義的尼采，可以在普魯斯特身上找到模範，而這其實就是內哈瑪斯《尼采》一書的作法：認爲尼采和普魯斯特一樣，他們都在自己的所有著作中創造了自己。但是，權力意志理論家尼采——也就是被海德格抨擊爲「最後的形上學家」的那個尼采——所感興趣的，事實上和海德格一樣，都是希望超越一切觀點。他想要的是雄偉，而不只是美。

假如尼采能夠採取普魯斯特對待他所邂逅的人們的方式，來看待已故偉大哲學家的典律傳統，他也許就不會想要變成一位理論家，也不會想要追求雄偉，從而逃過海德格的批評，不辜負齊克果和內哈瑪斯的期望。他就會變成一位沒有基督宗教信仰的齊克果，自覺地作爲一位齊克果所謂的「美感的人」（the aesthetic）。如果他堅守他自己的觀點主義和反本質論，他就可以避免黑格爾所陷入的誘惑。那個誘惑就是認爲一旦你找到一個方法，將你的前人放在一個普遍概念之下時，你所完成的就不只是對他們的再描述——一種對你自己的自我創造有用的再描述而已。如果你繼續往下想，認爲你已經發現一種方式，能夠使你自己與你的前人迥然不同，使你別開生面，完成前人未曾做過的事，那麼，你的所作所爲就是海德格所謂的「重蹈形上學的陷阱」（relapsing into metaphysics）。因爲，這樣一來，你無異於宣稱，一切適用於他們的描述，統統不適用於你，你和他們之間有天淵之別。你就彷彿表明，把前人重新描述一番，可以使人接觸到一個比自己更偉大的力量，一個必須以英文大寫字母開頭的東西：「存有」（Being）、「眞理」（Truth）、「歷史」（History）、「絕對知識」（Absolute Knowledge），或「權力意志」（Will to Power）。當海德格稱呼尼采「只是一個顚倒過來的柏拉圖主義者」時，他的意思就是在此：如果說柏拉圖是因爲渴望與一個比自己偉大的傢伙牽上關係的衝動，而物化了「存有」，那麼同樣的，尼采也是因爲這個衝動，而企圖把自己和「變化」（Becoming）與「權力」（Power）牽上關係。

普魯斯特沒有這種誘惑。在他的風燭殘年，他認爲自己只是透過時間的縱軸回顧過去，從他自己最近所作人生描述的觀點，看著色彩、聲音、事事物物、人，一一歸入適當的秩序。他不認爲他是站在一個高點，從上往下觀看一連串發生在時間中的事件的序列，他也不認爲他已經從有觀點的描述，提升到一個無觀點的描述。**理論**根本不是他的野心所在；他是一個不必擔心觀點主義是否爲眞的觀點主義者。所以，從普魯斯特的例子，我得到一個教訓，那就是：要表達個人對權威人物的相對性與偶然性的認識，小說比起理論，是更爲安全可靠的媒介。因爲，小說通常是關於人的，而不是關於普遍的概念或終極語彙，故它的題材理所當然是受到時間限制、牽連在種種偶然所構成的網絡中的事事物物。由於小說中的角色會衰老和死亡，由於這些角色顯然和他們所在的小說一樣，都是有限的，因此，我們不容易誤以爲只要我們對他們採取了某種態度，我們就對每一個**可能的**人物都採取了態度。反之，凡是涉及觀念的書籍，甚至歷史主義者如黑格爾與尼采的著作，看起來都像是對永恆事物之間的永恆關係之描述，而不是在對終極語彙之間的關係脈絡，加以系譜學的解釋，指出這些終極語彙如何在偶然的遇合、這個人與那個人不經意的邂逅中形成❽。

我從普魯斯特與尼采之間所得到的對比，其實就是海德格所試圖解決的問題：由於形上學家們前仆後繼的努力，不過是要找到一個對過去的再描述，使未來無法對這個再描述進一步加以重新描述，因此，我們如何能夠撰寫一部有關形上學的歷史敍述，而同時不使自己變成一個形上學家？我們如何能夠陳述一個以自己爲終點的歷史敍述，而同時不把自己弄得像黑格爾表現的那樣滑稽可笑？我們如何才能成爲理論家，撰寫一部與觀念有關（而不是與人有關）的敍述，拒斥雄偉，而同時又不會以雄偉自命？

雖然尼采喜歡高談闊論「新時代」、「新方法」、「新精神」、「新人類」，但是他對於衝破過去所設下的種種限制，倒是不那麼急切，部分是因爲他對黑格爾尷尬的慘敗寄予同情，更重要的是因爲他了解到，對生命加以太強的歷史意識是非常不利的。尼采知道，一個想要自我創造的人，絕對不可以太過「阿波羅式」(Apollonian)。更確切地來說，他無法向康德學步，企圖從上面眺望所有可能性的王國。因爲，所謂固定不變的「可能性王國」與另一個觀念，是扞格不入的，這觀念就是認爲人畢竟可以透過自己的努力，將那王國加以擴大，也就是說，不僅在一個預定的體系中找到自己的定位，還進一步去改變那個體系。因此，反諷主義理論家陷入一個進退兩難的處境：一方面他得說他已經實現了最後留下的可能性，另一方面他又得說他不只創造了一個現實，還開創了新的可能性。理論要求他說前面一件，自我創造要求他說後面一件。

在這兩種要求的緊張關係方面，尼采是一個既令人迷惑又發人深省的研究對象。他自命具有世界歷史的意義，加上他無窮的幽默感，使他自然而然顯現出這樣的張力性格——既想要成爲徹底嶄新的人，又了解到那種野心現在早已落伍過時了。不過，倒是毫無幽默感的海德格，對這個張力著墨最多。對於前述進退兩難的處境，海德格比起黑格爾或尼采，具有更清楚的意識和更明白的揭示，甚至爲它深深著迷。我們可以毫不誇張地說，對這個兩難處境的解決，在一九三〇年代期間，逐漸變成海德格主要關心的課題。

在二〇年代中期，海德格還可以將他自己如何成爲一位反諷主義理論家的問題，毫不自覺地投射到一個大東西上——「此有」(Dasein)，指出凡是還沒有創造自我的人，（在一個深刻的「存有學」意義上）就是「有罪責的」(guilty)。他告訴我們，「此有本身是有罪責的」。因爲此有時時刻刻都被「良知的召喚」(the call of conscience)追逐著，良知的召喚提醒它說，它乃是被它自己的「流離失所」(Unheimlichkeit)所追逐著：「流離失所」，是「基本的在世存有(Being-in-the-world)，雖然在日常生活的過程中，它被遮蔽住了」❾。「眞誠」(Authenticity)就是對這流離失所性格的承認；而人只有認識到自己是「被拋棄的」(be thrown)，了解到自己無法（或至少**還沒有**能力）向過去說「我曾欲其如是」，才可能達到眞誠。

不論在早期或晚期，海德格都認爲，人乃是其從事的事務，尤其是其使用的語言或終極語彙所構成。因爲終極語彙決定了個人可能擁有的人生規畫。因此，所謂「此有是有罪責的」，意思是說此有說著別人的語言，從而住在一個不是它自己所建造的世界中，也因爲如此，這個世界不是它的**家**(Heim)〔譯按：unheimlich，「流離失所」，就是指這種無家或不在家的狀態〕。此有之所以是有罪責的，乃是因爲它的終極語彙只是它「被拋進去的」(be thrown into)那個地方；在它成長的環境中，周圍的人說的恰巧就是那個語言。大部分的人們不會因此而覺得自己是有罪責的，但是具備特異稟賦與野心的人，如黑格爾、普魯斯特、海德格等，便會覺得如此。所以，如果問說：「海德格所謂**此有**，其意何指？」最簡單的答案是——「像他一樣的人」，也就是無法忍受自己不是自我創造成品的那些人。這些人聽到布萊克的呼籲：「我必須創造一個系統，否則便成爲他人的奴隸。」⑩必然都會覺得心有戚戚焉。或者，更確切地說，這一類人才是「**眞誠的此有**」，只有他們知道，自己是此有，而自己存在此處並且說此種語言，純屬**偶然**。

在《存有與時間》的寫作過程中，海德格似乎十分認眞地認爲他所從事的是一件超越的工作，也就是說，將純粹「存在的」(ontic) 狀態之所以可能的「存有學的」(ontological) 條件，精確無誤地羅列出來。他似乎十分誠摯地相信，非知識分子的日常心靈狀態和人生規畫，其「基礎」就在於像他自己和布萊克一類人具備特異的焦慮與人生規畫的能力（例如，他裝出一副十分嚴肅的面孔告訴我們，當你欠錢未還時，你之所以會有罪惡感，其可能性條件就是上述的「罪責」）。康德似乎未曾自問，既然人類的認知能力具有《純粹理性批判》(*Critique of Pure Reason*) 所找出的那些限制，該書的書寫本身所採取的「超越立場」又如何可能？同樣的，這個時期的海德格從未反省這個方法學的自我指涉的問題。他從未自問，從該工作的結論回過頭來看，他所從事的「存有學」工作是如何可能的？

話說回來，在批評他早期的這種不自知的同時，我無意貶損海德格這本早期的（內在不連貫，倉卒成章，而且具有卓越的原創性的）著作。畢竟，將個人獨特的心靈處境當作是人類的本質，海德格並不是開創先例的哲學家（明顯首開先例的哲學家是柏拉圖，也就是有作品流傳下來的第一位西方哲學家）。相反的，我是在指出，在一九三〇年代的過程中，海德格有非比尋常的理由，終止「此有」、「存有學」、「現象學」等語詞的使用，不再討論各種情感與處境的「可能性條件」，不再以爲他所討論的主題乃是所有人類最內在的實在狀況，轉而開始開誠布公地討論眞正困擾他的到底是什麼：他個人受惠於過去的一些哲學家，他自己害怕他們的語彙會變成他的箝制枷鎖，他深恐無法成功地創造他自己。

自從他開始專注於尼采（《存有與時間》幾乎不曾論及尼采），直到他去世爲止，海德格全神貫注於「我如何才能不至於變成另一位形上學家，或柏拉圖的另一個註腳？」的問題上。他爲這個問題所提出的第一個答案，乃是將他所要撰寫的東西之敍述，從「現象學的存有學」轉變爲「存有的歷史」[11]——也就是透過一個嶄新的「存有理解」（Seinsverständis）的體現，撰寫一部關於那些自我創造的思想家以及其往後世界的歷史。所有這些思想家都堪稱爲形上學家，因爲他們不約而同地都各自採用了希臘式「表象／實在」的區分，他們都自以爲逐漸接近早已在那兒等待著他們的那個東西：實在。甚至尼采，海德格也堅持將他視爲一位形上學家，因爲他是把權力意志當作終極實在的理論家——雖然海德格也認爲尼采乃是「最後的形上學家」，因爲他是將柏拉圖僅剩的轉變加以執行的人：將柏拉圖上下顚倒過來，主張實在就是柏拉圖所謂的表象[12]。

透過這樣的再描述，將過去（尤其是尼采）和西方，描述成柏拉圖主義自我顚倒並且終結於權力意志的地方，海德格乃得以把自己描繪成一種嶄新的思想家。他既不想成爲形上學家，也不想變成反諷主義者，而企圖結合兩者的優點。他不厭其煩地貶抑「形上學」一詞：對形上學的這種了解，在德希達得到了繼承和發揚光大，也是我在本書中所採用的意義。但是，他也不厭其煩地譴責反諷主義者那種感受主義的（aestheticist）、實用主義的輕率。他認爲，反諷主義者只是一些玩票性質的清談家，欠缺偉大形上學家的那種崇高嚴肅性——他們與存有的特殊關係。作爲一個來自黑森林的鄉下人，他對北日耳曼那些有世界主義傾向的達官貴人，具有一種根深柢固的厭惡。作爲一位哲學家，他認爲反諷主義者知識分子的興起（其中有許多是猶太人），象徵著他所謂「世界圖象時代」（the age of the world-picture）的墮落。他認爲，本世紀以普魯斯特和佛洛伊德爲核心人物的高級文化——反諷主義文化，只是一種後形上學的虛無主義所帶來的無思索的自我滿足而已。所以，他想辦法既不成爲形上學家，又不成爲感受主義者。他想要把形上學當作是歐洲眞實的、注定的命運，而不像普魯斯特或佛洛伊德一樣，只將它拋諸腦後。不過，他也要主張，由於柏拉圖已然完全被顚倒過來了，形上學也已然窮盡了它的可能性，因此，形上學（因而，歐洲）現在已經走到了盡頭。

對海德格而言，這項任務實際上就是如何在一個終極語彙之內進行工作，而同時又想辦法將該語彙「放入括弧」（bracketing）——也就是如何保持該語彙的終極性，而同時又讓它表現它自己的偶然性。他企圖建構一種可以不斷自我解構，又不斷保持自身嚴肅性的語彙。黑格爾和尼采的歷史主義的觀點主義，業已導引到這個問題的方向，但是，黑格爾臨陣脫逃，規避了這個問題，因爲他相信絕對知識就在那兒，唾手可得，而語言只是可以用完就丟的「中介」，主體與客體的最終統一將會超越語言。接著，尼采也以「超人」的觀念來打發這個問題，模模糊糊地暗示說，超人將會有辦法不使用**任何**語彙，而且，（在查拉圖斯特拉的寓言中）獅子超越駱駝，幼兒又超越獅子後，幼兒將會擁有所有思想的優點，不具備使用語言的任何缺點。

而海德格值得喝采，因爲他不迴避這個問題；他並沒有在最後關頭拋棄唯名論，轉而接受非語言的不可說。相反的，他針對哲學在一個反諷主義時代將會是什麼，提出了一個大膽的、勇氣可嘉的建議。我認爲，《存有與時間》裏有一段文字，最能確切表達他在「轉向」(die Kehre) 之前與之後的野心：「哲學的終極任務，就是保存此有藉以表現自身的那些**最基本語詞的力量**，避免通俗的理解將它們一一軋平爲不可理解，從而導致僞問題的產生。」(*Being and Time*, p. 262)

海德格所挑出來的第一組「最基本的語詞」，就是諸如 Dasein（此有）、Sorge（煩惱、煩憂、掛念）和 Befindlichkeit（境遇、心境、心情、情緒的基調）等語彙，他在《存有與時間》中賦予了它們新的用法。在「轉向」的過程中，（我猜想）他逐漸了解到，《存有與時間》所用的術語，以及它的那些超越的姿態，使它很容易成爲齊克果和尼采式的揶揄對象，因此他提出了第二組「最基本的語詞」：也就是那些入土的偉大形上學家所使用的典型語詞，諸如 noein（能思、把我們所感受的事情放在心上）、physis（顯現、呈現）和 substantia（本體）等。海德格將這些語詞重新定義，以便利用它們來證明，所有這些形上學家一貫地都企圖表達此有的有限感，雖然他們表面上企圖達到的目標，正好與此相反[13]。這兩組語詞都內在地具有反諷——在海德格看來，它們都是要表達真誠的此有對自身的一種覺悟，也就是認識到自己不得不使用一套終極語彙，同時又意識到任何語彙都不是終極的，也就是覺悟到此有自身的「超穩定性」（meta-stability）。換言之，「此有」就是海德格給予反諷主義者的名字。但是，到了後期的海德格，「此有」一詞就被「歐洲」或「西方」所取代了：這兩個名字，就是存有走完它的命運，嚥下反諷主義這最後一口氣的地方之化身。對後期的海德格而言，討論反諷主義就等於是討論歐洲歷史的最後一個階段，亦即緊接在海德格之前的那個階段，他認爲尼采就是該階段的象徵。在這些階段中，「世界變成了觀點」，因爲知識分子們（逐漸地，所有的其他人）了解到，透過重新置入脈絡（recontextualize）或重新描述，任何事物都可以變成是好的或壞的、有趣的或無聊的[14]。

根據我的讀法，所有海德格的「最基本語詞」，其目的都是爲了表達反諷主義理論家的困境——對這緊張的關係，尼采和黑格爾都察覺到，但也都迴避掉了，唯獨海德格認眞嚴肅的加以對待。所有的這些語詞，都是爲了清楚而精要地掌握既要作爲理論家，同時又要作爲反諷主義者所面臨的困難。因此，當海德格宣稱他要討論別人——「歐洲」——的困境時，他所要討論的其實是他自己，是他自己的困境。前後期海德格之間的一貫性，就在於希望找到一個能夠使他保持他的眞誠性的語彙，避免他妄想與更高的力量合而爲一，妄想得到 ktēma eis aiei，也就是逃避時間，遁入永恆。他想要找到一些不可能被「軋平」（leveled off）的語詞，也就是說，在使用它們的時候，不會令人覺得它們是「正確的」終極語彙的一部分。他想要找到一個既能自己銷毀，又能不斷自我更新的終極語彙，讓人很清楚，這些語詞**不是**眞實本質的再現，它們**不是**我們用來和更高的力量接觸的門徑，它們本身不是權力的工具或達到目的的手段，更不是爲了要逃避此有自我創造的責任而設。換言之，他想要找到一些語詞，協助他完成他的工作——亦即由這些語詞將他所感受到的緊張承擔下來，以解除他自己的緊張。因此，他必須採取一種語言觀，不僅是反維根斯坦的，也是反洛克的：一種自十七世紀「亞當式」語言式微以後，早已乏人問津的語言觀。對海德格而言，哲學眞理有賴於語言**音素**（phonemes）的選擇，亦即有賴於語詞的**聲音**本身[15]。

這種看似荒誕不經的觀點，讓人很容易就斷定海德格的工作根本是錯誤的。然而，只要我們了解海德格企圖解決的問題到底多麼困難，我們就可以了解這種觀點引人入勝之處。海德格的問題就是如何超越、安置，甚至擱置所有過去的理論，而不至於將自己陷入理論之中。以他自己的術語來說，這問題就等於如何討論存有，而不必討論所有的存在物所具有的共性（依照海德格的定義，討論存在物的共性乃是形上學的本質）。至於他自己那一套所謂非理論的術語，和其他人明白揭示的理論術語到底又相去多遠呢？在海德格看來，這問題就等於如何「探索語言的本質，而不戕害語言」[16]。更確切的說，就是如何把「暗示與姿態」（Winke und Gebärden）嚴格地和形上學的「記號和密碼」（Zeichen und Chiffren）區分開來：例如，如何避免讓人誤以爲「存有之宅」（house of Being）一語（海德格對語言的一個形容）「只是用來幫助我們恣意想像的一個朦朧的意象」[17]。這類問題的唯一解決辦法就是：不要把海德格的語詞放入任何脈絡之中，不要把它們當作遊戲的棋子或工具，而且注意到，除了海德格自己提出來的那些問題之外，這些語詞和其他任何問題都是毫不相干的。簡言之，就像對你深愛的一首詩，你不忍拿來當作「文學批評」的對象一樣，你應該賦予海德格的語詞這項特權，把它當作一首詩，淺唱低吟，不讓任何東西和它牽扯在一起，以免戕害它。

唯有當音素或聲音重要，這樣的籲求才有意義。因爲，如果音素不重要，那麼我們就大可將海德格的語詞——他爲自己所發展出來的終極語彙之零碎成分——當作是一個除了海德格本人之外，其他人都可以參與的語言遊戲。我們就可以利用索緒爾（Saussure）和維根斯坦所倡導的脈絡主義觀點，將包括 Haus des Seins（存有之宅）在內的所有語詞，當作只是外在於這些語詞的其他目標之有用工具而已。可是，如果我們採取這種觀點，那麼我們最終會被拖回到「玩這種遊戲的目的何在？」以及「這個終極語彙對什麼目標而言是有用的？」兩個問題上。而對這兩個問題的唯一可能的答案，似乎就是尼采所提出來的——因爲它增強了我們的權力；它幫助我們獲得我們原來想要得到的東西⓲。

海德格主張，如果我們要避免如此將眞理等同於權力，迴避本書所提倡的人文主義和實用主義——這些意識形態，在海德格看來，乃是虛無主義（形上學的極致）當中最爲墮落的形式——那麼，我們就必須說，終極語彙不是達到目標的手段，而是存有的寓所。然而，這個主張使海德格必須將哲學的語言加以詩化，也就是說，重要的是音素，而不僅是音素的使用目的。

當今大部分對維根斯坦式語言觀與實用主義眞理理論的反駁，來自「實在論」的哲學家（例如謝勒斯和伯納・威廉斯），他們主張物理科學凌駕於其他任何論述之上。對海德格而言，這種反駁是以五十步笑百步，把問題扯到另一個錯誤的方向。在他看來，實用主義、維根斯坦和物理科學，其實是一丘之貉。海德格認爲，詩（而不是物理學）顯示出語言遊戲的語言理論乃是不恰當的。試看他針對不可轉譯性所提出的例子之一：ist 一字如何出現在歌德的詩句中——"Über allen Gipfeln, ist Ruh."[19]。將這裏的 ist 解釋爲達到某個目的的工具，似乎有一點不對勁。當然我們可以這麼解釋，而且海德格也未嘗告訴我們爲什麼不能如此解釋。不過，他要我們考慮的是：「既然這麼解釋**似乎**有一點不對勁，那麼，假定這**眞的**有一點不對勁的話，則語言到底應該是什麼？」他的答案是：那麼，一定有一些「基本語詞」，除了具有他所謂「通俗理解」的用法之外，它們還具有「力量」。語言遊戲理論所掌握到的就是通俗的理解。而「存有之宅」的觀念所要協助我們掌握的，則是**力量**。如果不存在具備「力量」的語詞，那麼以保存那種力量爲鵠的的哲學，便沒有存在的必要。

對於海德格心目中「哲學的終極任務」作這種解釋，顯然會引起一個質疑：「當海德格看到一個語詞時，他怎麼知道它是不是一個基本的語詞，一個不僅有用法，還具備力量的語詞？」如果他和我們所有的人一樣，都是有限的，都在時空的束縛中，除非他又陷入形上學家的老窠臼，否則他如何宣稱他能在聽到一個語詞時，就可以辨別它是不是一個基本的語詞？從他所出版的少數幾首詩中（雖然，他一定寫了不少），我們找到一個詩句，或許可以作爲他的答案的線索。「存有的詩——人——方才開始。」(Being's poem-man-is just begun.) 他認爲，所謂的「人」(man)，或即歐洲人，其生命史是在若干特定的終極語彙接著另一些特定的終極語彙的過程中度過的。所以，如果你想要挑出基本語詞，你就必須寫一本關於一個名叫「歐洲」的人物的傳記 (bildungsroman)，試圖在歐洲的生命過程中，找出一些關鍵的轉捩點。試把海德格針對「存有的詩」所做的工作，比作一位批評家對「英詩」的工作。一位野心勃勃的批評家 (例如布倫) 的工作，乃是建構一個包括詩人、詩，以及詩句的典律，試圖指出哪些詩的哪些句子，爲後代詩人開啓或關閉了寫作的可能。所謂英詩的「最基本」詩句，就是決定任何一位二十世紀以英語寫作的詩人之歷史地位的那些詩句：它們乃是他所居住的寓所，而不是他所使用的工具。這種批評家所寫的乃是英詩如何演變成爲今天這個樣子的「傳記」。海德格所寫的，用他自己的術語來說，乃是「存有演變成爲現在這個樣子」的傳記[20]。他試圖分辨哪些哲學家和哪些語詞，在影響歐洲演變至今的面貌上，扮演決定性的角色。他想要告訴我們一則關於赫拉克利圖斯 (Heraclitus)、亞里斯多德、笛卡兒等理論家的故事，提供我們一個關於終極語彙的世系譜，讓我們知道爲什麼我們使用目前的這一套終極語彙。我們無法迴避這些理論家，我們必須「通過」他們。但是，我們應該選擇哪些人物來討論，分疏出哪些基本語詞，其判準不是因爲這些哲學家或語詞對它們之外的某種東西 (例如存有) 具有權威性。它們所彰顯的不是別的東西，而正是我們這些二十世紀的反諷主義者。它們彰顯我們，正因爲它們**創造了**我們。「此有藉以表達自己的那些最基本的語詞」之所以是「最基本的」，不是因爲它們比較接近物自身，而只是因爲它們比較接近**我們**。

以上關於海德格的故事，我可以摘述如下。他希望能夠避免步上尼采的後塵，避免像尼采一樣，從反諷再次墮入形上學之中，在最後關頭向自己的權力欲望投降，給我們一篇傳教士的**連禱文**（litany），而不是一則敍述。他徹底了解黑格爾與尼采所面臨的如何結束他們的敍述的難題。直到他的晚年，他還堅持把他的存有歷史敍述，當作是可以丟棄的梯子，只是爲了讓我們注意到「基本語詞」而捏造出來的東西，希望藉此能夠避開黑格爾與尼采所掉入的陷阱。他最後決定，我們之所以必須這麼做，並不是爲了克服任何東西（例如「西方存有學」或我們自己），而是爲了能夠「謙沖靜泊」（Gelassenheit），一種**不**想追逐權力的能力，一種**不**期望克服的能力[21]。

此處所勾畫的海德格的企圖，與我稍早所勾畫的普魯斯特的企圖，其間的相似昭然若揭。普魯斯特企圖將所有可能的權威，都重新描述爲和我們一樣的無權威者，以解除權威概念的權威性。這工作和海德格的企圖是相互呼應的，因爲海德格只想傾聽形上學家語詞的共鳴，而不想把這些語詞當作工具來使用。海德格還將他的工作稱呼爲「回憶式的思想」（andenkendes Denken）。這描述使他與普魯斯特的相似更爲顯而易見。他和普魯斯特都認爲，如果記憶能夠找回並恢復那創造我們的過程，則找回並恢復本身就等於是變成自己之所是。

介紹了他們的相似點之後，我現在可以說明問題出在哪裏，說明爲什麼我認爲在普魯斯特成功之處，海德格失敗了。普魯斯特之所以成功，乃是因爲他沒有公共的野心，因爲我們沒有理由相信，「蓋爾芒特」一名的聲音——除了對他的敍述者之外——對我們有任何意義。如果說這個名字對今天許多人產生共鳴，那也只是因爲對這些人而言，閱讀普魯斯特的小說湊巧已經變成一種經驗，和「蓋爾芒特那一邊」的散步湊巧變成馬塞爾的經驗一樣，都是他們所必須加以重新描述，融入其他經驗之中——如果他們想要完成他們自我創造的計畫的話。反之，海德格相信他知道一些對**每一個**現代歐洲人都（應該）會產生共鳴的語詞，這些語詞不僅對那些湊巧讀了許多哲學書的人的命運，甚至對整個西方的公共命運，都是息息相關的。他無法相信，對他而言意義非凡的那些語詞，例如「亞里斯多德」、「顯現」（physis）、「帕米尼德司」（Parmenides）、「能思」（noien）、「笛卡兒」、「本體」（substantia）等，其實和「蓋爾芒特」、「貢布雷」、「希爾貝特」一樣，只是他私人的東西而已。

而事實上，這些都是他私人的東西。海德格是他那個時代（在自然科學之外）最偉大的理論想像心靈；他達到了他所追求的雄偉。然而，這無法抹煞一個事實，即對於那些交際圈和他不同的人而言，海德格的思想完全無用武之地。對於像我一樣，交際圈和他相似的人而言，他是足爲師表、巨大無朋、難以忘懷的人物。如果我們要在自我創造的計畫上有所成就，閱讀海德格乃是我們所必須認眞嚴肅面對的經驗之一，我們必須將這經驗加以重新描述，融入我們的其他經驗之中。但海德格對普通大眾而言，卻毫無用途。柏拉圖和康德等形上學家企圖攀附結交一種無歷史性的權力，對於那些未曾閱讀形上學，或閱讀但只覺好玩的人而言，反諷主義理論似乎是對假威脅的一個荒謬的過度反應而已。這一類的人一定不覺得海德格「回憶式思想」的事業，會比托比叔叔製作一個那姆爾要塞模型的工作來得重要〔譯按：托比叔叔（Uncle Toby）爲勞倫斯・史登所著小說 *The Life and Opinions of Tristram Shandy, Gentleman* 一書中的人物〕。

海德格以爲，藉著對若干書本的熟悉，他有辦法挑選出一組特定的語詞，這些語詞對所有當代歐洲人的關係，猶如馬塞爾的回憶連禱文對他的關係一樣。實際上他是不行的。所謂一組基本的語詞，或普遍的連禱文，根本不存在。在海德格定義下的基本語詞之所以是基本的，實屬私人獨特之事。海德格的閱讀書單，不見得會比其他許多書籍的許多書單，更接近歐洲及其命運的核心；何況，所謂「歐洲命運」的概念根本是多餘的。因爲，這種歷史主義的戲劇手法，事實上只是以另一種形式，利用聯繫攀附與道成肉身的思想來抵抗人生無常而必死的思想而已[22]。

海德格十分正確的指出，詩顯示了語言在作爲達到目的的手段之外，還可以有其他什麼特性；但他卻十分錯誤的相信有一首普遍的詩，可以將哲學和詩的最佳特性熔爲一爐，凌駕於形上學和反諷主義之上。音素**確實**重要，但沒有任何音素可以對許多人而言，具有持久不衰的重要性。海德格將「人」定義爲「存有的詩」，就其以詩化來挽救理論的努力而言，固然豪氣恢弘，但卻是徒勞無功的。不論普遍而言的「人」或具體而言的歐洲，都沒有所謂的「命運」；與詩歌背後有一個作者不同，不論人或歐洲，背後都沒有一個比人類更偉大的創造者。更何況反諷理論只不過是現代歐洲數個偉大的文學傳統之一，其代表是現代小說。反諷理論和現代小說在成就上一樣偉大，但反諷理論對於政治、社會希望，或人類團結而言，其相干性卻遠遠不及現代小說。

當尼采和海德格執著於他們個人精神典範的頌揚，堅持對他們而言意義非凡的芝麻小事時，他們的豪氣是和普魯斯特一樣恢弘的。在創造個人的嶄新自我時，我們可以利用他們作為我們書寫昨日自我的傳記的榜樣和材料。然而，當他們企圖為現代社會或歐洲的命運或當代政治提出一個觀點時，他們就變得索然無味，甚至帶有虐待狂。如果我們把海德格視為一位哲學教授，相信他努力的目標是在利用過往偉大形上學家的名字和語詞，作為他個人連禱文的元素，那麼，他會是一位悲天憫人的大人物。然而，作為一位公共生活的哲學家，一位二十世紀政治與科技的批評家，他是心地狹小的，充滿仇恨與惡意、歇斯底里的，而且，偶爾在最壞的情況下（例如在猶太人被逐出大學時，他一味稱頌希特勒），他甚至是殘酷不堪的。

這個說法呼應了我在第四章結尾所作的一個暗示：反諷的公共用途微乎其微，而且，所謂「反諷主義理論」，暫且不說在語意上是否自相矛盾，至少它和「形上學理論」之間確實有天壤之別，兩者無法使用相同的標準來衡量。形上學理論希望向我們證明，自我發現和政治用途可以合而為一，從而把我們的私人生活和公共生活結合起來。形上學理論希望提供一個不會分裂為私人與公共兩部分的終極語彙。形上學理論希望同時達到私人小我面向的美和公共大我面向的雄偉。反諷主義理論也想按照自己的辦法，以敍述取代系統，企圖達到同樣的統一。然而，這企圖猶如緣木求魚，根本不可能成功。

諸如柏拉圖和馬克思等形上學家，認爲他們能夠證明，一旦哲學理論把我們從表象引導到實在，我們就可以對我們人類同胞們，比較有用一些。他們兩人都希望，公共與私人的分裂，對自我的義務與對他人的義務之間的鴻溝，是可以克服的。馬克思主義之所以一直讓後世的思想運動忌羨不已，就是因爲它曾經讓人覺得，它顯示了如何把自我創造和社會責任、非基督宗教的英雄主義與基督宗教的愛、冥想的超越和革命的熱情，天衣無縫地綜合起來。

根據我對反諷主義文化的描述，這一類的對立只能在生活中結合起來，而無法在理論中加以統一。我們不應該繼續尋找馬克思主義的衣缽傳人，或任何能夠將高雅與雄偉熔爲一爐的理論。反諷主義者應該接受他們終極語彙中私人部分和公共部分勢必分裂的事實，他們應該承認，從個人終極語彙的疑惑中獲得開悟，事實上與想要幫助他人解脫痛苦和侮辱的企圖，不存在任何特殊的關係。將那些對個人而言關係重大的芝麻小事——即使那些芝麻小事是一些哲學書籍——概括整理並重新描述一番，不會讓自己了解到任何比個人自己更偉大的東西，例如「歐洲」或「歷史」。我們不應該繼續追求自我創造和政治之間的結合，尤其如果我們是自由主義者的話。對於一個自由主義的反諷主義者而言，她的終極語彙中與公共行爲有關的那個部分，永遠不可能涵蓋她終極語彙的其他部分，或被這些其他部分所涵蓋。我在第八章主張，不論自我創造的論述變得如何複雜精緻，自由主義政治的論述大可維持它目前（以及歐威爾當時看到）的面貌：非理論性，率直而純樸。

❶晚年的海德格留下一個反諷主義理論的座右銘，在一九六二年「時間與存有」的演講結尾，他說：「即使在克服形上學的意圖中，對形上學的敬意仍然會主導一切。所以我們的任務就是停止一切克服，讓形上學自生自滅。」（*On Time and Being*, trans. Joan Stambaugh〔New York: Harper & Row, 1972〕, p. 24）海德格清清楚楚地意識到一個可能性：就像他看待尼采一樣，海德格也會被看作是那個必須丟棄的梯子的另（最後）一階。事實上，這個可能性終於在德希達的著作中實現。要了解海德格的這種自覺，請參考他對「法國式」觀點——他的著作和黑格爾的著作是一脈相承的——的駁斥，以及他拒絕承認有所謂的「海德格哲學」（"Summary of a Seminar," ibid., p. 48）。海德格也有一段文字討論一些語詞面臨的危險，它們原來是暗示和信號（Winke und Gebärden），卻被了解為**概念**（concepts），為把握其他東西的工具（Zeichen und Chiffren）（"A Dialogue on Language Between a Japanese and an Inquirer," in *On the Way to Language*, trans. Peter Hertz〔New York: Harper & Row, 1971〕, pp. 24–27）。

❷Alexander Nehamas, *Nietzsche: Life as Literature*, p. 188.

❸參見 Bernard Yack, *The Longing for Total Revolution*, especially part 3。

❹*Remembrance of Things Past*, trans. Charles Scott-Moncrief（New York: Random House, 1934), vol. I, pp. 571, 576.

❺Nietzsche, *Human, All Too Human*, 2.

❻《哲學史講演錄》（*Lectures on the History of Philosophy*）以《精神現象學》的開端作結，最後是黑格爾「揚棄」（Aufhebung）了費希特（Fichte）和謝林（Schelling），而且宣稱，精神「已經達到了它的目標」，因為它認識到自己乃是絕對的。

❼Kierkegaard's *Journal*, cited (without page reference) by Walter Lowrie in his notes to Kierkegaard, *Concluding Unscientific Postscript*, trans. David Swenson and Walter Lowrie (Princeton, N.J.: Princeton University Press, 1968), p. 558.

❽當然，也有一些像湯瑪斯·曼（Thomas Mann）的《浮士德博士》（*Doktor Faustus*）一類的小說，其中的角色其實只是普遍性概念的僞裝。換句話說，小說的形式本身無法**保證**你會感受到偶然性，它只不過讓你不容易錯過這種感受而已。

❾以上諸引文，參見 *Sein und Zeit*, 15th ed.（Tübingen: Max Nieweyer, 1979), p. 285 for "Das Dasein als solche ist schuldig," p.277 for the claim that "Unheimlichkeit ist die obzwar alltäglich verdeckte Grundart des In-der-Welt-seins," p.274 for the "Ruf des Gewissens"（「良知的召喚」在後期的海德格變成了「存在的聲音」〔Stimme des Seins〕）。英譯本 *Being and Time*（trans. MacQuarrie & Robinson, New York: Harper & Row, 1962）之相應頁碼分別爲：331, 322, 319。對《存有與時間》中這幾節的精闢討論，請參見 John Richardson, *Existential Epistemology*（Oxford: Oxford University Press, 1986), pp. 128–135。理查森（Richardson）說：「構成海德格所謂**罪責**的第一個無（Nichtigkeit），乃是人之不可能完完全全自我創造，也就是說，我們不可能是**我們自己的成因**（Nichtigkeit 一詞，在海德格的術語中，是指一種欠缺，這欠缺使我們成爲**有罪責的**）。」(p. 132)
譯按：茲列中譯本《存有與時間》（陳家映與王慶節譯，熊偉校，上下冊，台北：唐山出版社，民七十八年）分別之相應頁碼，以爲參考：下冊頁三五二，其譯文與此處稍異：「此在之爲此在就是有罪責的」；頁三四三，譯文稍異：「無家可歸是在世的基本方式，雖然這種方式日常被掩蔽著」；與頁三三九。Schuld（罪責）一詞，在德文中具有多重涵義，主要包括「錯誤」、「過失」、「罪過」、「責任」、「負債」等，無論中文的「罪責」或

英文的"guilt"，都只是權宜性的譯法。

❿ *Jerusalem*, plate 10, line 20. 下一行：「我既不推理也不比較，我的工作是創造。」

⓫ 譯註：這個轉變就是海德格學者們所謂的「轉向」(die Kehre)。

⓬ 哈伯瑪斯認爲，從「現象學的存有學」轉變爲「存有的歷史」，乃是海德格身涉納粹的結果。在《現代性的哲學論述》(*The Philosophical Discourse of Modernity*) 一書中，哈伯瑪斯說：「我猜想海德格要將他後期的探原哲學 (Ursprungsphilosophie) 加以落實在時間中，其唯一的方法恐怕就是實際認同於納粹的國家社會主義的運動——直到一九三五年，他仍然爲納粹的內在眞實性和偉大現身說法。」(p. 135) 接著他又說，海德格企圖把他對納粹運動本質的盲目無知，歸因於「提升至存有學崇高地位的被揚棄的歷史，從而誕生了存有歷史的概念」(p. 159)。然而，海德格在一九三〇年代後期和一九四〇年代有關存有歷史的許多討論，其實在他一九二七年論「現象學的基本問題」的講稿中早已略具雛形，而且可以說，如果《存有與時間》一書眞正完成的話，那麼這就是該書的第二部分〔譯按：一九二七年出版的《存有與時間》只是原書計畫的前後兩部分中，第一部分的前三分之二，該「原書」並沒有眞正完成。一九六三年老邁的海德格回顧《存有與時間》時，形容其爲一段怪異的出版過程〕。即使納粹未曾掌權，即使海德格未曾夢想成爲希特勒的智囊，我猜想海德格仍然會發生「轉向」。

存有歷史有一項特色，是一九二〇年代間**尚未**出現的，那就是主張存有歷史到了尼采已經「窮盡了它的可能性」。所以，我的直覺是：「提升至存有學崇高地位的被揚棄的歷史」的關鍵內容，不是在海德格自問「歷史會怎麼樣看待穿上納粹制服的我？」，而是在他自問「歷史會不會把我看作是尼采的另一位徒弟而已？」的那一天，才固定下來的。哈伯瑪斯所言固然不錯，海德格需要爲他的納粹主義尋找藉口，而且他把〔完全無法令人說服的）自我開脫編織入他所要述說的故事之中。但是，我卻認為，即使他不須自我辯解，他依然會寫出那個故事。

至於海德格思想與納粹主義的關係的一般性問題，我認為多說無益，唯一的解釋就是本世紀最有原創性的思想家之一，不幸地是一位齷齪卑鄙的小人。他可以為個人的野心，出賣他的猶太同僚，而且事後還處心積慮想忘記他的所作所為。但是，如果我們相信我在第二章的觀點，認為自我是無中心的，那麼，我們就會比較容易接受，知識分子與道德品行的關係，作家的著作與他的其他生活面向的關係，乃是偶然的。

⓭將海德格（在難得可親的悲憫時刻）所謂的「不著邊際的、偏激的海德格式詮釋法」（*Introduction to Metaphysics*, trans. Ralph Mannheim〔New Haven, Conn.: Yale University Press, 1959〕, p. 176）加以運用，其結果一成不變的都是讓我們發現：我們正在研讀的作品的作者，一個偉大的哲學家（或詩人），已在進行《存有與時間》（*Sein und Zeit*）一書的醞釀和構思。這些作品一成不變地都在點出一個主旨，即「存有」與「此有」是交纏在一起的，「存有」不是遙不可及的、無限的東西，「唯有此有存在，存有才在此」（Being "is there only so long as Dasein is."）（參見 *Sein und Zeit*, p. 212: "Allerdings nur solange Dasein ist, das heisst die ontische Möglichkeit von Seinsverständnis, 'gibt es' Sein." 請比較 *Introduction to Metaphysics*, p. 139，其中說到這一點乃是帕米尼德司斷簡八的精髓）。

一方面，海德格想要說，他和帕米尼德司，以及其他偉大思想家俱樂部的成員們（相對於將大思想家們加以誤解和庸俗化的那些末流）的工作是一致的：「在西方哲學的發軔處，就已清楚的看到，存有的問題必然包含著此有的基礎。」（*Introduction to Metaphysics*, p. 174）另一方面，他又想說，自帕米尼德司以降，由於「存有的遺忘」（Seinsvergessenheit）逐漸地擴大，存有已經改變了。如何結合這兩種說法，真令他大傷腦筋。

⑭參見"The Age of the World Picture," in *The Question Concerning Technology and Other Essays*, trans. William Lovitt (New York: Harper & Row, 1977)，特別是：「因此，從本質上來了解，世界圖象不是指這個世界的一個圖象（a picture of the world），而是指被當作圖象來理解和把握的這個世界（the world conceived and grasped as picture）。在這種理解之下，一切存在，都必先因爲而且唯有因爲人加以建立——加以再現和呈顯，才得以存在。」（p. 129）如果大家和我一樣，不去理會存有，而相信存在物就是存在那兒的一切東西，那麼大家就可以用海德格本人所鄙視的這種「人文主義」觀，來理解海德格所謂的「語言說人」（Language speaks man），以及他對「開顯諸世界」的「詩性」（"the poetic" as what "opens up worlds"）之崇尚。本書的前三章，尤其第三章對「詩人」的讚美，都企圖發揚光大海德格在這篇文章中所提出來的「世界作爲圖象」觀念。不過，和德希達一樣，我要把海德格上下顚倒過來，愛其所憎。

⑮關於這一點，最明顯的莫過於海德格對聽覺的堅持。這個堅持也正是德希達所強調的，只不過德希達將海德格顚倒過來，主張「書寫的優先性」；然而，德希達對書寫語詞的重視，和海德格對言說語詞的著重，則如出一轍。例如，海德格論「語言的本性」的文章就有這些片段：「當〔赫德林〕形容語詞乃是口之花卉及其綻放，我們聽見語言的聲音像地球一樣升起。自何處升起？自言說——世界在言說之中被呈現出來。聲音在洪亮的集合令中傳散出去，向開放的境地開放出去，使世界呈現在萬物之中。」（*On the Way to Language*, p. 101）當海德格說「德語和希臘語是唯一的兩種哲學語言」，而希臘語乃是「唯一與所說的內容一致的語言」，我認爲他的意思是說，哲學和詩一樣，都是無法翻譯的，因爲對於哲學和詩而言，「聲音」是最重要的。除非他採取這種觀點，否則他那無止盡的文字遊戲，以及讓古德文借屍還魂的作法，便失去意義。例如，在《早期希臘思想》一書中，他討論 war（相當於英文 be 動詞的過去式，was）、wahr（眞實的，名詞爲 Wahrheit，**眞理**），

和 wahren（保存，維持）的關聯（*Early Greek Thinking*, trans. David Krell and Frank Capuzzi〔New York: Harper & Row, 1975〕, p. 36）。因為，字源學的問題根本不是海德格的興趣所在，他不在乎別人責怪他利用錯誤的字源關係。他的興趣完全在於**諧音**（resonances）：這些諧音之間是不是有相生相成的因果歷史，根本是毫不相干的。

海德格企圖把思想加以「詩化」，並企圖讓我們了解，「嚴格來說，說話的是語言。當（且唯有當）人聆聽語言，回應語言的要求時，人才開始說語言。」（*Poetry, Language, Thinking*, trans. Albert Hofstadter〔New York: Harper & Row, 1971〕, p. 216）然而，他未曾針對詩人與思想家的關係，提出發人深省的見解，例如，為什麼索佛克理斯（Sophocles）和赫德林屬於前者，帕米尼德司和他本人屬於後者？海德格對赫德林的羨慕幾乎是無法遮掩的，但是他並無意與他較勁。才聽他說：「我們所想的，和赫德林用詩說出來的，其實並無二致。」他立即覺得有必要加上一段令人迷惑的「我收回所言」，例如他說：「唯有當詩和思想各自在獨特的本性中保持獨特性，它們才會在同一點上相遇。」（ibid., p. 218）

海德格既不想被認為是一位「失敗的詩人」，也不想被視為將尼采翻譯成學院術語的教授。不過，閱讀他戰後的作品，令人覺得前一個名稱十分貼切，正如閱讀《存有與時間》的若干章節，令人想到後一個名稱。

⑯ *On the Way to Language*, p. 22.

⑰ Ibid., p. 26.

⑱ 海德格認為，自從柏拉圖區分「意義」與「意義的感官媒介」開始，這種語言觀就已經勢不可免，而這必然性其實是他在柏拉圖到尼采的發展過程中所觀察到的更大的必然性之一部分——也就是「表象／實在」的區分，注定消釋瓦解為「你的權力 VS. 我的權力」的區分。

⑲ *Introduction to Metaphysics*, p. 90.

譯按：中文直譯爲「在一切顚峯之上／是寂靜」，英譯本譯爲 "Over all summits/is rest"。在海德格的前揭書中，他討論德文的 be 動詞 ist 的多重意義，中文的「是」字，無法完全掌握其意義。

⑳ 差別在於：布倫等批評家和他們所建構的人物保持一定的距離，而海德格傾向於和它混而爲一。

㉑ 參見註❶引自「時間與存有」演講的一段文字。

㉒ 參見 Alan Megill, *Prophets of Extremity* (Berkeley: University of California Press, 1985), p. 346：「所謂歷史危機的概念，正好預設了它所想要摧毀的東西——亦即把歷史視爲一個賡續不斷的歷程，大寫開頭的 History。」梅吉爾（Megill）對他所謂的海德格「感受主義」（aestheticism）之批評，正好呼應我對海德格追求歷史雄偉性的批評。按梅吉爾的定義，所謂「感受主義」就是「企圖將那個在啓蒙及後啓蒙時代中，大致已經被局限在藝術領域中的教化方式，亦即 ekstasis（狂喜，天人合一，自我超越）的重新覺醒，再度帶入我們的思想和生活之中」（p. 342）。依據這種「感受主義」的定義，我在本書（尤其是第三章關於自由主義烏托邦的勾畫）中所作的努力，就是建議我們應該把這工作帶入我們的私人生活中，而不讓它進入政治之中。

第六章 從反諷主義理論到私人的掌故

——德希達

海德格之於德希達，猶如尼采之於海德格。每一個後繼者對於他們個別的精神先驅而言，都是絕頂聰明的讀者，也是破壞力最強的批評者。每一個精神先驅都是他們個別的後繼者學習受惠最多，而又最須超越的人物。德希達繼續思索那使海德格魂牽夢縈的問題：如何結合反諷與理論？然而，德希達占據一個優勢，那就是他看到了海德格的失敗，猶如尼采和海德格的優勢是看到了黑格爾的失敗。

德希達從海德格學到了音素的重要性，不過，他了解海德格的連禱文畢竟只是海德格個人的，而非存有或歐洲的連禱文。誠如他在〈延異〉（"Différance"）一文結尾所言，他的問題變成在思考一個事實，即「根本沒有任何專有名詞（或更一般來說，特定的連禱文），不帶有**鄉愁**，也就是說，可以超脫純粹的母親或父親語言之迷思，或失去的思維故鄉之迷思」❶。他想要知道如何擺脫把自己等同於某種偉大事物——例如「歐洲」，或「存有的召喚」，或「人」——的誘惑。誠如他在答覆海德格《人文主義書簡》(*Letter on Humanism*) 時所言，海德格對「我們」一詞的用法，其實根源於「形上學根深柢固的那種末世目的論的處境 (eschatoteleological situation)」❷。海德格的「當下的呈現」(the presence of the present) 觀念，其麻煩在於「它所能做到的，只不過是透過任何人都無法隨便逃避的一種深奧的必然性，將它所要解構的語言變成隱喻」❸。海德格的「回憶的思想」(andenkendes Denken)，若非鄉愁，不然就是什麼都不是；而所謂「失去的語言」之迷思，或必須恢復力量的「基本語詞」之迷思，其實與形上學無異，同樣試圖相信某些語詞比其他的語詞，更受到我們之外的某種力量之眷顧；某些終極語彙比其他的終極語彙，更接近某種超越歷史的、非偶然的東西❹。

一如海德格，德希達的作品也可以區分爲前後期，前期是教授學者型的，後期的作品變得比較奇譎怪異，比較個人，也比較有原創性。上文我說過，在《存有與時間》一書中，海德格把尼采的酒裝入康德的瓶子裏。他在德國學院的典型工作——尋找日常熟悉經驗的「可能性條件」——環境中，發表尼采式的言論。德希達的前期作品也可以作如是觀，他的工作就是要比海德格鑽研更深，追求海德格所想要的東西：也就是尋找表達過去一切理論（一切形上學，以及過去一切剷除形上學的努力，包括海德格）的可能性條件的那些語詞。在這種解釋下，德希達想要根除海德格，猶如海德格想要根除尼采。但他的工作和海德格的工作是一脈相承的，因爲他也想要發現使我們超越形上學的那些語詞——那些語詞具有超乎我們之外的力量，而且展現它們自己的偶然性。

德希達有許多崇拜者，尤以佳許（Rodolphe Gasché）為著，就是用這種方式來解讀他的前期作品。然而，佳許在他的書中開宗明義就說，他不討論《喪鐘》（*Glas*）或德希達在《繪畫中的眞理》（*The Truth in Painting*）之後的作品，並且將「什麼才算是比較具有哲學味道，或比較傾向文學的遊戲性質這類的敏感問題」，暫時擱在一旁[5]。佳許著手重新建構德希達的前期作品，認為前期德希達的企圖是構作一個「超越存有的系統」，一個可以把我們帶到海德格之背後或下層的「基層結構」（例如「延異」、區隔、可訴說性）之系統[6]。他相信德希達已經「證明了」——

> ……在存在之上的一切存有之「根源」，乃是**一般化的**(generalized)，或相當**一般的**(general)書寫。書寫在本質上的非眞理性與非呈現性，就是「呈現」在其同一性中可能性與不可能性基本上不可決定的條件，也是「同一性」在其呈現中可能性與不可能性基本上不可決定的條件。對德希達而言，存在與存有的「根源」，乃是超越各種不同基層結構或不可決定的存在之上的系統或鎖鍊。[7]

前期德希達的著作確實有許多部分支持這種解釋，我在此不便深究到底佳許的解釋眞否符合德希達前期的意圖。但是，任何這類的解釋都有一個明顯的問題，那就是「根除」和「可能性條件」的觀念本身，具有非常濃厚的形上學味道。換句話說，此觀念似乎假定，這類工作是在一個固定的語彙之內進行的，而且確實存在著一個這樣的語彙；也就是說，佳許所謂的「反思哲學家們」，都知道發現到一個「可能性條件」是怎麼一回事，而且都能夠說出誰成功地根除了誰[8]。

佳許對於「追求哲學論述的可能性條件」之描述，意味著了解這類條件是什麼，以及知道如何追求這類條件，就是他所謂的「哲學的標準規則」[9]。然而，如果參考這類規則，可以讓我們暫時將先前討論海德格時所提及的問題擱置一旁，那才眞是奇怪呢！那個問題就是：任何新語彙的發明，都會導致可能性領域的擴大，因此，發現「可能性條件」無異要求我們必須在新語彙發明出來之前，預先見到所有的這類發明。相信我們確實擁有這類後設的語彙，讓我們把未來任何人可能說的任何事情都「安置」在一個「邏輯的空間」中——這種想法似乎只是「呈現」之夢的另一種版本而已。自黑格爾以降，反諷主義者就一直企圖使我們從這種「呈現」之夢中甦醒過來。

姑不論德希達原本是否受到佳許所指的那種超越工作所誘惑，我建議我們把德希達的後期作品，解釋成企圖將這類系統性的根除工作轉變爲私人的笑話。從我的觀點來看，對於如何避免海德格式的「我們」，並推而擴之，如何避免陷入海德格爲了聯繫或體現某種比自己更大的東西而落入的陷阱，德希達最終所提的解決之道，就在於佳許所鄙視的「狂野漫肆而苦心孤詣的私人性著作」(wild and private lucubrations)[10]。後期的德希達將他的哲學思想私人化，從而打破了反諷主義與理論之間的緊張關係。他乾脆拋棄理論，不再試圖將他的精神先驅們視爲固定不變和圓融一體，轉而使他們成為他遊戲的玩伴，對他們加以恣意地狂想，讓他們所創造的聯想天馬行空一般自由飛翔。這些狂想沒有任何內在的深意，也沒有任何（教育上或政治上的）公共用途；可是，對於德希達的讀者而言，這些狂想卻具有示範的作用，向他們暗示有一類很少人做的事情可以做。

我認為，這種狂想乃是反諷主義理論的最終結果。對於如何將自己和精神先驅們區隔開來，而又不重蹈他們的覆轍，也就是說，對於反諷主義理論所面臨的自我指涉問題，唯一的解決方法就是重新回歸私人的幻想或狂想。所以，我認為德希達的重要性就在於他有勇氣拋開結合私人與公共的企圖，不再試圖將私人自律的追求和公共和諧與利益的努力，結為一體。他私人化了雄偉，因為他從他的精神先驅的命運中學到，公共終究只不過是美的（而不會是雄偉的）。

就海德格而言，追求雄偉就是追求一些特定的語詞，這些語詞不僅具有它們在語言遊戲中所扮演的角色所賦予它們的交換價值，還具有「力量」。海德格所面臨的兩難，就在於他剛剛把這類語詞孤立出來，並出版他的成果，這些語詞就立刻變成被廣泛參與的海德格式語言遊戲的一部分，從而自「暗示」（Winke）降格為「記號」（Zeichen），從「思維」貶抑為形上學。他剛剛公開露面，他的「基本語詞」就由於被使用（例如，變成「哲學問題」的代號——「呈現問題」，或「科技問題」等）而喪失力量。從海德格的前車之鑑，德希達發現問題不在於如何「碰觸語言的本性，而又不戕害語言」，而在於如何創造一個別開生面的不同風格，使自己的作品完全無法和精神先驅們的作品並比共量。他發現，和「存有」、「人」一樣，「語言」也沒有所謂的本性，試圖把語言還原化約成「基本的語詞」，是注定要失敗的。

所以，後期的德希達避開了還原簡化，力求變化百出。他費盡心思試圖一言不說二回，以避免像海德格一樣，一直希望「重複說同一事」，「將思維的唯一課題——存有之降臨——反反覆覆地用語言表達出來。」[11]在海德格，你知道不論文章的主題是什麼，你終將回到一個核心課題，那就是必須區分存在物與存有，必須記得存有，感激存有。相對的，在後期的德希達，你從來不知道下一步會發生什麼。德希達的興趣不在於「單純性之璀璨光輝」(the splendor of the simple)，而在於「複雜性之神祕不測」(the lubriciousness of the tangled)。他對純粹性或不可說性，都無興趣。他和哲學傳統之間的**唯一**關聯，就是過去的哲學家乃是他最奇麗的幻想之主題。

《明信片》(*The Post Card*)一書前半部，也就是〈寄〉("Envois")一文，最能代表我心目中德希達之極致。〈寄〉在可讀性和感染力上均不同於《喪鐘》。這歸因於它的形式——一系列的情書。這種形式本身強調作品的隱私性。情書是最具隱私性的，而且與普遍觀念最不相干，也最不適合。戀愛或情書中的一切全賴彼此共享的私密經驗，例如〈寄〉中寫情書的「羈旅商人」[12]回憶「我們去買那張床的那一天(在百貨公司信用卡和眼孔價格標籤的糾紛，以及後來我們大吵一架)」[13]。這些情書的激烈，很多是來自實際生活的人與事，譬如飛機降落倫敦西斯羅機場，到牛津演講，降落紐約甘迺迪機場，赴耶魯講學，滑板摔傷痊癒，大西洋越洋電話上聊天(「於是你笑逐顏開，大西洋退潮」)[14]。

在這些情書裏，作者娓娓訴說他無意間在牛津發現的一張明信片所引發的種種遐思。這張明信片是一幅十三世紀圖畫的複製，上面畫著兩個人，一個註明「柏拉圖」，另一個註明「蘇格拉底」。他把他的情書寫在無數張這個明信片的背面，並在蘇格拉底和柏拉圖的關係上抒發無窮無盡的遐思。到最後，這一對佳偶甚至還和其他許多對佳偶搞在一起：佛洛伊德和海德格，德希達的兩位祖父，海德格和存有，存在物和存有，主體和客體，S和p[15]，作者他本人和「你」——他的「甜心」，以及“Fido”和Fido。這些幻想或遐思，和情書本身一樣，都是隱私的情欲和公共的哲學之混合體，將個人獨特的一些揮之不去的念頭，與關於如何避免落入私人性——亦即典型的形上學，或對普遍性的追求——之反省，雜糅在一起。

一般的圖畫都把蘇格拉底描繪成一個醜陋的小平民，啓發了一位瀟灑的年輕貴族撰寫許多大題目的長篇對話。或許是某個複印者將圖片上人物旁的名字搞錯了，這張明信片上的「柏拉圖」是一個醜陋而穿著邋遢的小傢伙，站著緊緊偎在一位高大而穿著優雅的「蘇格拉底」背後。蘇格拉底坐在一張椅子上，專心寫著東西。莫名其妙地，在蘇格拉底屁股下面與他的座椅之間，伸出了一個巨大的東西（看起來有點像一具滑板）。德希達立刻對這東西極盡猥褻地渲染了一番：

> 這一刻，我呢，我要告訴你，我看到**柏拉圖**在**蘇格拉底**背後勃起，看到他的陰莖有一股瘋狂的傲氣，一個無界限的、不成比例的勃起，像一個觀念一樣，穿過帕里斯的頭部，然後又

穿過複印者的椅子，最後，仍舊溫熱，在**蘇格拉底**的右腿下慢慢滑動。紋點的組合、羽毛、筆、手指、指甲、指甲銼，以及鉛筆盒本身，都指著同一個方向，和陽具的運動之間有一種和諧或交響的關係。⑯

由此開始，德希達用盡各種不同手法來影響哲學家，或捏造虛構的哲學家當作傀儡，或將哲學家們頭腳顚倒過來，或從他們的後面插入，使他們懷孕，生產新的觀念，等等不一而足。聯想如雪球般越滾越大，到最後有三個名字越來越常出現：佛洛伊德（專重在性顚倒和錯亂）、海德格（專重在辯證的顚倒和誤讀），和 Fido（詳見後文）。

德希達在〈寄〉中給我們的一樣東西，乃是他將形上學對特權終極語彙或普遍概念的欲求，比附爲對生小孩的欲求（呼應蘇格拉底在《特雅特圖》〔*Theaetetus*〕中所言的「接生婆」〔midwifery〕和「無精卵」〔wind-eggs〕）。在這些書信稍早部分，他向他的「甜心」說，「我們的問題出在你想要普遍性，也就是我所謂的子女。」⑰傳統上，子女就像形上學家希望傳給後人的普遍公共眞理（或特權描述，或獨特姓名）一樣，都被認爲是逃避死亡和有限性的方法。不過，子女和世代相傳的哲學家一樣，都有弒父弒母的傾向。由於這一點，所以德希達說，「至少，幫幫我，讓死亡直接就在我們身上發生，不要向普遍性投降。」⑱更何況一個小孩或一套哲學的雙親是誰，也是很難說的。信中，在他引入子女問題後，他寫道，「這兩個騙子（柏拉圖和蘇格拉底）的詭計是想跟我生個小孩，他們也一樣。」不過，緊接著，他又説：

> 去他媽的子女，説來説去就只有這個東西，子女，子女，子女。我們之間不可能溝通的觀念。子女應該是人無法「寄」給自己的東西。它永遠不會，也不**應該**是一個符號、一封信，或甚至一個象徵。寫作的作品：就像人把未出生的小孩寄給自己，以便不再聽見他們的音訊——因爲人總是最期望聽到子女自己説話。或者説，這乃是這兩位老人的微言大義。⑲

在德希達看來，沒有任何東西是會「自己説話」的（speaks by itself），因爲沒有任何東西具有形上學家所企求的那種根源性（primordiality），那種無關係性的、絕對的性格。儘管如此，我們還是迫不得已會想要製造這種自己能夠説話的東西。對德希達而言，如果**眞的**有一個「獨特姓名」或「基本語詞」，或「無條件的可能性條件」，那麼，這將會是一個悲劇：「因爲，牛津明信片具有唯一眞實的解讀的那一天，就是歷史終結的一天。或是，我們的愛變成無聊散文的一天。」⑳我認爲德希達後期的方法乃是他對早期超越誘惑的排拒。如果這個看法是正確的，那麼，我們就可以把「除了利用明信片和**他們**説話之外，我絕不允許自己出版其他東西」㉑，解釋爲「我不想寄子女給你，只寄明信片；不寄公共普遍性，只寄私人獨特性」㉒。

〈寄〉一文層次肌理之豐富簡直匪夷所思，不僅當代作家難以望其項背，當代哲學教授之中，根本無人能及。此豐富性由上述將他自己對嬰兒的感受和對書本的感受比附對照，可見一斑。這類比喻和德希達其他許多作品互相呼應，例如《書寫語言學》(*On Grammatology*) 中，(無界限的)文本和(有界限的)書本的對立，現在轉變成「爲愛而愛」和「爲生小孩而愛」的對比。對於只寫明信片的人而言，根本不會有黑格爾如何結束他的書本的問題，也不會有佳許懷疑自己是否將基層結構追根究柢了的問題。不過，他也不會生出一個「結果」或「結論」，也沒有「最後的結局」——讀完之後，無法從〈寄〉帶走任何東西。

將公共生產變成私人生產，書本變成嬰兒，寫作變成性愛，思維變成愛情，對黑格爾式絕對知識的欲求變成對子女的欲求㉓——這種轉化的手法一直延續到德希達混合了佛洛伊德與海德格：

在此，我把佛洛伊德和海德格在我身上結爲一體，就像「偉大時代」的兩個偉大幽靈。兩位碩果僅存的祖父。他們彼此並不認識，但在我看來，他們是絕配，而且事實上正因爲如此，這形成一種獨特的時空倒錯。雖然他們未曾閱讀對方的作品，也未曾互通音訊，但他們是一體的。過去，我曾經一再向你提及此事，而我在 Le legs 中所要描繪的正是這幅圖畫：兩位思想家，他們的眼光從未交會，他們從未接到對方任何片言隻語，但所言卻相同。他們面向同一邊。㉔

海德格和佛洛伊德——一為存有專家，一為骯髒小祕密的偵測家——所言之相同處是什麼？我們可以把他們解釋為說了**許多**相同的東西，因此，問題也許是「為什麼德希達認為這**獨特的**一對佳偶，乃是柏拉圖和蘇格拉底配對以來一個偉大時代的終結?」。我所能想到的最好答案，是海德格與佛洛伊德都肯主張字詞的聲音要素（phonemes）和形體要素（graphemes）極具重要性。佛洛伊德對笑話的潛意識起源之解釋，和海德格（大部分虛構的）字源學，都注意到「偉大時代」的大部分書籍所認為無關緊要的東西，亦即人們用來實現欲望的記號與噪音所具有的「物質性的」和「偶然的」特色。如果這個回答大抵沒錯，那麼，德希達後期著作一再使用的雙關語、押韻，以及神龍活現的笑話，就是一位下定決心「只寄明信片」的人所必定會使用的手法。因為，要迴避如何結束書本的問題，或避免自我指涉的批評（亦即批判他人，而自己卻犯同樣的錯誤），唯一的辦法就是將自己寫作的重點轉移到那些「物質性的」特色上，轉移到那些傳統上被認為是邊緣的特色上。這些聯想勢必都是私人的；因為，一旦變成了公共的，它們就會進入字典和百科全書之中[25]。

這就將我們帶到另一對佳偶："Fido" 和 Fido。在〈寄〉中，這一對出現的次數幾乎和佛洛伊德/海德格一樣頻繁。"Fido" 乃是一隻狗 Fido 的名字，而 ""Fido"" 乃是那隻狗的名字的名字（注意，加上引號馬上就可以產生新的名字，而不是新的狗）。牛津哲學家們如諾威爾—史密斯（P. H.

Nowell-Smith）和萊爾將「所有的語詞都是名字」的主張，稱爲「“Fido”-Fido 意義理論」。奧斯汀（Austin）等人經常將這個理論和柏拉圖聯繫在一起。這理論與索緒爾及維根斯坦有關的看法適成對比，後者認爲字詞的意義不只來自它們與指涉對象（若有的話）的關聯，更是來自它們的用法與其他字詞用法之間的關係（在適當的背景下，某人指著 Fido 並對你說「那是 Fido」，你可以學到“Fido”的用法；反之，你無法透過模模糊糊回憶“good”或中文**好的**之「形式」，並將這記憶貼上這些字，而學到“good”或中文**好的**之用法，或把自己最重要的特色貼上**我**字，而學到**我**的用法）。

“Fido”-Fido 第二次在〈寄〉中出現，是在長達數張明信片的一個附筆中，說到「一對一對壞祖父們……柏拉圖／蘇格拉底、可分的／不可分的，以及它們無窮盡的細分，將它們與我們綁在一起（直到時間結束）的契約」。德希達在文中說道：

> 這就是“‘Fido’-Fido”問題（你知道，萊爾、羅素等），也就是我到底是在叫我的狗，還是在提及我的狗的名字；我是在使用抑或稱呼他的名字。我敬佩這些理論（通常是牛津派的理論），讚嘆他們無與倫比而必然的精緻，以及怡然自得的天才，**就心理分析而言**；他們將永遠對引號法則深信不疑。[26]

“Fido”和 Fido 的差別通常被用來說明羅素所作的一個區分：「提及」（mention）一字詞（例

如為了說該字有四個英文字母），和「使用」(use) 該字（例如為了叫一隻狗）。有了這個區分，我們就可以將"Fido"一名之「本質的」意義或用法或功能，和此名字之「偶然的」特色區分開來，例如，就記號或聲音來說，這個名字令人想到拉丁動詞 fidere，從而也想到 fidelity（忠實），接著又聯想到文學角色如杜萊特 (Dudley Doright) 那隻名叫「忠狗」的忠狗等等[27]。多年前，「對引號法則深信不疑」的瑟爾 (John Searle)，曾批評德希達在討論奧斯汀著作時忽略了這項區分[28]。德希達在回辯中質疑這項區分本身的效用和範圍。令人氣結的是，這些質疑和瑟爾的控訴根本風馬牛不相及。因為瑟爾是說：「如果你根據奧斯汀的語言遊戲規則來玩，如果你尊重他的動機和意圖，那麼你對他的批評是毫無道理的。另一方面，如果你想要任意曲解他，例如利用心理分析的角度來看他，那麼你根本不能算是在**批評**他；你只是利用他作為你遐思幻想的人物而已，只是天馬行空地抒發一些和他的計畫毫不相干的聯想而已。」

在回辯瑟爾時[29]，德希達有系統地規避了這個兩難。可是，為什麼他不要只抓這兩難的第二隻角？為什麼他對瑟爾的回辯中所表現的狂想和自由聯想，比起他原先對奧斯汀的批判更有過之而無不及，同時還充滿著真誠與嚴肅性的率真告白？我認為，也許和他為什麼迴避類似「〈寄〉一文算是哲學文章，還是文學的遊戲之作？」佳許式的問題一樣，德希達在此不願意在偉大傳統的語言遊戲中走出任何一步，預先肯定幻想與論證、哲學與文學、嚴肅之作與遊戲之作等區分作為語言遊戲的規則。他不想根據別人終極語彙的規則來玩。

他之所以拒絕，不是因爲他是「非理性的」或「他在幻想中走火入魔」，或是笨到無法了解奧斯汀和瑟爾到底在做什麼，而是因爲他企圖創造他自己的語言遊戲，從而創造他自己，企圖避免再爲蘇格拉底生一個小孩，避免再作柏拉圖的註腳。他企圖玩一個跨越理性／非理性區分的遊戲。然而，作爲一位哲學教授，他要做到這一點卻非易事㉚。如果我們問普魯斯特說我們應該將他的小說當作社會史抑或性執迷的研究，或問葉慈說他是不是眞的**相信**他關於月亮位相的那一大套胡言，那麼未免太過無理取鬧。可是，在傳統上哲學家就是必須回答這一類問題。如果你對外宣布自己是一位小說家或詩人，你就被赦免了一大堆壞問題，因爲「創造性的藝術家」的四周會環繞著嚴肅神祕的光暈。反之，對哲學教授的要求就必須比較嚴格，而且應當隨時站在陽光下接受檢視。

這種神祕光暈環繞著所有不和任何學科掛鉤的作者，因此，人們不會期望他們遵守任何已知的遊戲規則㉛。我一再強調，我們應該把德希達放入這種光圈之中，相信他和普魯斯特及葉慈一樣，都是以自律爲鵠的。這麼做的好處是，我們就能夠避免依循別人所定的線條來分解他的作品，從而能夠坐下來享受一番，看它可以給我們什麼安慰或例子，看它是否和我們自己自律的努力有關聯。如果我們不覺得柏拉圖或海德格有什麼了不起，那麼，德希達的作品很可能不太有用；如果我們覺得他們很了不起，那麼這些作品可能意義深遠。不常閱讀哲學的人將從〈寄〉中得到鮮少收穫；反之，對於一小撮的讀者而言，這可能是一本非常重要的著作。

接受我這個建議，等於反對佳許和卡勒（Culler）的看法，不認爲德希達證明了什麼或反駁了誰（如奧斯汀）。也等於不相信德希達發展了所謂的「解構方法」，能夠「嚴格地」指出一對相對概念（例如形式／物質，呈現／不現，一／多，主人／奴隸，法國人／美國人，Fido／"Fido"）中「較高者」如何「自我解構」。概念不會殺死任何東西，也不會殺死自己；只有人會殺死概念。黑格爾假裝他觀察到（而非製造出來的）那些辯證的顛倒，其實是他費盡心思才完成的。「呈現（在）只是不現（不在）的一個特例」，或「使用只是提及的一個特例」[32]等特殊效果的製造，也是哲學家慘澹經營的結果。這種「重新置入脈絡」或「再脈絡化」（recontextualization）工作的唯一障礙是缺乏天分，而根本不需要**方法**——如果方法是指可以按照規則傳授給他人的一套程序[33]。解構其實不是晚近哲學家所發現的什麼新奇手法。「重新脈絡化」，特別是階層顛倒，可以說是源遠流長，行之已久。蘇格拉底「重新脈絡化」荷馬，奧古斯丁「重新脈絡化」異教德行，將其顛倒成不赦之惡，而尼采則又將他所建立的階層顛倒過來；黑格爾「重新脈絡化」蘇格拉底和奧古斯丁，使兩人變成同樣被揚棄的先驅；普魯斯特（一而再，再而三）「重新脈絡化」他所遇見的每一個人；德希達（一而再，再而三）「重新脈絡化」黑格爾、奧斯汀、瑟爾，以及他所閱讀的其他人。

然而，如果這一切只是辯證顛倒手法的重演，爲什麼德希達做起來會讓人有耳目一新之感？原因很簡單，因爲德希達使用字詞的「偶然的」物質性特色；反之，黑格爾雖然拒絕遵守「矛盾」關係只能應用於命題，而不能應用於概念之原則，但他依然謹守「不重視字詞的聲音與形體」之原則[34]。德希達對所有這些原則的態度是：當然，你若想和別人「論證」(argue)，遵守這些原則是必要的；但是，除了「論證」之外，你還可以和哲學家們做其他事情[35]。這些原則使論證性的論述成爲可能，但是德希達企圖回答一個問題，即「如果我們不理會這些原則的話，將會怎麼樣？」，而他的回答總是委曲婉轉，支吾閃爍，所以讀他的文章，例如《喪鐘》或〈寄〉，我們無法從字裏行間確知到底應該注意他用字遣詞的「象徵性」抑或「物質性」面向。閱讀《喪鐘》或〈寄〉時，你馬上對於「我應該把這東西視爲意符抑或記號？」的問題失去興趣。因爲，要讀懂這類文章，使用／提及的區分只會徒增困擾而已[36]。

這種寫作方式有什麼優點？如果我們想要言之成理的論證，這種寫作方式確實乏善可陳。如前所述，和閱讀海德格後期作品一樣，我們無法從這類作品的閱讀經驗中獲得任何命題。如此一來，這類作品是不是應該根據「文學的」（而非「哲學的」）判準加以判斷？非也。因爲和《精神現象學》、《追憶似水年華》、《芬尼根守靈記》(*Finnegans Wake*) 一樣，任何預先存在的判準，不論是文學的抑或哲學的，都無用武之地。一本書或一類作品越是具有原創性、越是史無前例，則我們就越不可能擁有適當的判斷標準，而試圖將其歸諸某一文類就越沒有意義。我們必須看一看是否可以找到它的用途。如果可以，那麼某一既有文類的疆界遲早會延伸到可以將它納入，並產生新的判準，根據這些判準，它是好的一類作品。只有形上學家才會認爲，我們現有的文類與判準已經窮盡了可能性的範圍。反之，反諷主義者繼續不斷地擴大那個範圍。

話說回來，爲什麼我們會很想說〈寄〉算是「哲學」，儘管它並未導出任何可以稱得上是哲學**理論**的東西？首先，這是因爲只有習慣閱讀哲學的人，才可能欣賞這篇文章。但我們可不可以也說，哲學乃是這篇文章的諸多原因和主題之一？不太行。我們毋寧說，這篇文章以**哲學家**——特定的哲學家——爲其原因和主題之一。日復一日，德希達與柏拉圖或海德格學說的關係越趨疏遠，而與柏拉圖或海德格其人的關係則更加密切[37]。從黑格爾至海德格的反諷主義理論所關心的是形上學理論，而德希達早期作品所關心的則是反諷主義理論本身。他們的作品有變成另一種形上學之虞，而他的作品則有變成另一種理論之虞（如果不是另一種形上學）。他的後期作品避免了這項危險，部分是因爲這些作品所關心的乃是理論**家**所致。根據我在第五章所勾畫的那個對比，德希達越來越不像尼采，而越來越像普魯斯特。他越來越不關心雄偉和不可說，而越來越關心將他的回憶加以美而幻想的重新安排。

我在第五章說過，普魯斯特所回應的對象不是普遍概念，而是他兒時所認識的人（例如他的祖母）或他後來所邂逅的人（例如 Charles Haas、Mme. Greffulhe、Robert de Montesquieu）。相似的，德希達所回應的對象，乃是哺育扶養哲學教授的那些祖父和管家們（例如柏拉圖、蘇格拉底、溫德爾班〔Windelband〕，以及維拉莫維茨〔Wilamowitz〕等），和他在生涯中所遭遇到的人（如奧斯汀、帕里斯〔Matthew of Paris〕、瑟爾、萊爾、Fido）[38]。我也說過，普魯斯特的勝利在於他寫了一本書，將他認識的權威人物加諸他（或他想像他們會）的描述統統迴避了。他的《追憶似水年華》，是一本從未有人能**想到**的新類書。當然，現在我們會想到它——或者說，至少想要撰寫自傳的人，都必須讓步於普魯斯特，猶如想要以英文寫抒情詩的人，都必須讓步於濟慈一樣。

總而言之，我想要提出的主張是說，在〈寄〉中德希達寫了一類前人所未曾想到的新書。他爲哲學史所做的事情，與普魯斯特爲他自己生命史所做的事情如出一轍。他使所有的權威人物和這些人物所可能加諸他的一切描述，彼此互相激盪消解，結果使「權威」這個概念本身無法運用於他的作品之上。他和普魯斯特都用同樣的方法達到自律：《追憶似水年華》和〈寄〉都不適合於任何先前用來衡量小說或哲學論文的觀念架構。他避免海德格式的懷舊和普魯斯特避免濫情的懷舊，在方法上是一致的——也就是將記憶所取回的所有東西不斷的重新脈絡化。德希達和普魯斯特都延伸了可能性的界限。

---

❶Jacques Derrida, *Margins of Philosophy* (Chicago: University of Chicago Press, 1982), p. 27.

❷Ibid., p. 123.

❸Ibid., p. 131.

❹我在第五章對海德格的批評，有許多是轉借自德希達，尤其“The Ends of Man”和“Différance”二文。對於

我從德希達導引出來的海德格讀法，卡普多（John D. Caputo）有極敏銳的刻畫與批評，請參見氏著“The Thought of Being and the Conversation of Mankind: The Case of Heidegger and Rorty,” *Review of Metaphysics* 36 (1983): 661-685。卡普多正確地指出，和德希達一樣，我的「興趣是要瓦解消極意義的存有學歷史」，而且我相信存有學的歷史具有一個「積極的意義」乃是「海德格的終極幻覺」（p. 676）。但是，卡普多卻錯誤地認為，我或德希達的觀點保證「我們絕對超不出命題式的論述」（pp. 677-678）。我（或我猜想德希達也一樣）想要排除的，乃是企圖做非命題式的（詩的，彰顯世界的）工作，而同時又宣稱如此可以達到根源性的東西，或卡普多所謂的「一切語言系出同源的那種寂靜」（p. 675）。第一章所勾畫出來的唯名論（我相信德希達也贊同的一種唯名論），要求我們拒絕卡普多的海德格式的主張，亦即認為「語言不是為了人類目的而設計的一套語詞系統，而是誕生萬事萬物的那個事件」。在我看來，這種主張把因果的條件，和康德夢想出來的那種神祕超越的「可能性條件」，混為一談。我在第一章開頭說過，我們唯名論者想要把浪漫主義中的最後一絲德國觀念論餘緒清除乾淨，而且，下文我將證明，這意味著反對**在論證上訴諸**非命題式的東西。其實這正是德希達、戴維森和布倫對我們的幫助，讓我們相信詩人本身就是源頭（ursprünglich），而不是存有的禮物的被動接受者。反之，誠如卡普多所言，海德格認為「眞實的（authentic）說話者……為事物所吸引，傾聽事物，讓事物變成在他身上的語詞」（p. 674）。這種期待與某種他物或偉大事物結為一體的心態，正是德希達最不信任海德格之處，我認為德希達是正確的。對於卡普多的文章，Lyell Asher 有一篇很好的回應，參見其“Heidegger, Rorty and the Possibility of Being,” in *Ethics/Aesthetics: Post-Modern Positions*, ed. Robert Merrill (Washington, D.C.: Maisonneuve Press, 1988)。

❺Rodolphe Gasché, *The Tain of the Mirror: Derrida and the Philosophy of Reflection* (Cambridge, Mass.: Harvard

University Press, 1986), p. 4.

❻德希達主張：「延異」「既不是一個語詞，也不是一個概念」。佳許對於這個主張非常認眞，並且將它應用到他認爲屬於基層結構的所有其他德希達語詞。在 "Deconstruction and Circumvention" (*Critical Inquiry* 11〔1983〕: 1-23) 一文中，我對這個主張提出批評，德希達在此和海德格一樣，都企圖兼得魚與熊掌：也就是宣告他所使用並流傳的語詞不是那種可以被使用而流傳的東西，藉此說出不可說的。和後期海德格一樣，前期德希達偶爾也沉迷於文字魔術，期望找到一個不可能由於使用而被庸俗化和形上學化的語詞，可以在變成流行後，仍然保有它的「不穩定性」。佳許似乎認爲這種魔術有效，因爲他說：「其次，基層結構不是一種本質，因爲它不依賴於任何呈現的或不存在的東西之範疇。……它沒有穩定的性格，沒有自主性，沒有理想的身分，因此，它不是一種**實體** (substance 或 hypokeimenon)。它的本質就是不具備本質；然而，基層結構本身具有某種普遍性。」在我看來，對德希達的語詞如此誇讚恭維，簡直就是虛張聲勢。因爲那無異於宣稱，如果能夠將這些不可能結合的性質結合起來的那些語詞存在的話，那該多好！可是又不說明這種結合該如何可能。在我看來，後期德希達之所以優於前期德希達，正好是由於他不再依賴文字魔術，轉而依賴寫作方式，也就是說，創造風格，而不是製造新術語。

❼Gasché, *The Tain of the Mirror*, p. 177.

❽在 "Is Derrida a Transcendental Philosopher?" (*The Yale Journal of Criticism*〔in press〕) 一文中，我對佳許有較詳盡的討論。請進一步參考諾里斯 (Christopher Norris) 與我對談德希達是否應該被視爲「遊戲的」(playful)，還是「嚴肅的」(serious) 問題，二文收錄於 *Redrawing the Lines: Analytic Philosophy, Deconstruction and Literary Theory*, ed. Reed Dasenbrock (Minneapolis: University of Minnesota Press, in press)。諾里斯的論文 "Philosophy as *Not* Just a 'Kind of Writing': Derrida and the Claim of Reason"，一部分是回應拙著 "Philosophy as a Kind of Writing: An Essay on Derrida"。該篇文章收錄於拙著 *Consequences of Pragmatism* (Minneapolis: University of Minnesota Press, 1982)。我的對談論文 "Two Senses of 'Logocentrism': A Reply to Norris" 反對相信德希達爲所謂解構文學批評提供哲學的基礎，而主張德希達的觀點和策略其實和保羅・德・曼大相逕庭，後者的著作爲解構文學批評提供了基調。

❾Gasché, *The Tain of the Mirror*, p. 122.

❿Ibid., p. 123.

⓫Heidegger, "Letter on Humanism," in *Basic Writings*, ed. David Krell（New York: Harper & Row, 1977), p. 241.

⓬「我寫一個羈旅商人的信給你，希望你聽到笑聲和歌聲——唯一（唯一的什麼?）無法寄出去的東西，像淚水一樣。歸根結柢，我只對無法寄出去或送出去的東西感到興趣。」(*The Post Card from Socrates to Freud and Beyond*, trans. Alan Bass〔Chicago: University of Chicago Press, 1987〕, p. 14）法文原文出自 *La Carte Postale de Socrate à Freud et au delà*（Paris: Aubier-Flammarion, 1980), p.19（以下頁碼分別代表英譯本與法文本，英譯本在前）。

⓭Ibid., p. 34/40.

⓮不過，德希達總是讓我們猜不透，這些情書到底是不是同一個人所寫?是不是寫給同一個人?而信中的「甜心」（或甜心們）是男的或女的、實際的或想像的、具體的或抽象的、與作者是同一人或不同的人（或與你，本書的讀者，是同一人或不同的人)?如此等等，我們皆不得而知。德希達說：「每一封信的署名人和受信人不顯然也不必然都會一致，署名人不一定要和寄信人混而爲一，受信人也不一定要和收件人亦即讀者（例如

你）相提並論，凡此，你都將會體驗到，有時候會感到很明顯，而爲之糊塗。」(p. 5/9)

⓯S和P分別代表 subject（主詞）和 predicate（述詞），爲分析哲學著作中常見的縮寫（不過，在那張明信片上，plato 是小寫的p，而 Socrates 是大寫的S，德希達在全文中一致使用小寫的p）。我們這些德希達的仰慕者們也許會很想自作聰明地將〈寄〉中的 S-p 關係和《喪鐘》中的 S-a 關係（"Savoir absolu" 絕對知識，拉崗〔Lacan〕的 "petit a" 小a等等）聯想在一起，並大書特書一番。但我們應該避免這種誘惑。就像《芬尼根守靈記》(*Finnegans Wake*)、《崔斯傳・商蒂言行錄》(*The Life and Opinions of Tristram Shandy*)，或《追憶似水年華》一樣，沒有人想要有《明信片》的完整註腳。讀者與這些作品的作家之間的關係，大抵依靠讀者私底下想像出自己的註腳。

⓰Ibid., p. 18/22–23.「帕里斯」是指 Matthew of Paris，爲一本預言書的作者，這張明信片上的圖畫就是此書的插畫之一。德希達在此所見到的猥褻景象，和柏拉圖筆下蘇格拉底的純潔適成對比（蘇格拉底拒絕和亞西比德，或甚至柏拉圖本人，發生性關係）。

⓱P. 23/28.

⓲P. 118/130.

⓳P. 25/29–30. 請參照上一章所引述海德格〈論時間與存有〉一文的結尾：「可是對形上學的某種敬意依舊主導著克服形上學的意圖。所以，我們的任務就是停止一切克服，讓形上學自生自滅。」試想海德格如是說：「去他媽的形上學，說來說去就只是這個東西。」

⓴P. 115/127.

㉑P. 13/17. 我想「他們」應該是指柏拉圖和蘇格拉底。

㉒不過，德希達對於他具有普遍特性的論斷是否招致自我指涉之議，倒是念茲在茲：「他們永遠無法確知我是不是喜愛明信片，我到底反對或贊成。」(p. 238/255)

㉓「不論死活，子女仍然是所有遐思幻想中最美也最活生生的，和絕對知識一樣狂妄怪誕。」(參見 p. 39/44-45)

㉔P. 191/206. Le legs 是指 "Legs de Freud"〈佛洛伊德的遺產〉，爲《明信片》後半部的一篇文章。其中，德希達主要討論佛洛伊德的兒女（尤其是 Sophie 和 Ernst 二人）。文章的題目本身玩弄英文和法文的文字遊戲（譯按：英文 legs 指雙腿或胯部），同時也在佛洛伊德的書和佛洛伊德的子女之間模稜兩可。「偉大時代」(la grande époque) 指「以紙張、筆、信封、個別收信人等爲主要科技的偉大時代，大體而言，上自蘇格拉底，下迄佛洛伊德和海德格」(ibid.)。以德希達的早期術語來說，這是「書籍」的時代（相對於「文本」在先，而「明信片」在後）。這也是海德格所謂的「西方形上學」的時代——「logo 中心」的時代，追求胡塞爾所謂的「放入括弧」：亦即透過「去脈絡化」(decontextualization) 把握本質。「所言相同」是諷刺海德格使用該用語。在這張柏拉圖和蘇格拉底的明信片中，他們面向同一邊，眼光並沒有交會。至於「祖父」，德希達根據明信片將蘇格拉底形容爲「年輕，一如〈柏拉圖第二〉信中所言，比**柏拉圖**還年輕，較瀟灑、較高大，是他的大兒子，他的祖父，或他的長孫，他的**孫子**。」(參見 p. 61/68) 德希達在這一段中說，柏拉圖所寫的一切，「其實是 S（柏拉圖對話的主角，亦即蘇格拉底）所寫」，這又暗指「柏拉圖的夢想」就是「要使蘇格拉底寫作，使他寫他想要的東西，他的最後命令，**他的遺囑**……就是要變成蘇格拉底，他的父親，亦即他自己的祖父」(p. 52/59)。這也指柏拉圖第二信中的一段，柏拉圖說：「柏拉圖自己沒有也不會有任何書寫的作品。現在所謂柏拉圖的作品，其實是變得年輕貌美的蘇格拉底的作品。」

對於那些不熟悉〈寄〉的讀者而言，這一個（勉強縮短的）長註可以顯示我所謂此文「層次肌理之豐富」所指爲何——這豐富性多少是因爲他嚴肅看待噪音與記號之間「純然的聯想」所致。

㉕例如，「黑格爾」與「黑格爾主義的」，或黑格爾與精神之間的聯想，乃是公共的。德希達將「黑格爾」和老鷹聯想在一起，則是私人的〔譯按：法文中 Hegel 和老鷹 aigle 音近〕。

㉖P. 98/108.

㉗「喔對了！Fido，我對你忠心如狗。爲什麼『萊爾』偏偏選擇 Fido 這個名字？因爲我們可以說一隻狗**回應**他的名字，例如，Fido？或因爲狗乃是忠實的象徵，而且比起其他東西更能回應他的名字，尤其如果他的名字正好是 Fido？……爲什麼萊爾偏偏選擇一隻狗的名字，Fido？我剛剛和 Pierre 詳細談過這一點，他悄悄告訴我：『如此這個例子才會乖乖聽話呀。』」（參見 p. 243/260-61）注意這一段根本不理會「使用／提及」的區分。又注意緊接著下一段，討論英美哲學家：「不過，我往往可以看到他們的氣憤發在共同的陣線上：他們的抵抗是有志一同的：『和引號——它們不會滅亡！（and quotation marks-they are not to go to the dogs!法文原文爲 les guillemets, c'est pas pour les chiens!）和理論，和意義，和指涉，和語言！』當然，當然。」

㉘參見 Searle, "Reiterating the Differences: A Reply to Derrida," *Glyph* 1 (1977): 198-208。

㉙Derrida, "Limited Inc.," *Glyph* 2 (1977): 162-254.

㉚我猜想，如果德希達原是一位富有的純文藝作家，寫作詩歌和小說在先，爾後又轉向哲學，但從來不必以教哲學維生，那麼，他大概就不會像現在一樣，和同事這麼難以相處。

㉛誠如卡勒（Culler）所說：「所謂一門學科乃是指一種研究，這種研究的寫作具有明確的終結。」（*On Deconstruction*〔Ithaca, N.Y.: Cornell University Press, 1982〕, p. 90）凡以多產開放性作品的才能自豪的作家，對學科（discipline）是不會有什麼貢獻的，但這並不表示他沒有「嚴以律己」（disciplined）。私人的嚴以律己不同於卡

勒所謂「公共的」學科，但其辛勞與嚴苛絕不讓於一門學科的工作。

㉜最後這一項乃是卡勒的例子。他說：「德希達的主張十分正確，他認爲使用與提及的區分說穿了只是嚴肅與不嚴肅、口說與書寫等階層關係的翻版。這些區分都將語言可反覆性的若干特殊面向形容爲附屬的或次要的，企圖藉此控制語言。解構的閱讀就是要指出，這些階層關係應該顚倒過來，**使用**只是**提及**的一個特例。」(*On Deconstruction*, p. 120n)

㉝學習如何「解構文本」，在方法上和學習如何在文本之中找出性意象、布爾喬亞意識形態，或七種歧義的類型等，並無二致：就像是學習騎腳踏車或吹長笛一樣，有些人懂得竅門，其他人則永遠笨手笨腳——然而，「哲學的發現」，例如對於語言本質的發現，既無助於亦不妨礙解構的運作，就像發現能量的本質，既無益於亦不妨礙騎腳踏車一樣。

㉞即使《精神現象學》(一八〇七年)，以它那個年代的標準來看，也是令人耳目一新的獨特之作——在那個年代，黑格爾尚未成爲一位偉大的死哲學家。就像卡勒等人相信德希達發現了解構方法一樣，黑格爾也有一些仰慕者（如恩格斯和列寧）相信他發現了一個「方法」。

㉟參考德希達對瑟爾的另一個回應：「嗯，好吧，對於〔使用／提及〕問題的**原則**，確實無可反對，遑論引號與專有名詞原則的問題。我（對他們以及對你，我的愛）說，這是我的身體，在工作，請愛我吧，分析我與你溫存的屍體，我從這紙作的床上延伸出去，從髮梢梳理出引號，從頭到腳；而且如果你夠愛我的話，你會寄給我一些消息。然後，你會將我埋葬，以便平安地睡著。你會忘記我，我和我的名字。」(p. 99/109)

㊱「你（或他們）永遠無法確知，當我使用一個名字時，我是爲了說 *Socrates* 是我，還是 “Socrates” 有七個字母〔編按：法文Socrate爲七個字母〕。這就是爲什麼翻譯是不可能的。」（參見 p. 186/201)

㊲「馬丁〔海德格〕有一張阿爾及爾老猶太人的臉」(p. 189/204)：「還有那張四方形的卡片，馬丁從弗萊堡寄來的那張最可愛的明信片……」(p. 67/75)

㊳確切地說，Fido 既非一個人，也非一隻狗或一個名字。但從〈寄〉的通篇文章中，讀者理應對 Fido 相當熟悉。例如：「剛回到我們的朋友（friends）這裏，Fido 和 Fido 突然顯得（appears，法文原文爲 parait）非常愉快，已有一個星期。」(p. 129/141) 又：「一直用其他的手（other hands），以及其他東西和字詞，抱著我們包起來的朋友（our enclosed friend，法文原文爲 notre ami ci-joint），我是說 "Fido" 和 Fido。」(p. 113/124)（注意這裏應該使用單數的地方，會意外地出現複數。這想必是因爲德希達故意要混淆傳統的區分所致）又：「我已經帶回，然後又預約一大堆〔那張柏拉圖和蘇格拉底〕卡片，現在我的桌上有兩堆。今天早上，它們是兩隻忠實的狗，Fido 和 Fido，兩個假扮的小孩，兩位疲憊的划手。」(p. 41/47) 又：「例如（我這麼說，是爲了再次向你保證：他們會相信我們是兩個人，也就是你和我，我們在法律上以及在性方面是可分辨的，除非他們哪一天覺醒過來）在我們的語言中，我，Fido，缺少（lack〔s〕，法文原文爲 manque）性。」(p. 178/193) 最後，「夠了，誠如 Fido 說的，這個話題已經說夠了。」（參見 p. 113/125）

第三篇——殘酷與團結

第七章　卡思邊的理髮師

——納伯科夫論殘酷

順著本書第二篇陸陸續續發展出來的「公共／私人」之區分，我們應該將兩種書籍分別開來。第一種書籍有助於我們變爲自律，第二種書籍協助我們變得比較不殘酷。第一種書與第二章所討論的「模糊印記」息息相關，牽涉到那些產生獨特幻想遐思的獨特偶然。追求自律的人窮盡畢生之力，反覆營造這些幻想遐思，冀望將所有模糊印記追根究柢，從而像尼采所言一樣，變成他們想變成的人。第二種書籍與人我關係息息相關，幫助我們注意到我們的行動對他人的影響。對於自由主義的希望，以及如何調和私人反諷與自由主義希望之間的緊張關係而言，這些書籍是非常重要的。

那些幫助我們變得比較不殘酷的書籍又可大略分爲兩種。第一種幫助我們看到社會實務與制度對他人的影響，第二種幫助我們看見我們私人的特性對他人的影響。第一種以有關奴隸、貧窮、偏見等書籍爲代表，其中除了《英國工人階級的狀況》（*The Condition of the Working Class in Eng-*

land），和扒糞式的新聞報導與政府調查委員會報告等之外，還包括像《黑奴籲天錄》（*Uncle Tom's Cabin*）、《悲慘世界》（*Les Misérables*）、《嘉莉妹妹》（*Sister Carrie*）、《寂寞之泉》（*The Well of Loneliness*）和《黑男孩》（*Black Boy*）等一類的小說。我們由這類書籍可以看到，那些我們視為理所當然的社會實務如何使我們變得殘酷冷漠。

第二種，也就是本章和下一章所要討論的書籍，牽涉到若干類型的人如何殘酷對待其他若干類型的人。心理學書籍有時候也能具有這種功能，但這類書籍中最有用的，莫過於那些呈現某一類人對於另一類人之痛楚完全茫然無知的小說。若我們認同《米德爾馬奇》（*Middlemarch: A Study of Provincial Life*）中的卡紹本先生（Mr. Casaubon），或《屋漏偏逢連夜雨》（*Bleak House*）中的潔樂比夫人（Mrs. Jellyby），我們或許會注意到我們自己過去的所作所為。更重要的是，這類書籍使我們注意到自己在自律上所作的努力，或對某一種完美成就的執迷，會如何使我們漠視自己對他人所造成的痛苦與侮辱。這類書籍戲劇化了對自己的義務與對他人的義務之間的衝突。

那些涉及如何避免社會或個人殘酷性的書籍，通常被視為具有「道德訊息」（或文以載道），而與以「美感」為鵠的的書籍，形成強烈的對比。大凡區分「道德／美感」而以道德為優先的人，往往會將「良知」（conscience）和「美感品味」（aesthetic taste）嚴加劃分，並以良知為人類的基本機能，美感品味為附屬多餘的機能。反之，那些同樣區分「道德／美感」，但以美感為尚的人，通常也預設同樣的劃分，只不過對於這一類人而言，自我的核心乃是反諷主義者追求自律的欲望，他所追求的完美和他與他人的關係，毫不相干。這種尼采式的態度頌揚「藝術家」，相對的，前一種人則頌揚「爲他人而活」者。以自律爲尊的態度認爲，人類社會的目的不在於普遍的幸福，而是爲稟賦特異的人士，也就是特別適合於自律的人，提供完成目標的機會。

由第二章所提出的自我觀來看，「良知」與「品味」只是一堆個人獨有的信念和欲望所組成，而不是具有固定目標的「機能」(faculty)。因此，「道德／美感」的區分對我們不太有用❶。若根據傳統上「道德家」與「美感家」對這區分的了解，我所想要建立的一項分別就會模糊不清。我要區別什麼與自律有關和什麼與殘酷有關，然而，傳統的觀點卻將自我劃分爲眞實信念的認知追求、正確行爲的道德追求，和對美（或對「情感的適切表達」）的美感追求三個部分，使反諷或自律的追求毫無立錐之地❷。

一旦我們捨棄不用這個傳統的區分，我們就不會再問「這本書的目標是眞理抑或美？旨在提升正確的言行舉止，抑或快感？」一類的問題，而會問「這本書適合哪些目的？」。我們最初步且最廣泛的目標分類，是建立在兩項區分上。首先，那些能夠以目前眾所熟知且廣被使用的終極語彙陳述出來的各種目標，應該和鑄造**新的**終極語彙的目標分開。根據這項區分，有些書籍的成功與否可以用眾所熟知的判準加以判斷，有些則不行。後一類書只占所有書籍的一小部分，猶如滄海一粟，但也包含了最重要的，而且自歷史的長流來看，影響最深遠的書籍。

第二項區分進一步將後一類書籍劃分爲兩種，一種以鑄造新的**私人**終極語彙爲目的，另一種以鑄造新的**公共**終極語彙爲目的。前一種語彙的運用是要回答「我要成爲什麼樣的人?」或「我可能變成什麼樣的人?」或「我過去是什麼樣的人?」一類的問題,而後一種語彙的運用則是要回答「我必須注意哪些種人的哪些種事情?」一類的問題。第四章所謂的「自由主義的反諷主義者」必須兼有這兩種語彙。對於這一類中的一部分人而言,例如基督宗教信徒(或其他人),私人完美的追求與爲他人而活的生涯規畫並行不悖,因此,上述兩種問題乃是一而二,二而一的。相對的,對於大部分的自由主義反諷主義者而言,上述兩種問題則無法協調一致。

若爲了書籍的分類,硬要重新建構「道德/美感」的標準區分,那麼,自由主義反諷主義者最可能的方式就是將書籍分爲兩類,前一種爲行動提供新的刺激因素(這包括上面所提到的各種書籍),後一種只提供鬆懈。前者(有時直截了當,有時旁敲側擊)建議讀者應該改變生活(大方面或小方面),後者不會提出這類問題,而只將讀者帶入一個毫無挑戰性的世界[3]。「道德/美感」的標準區分廣爲流行後所造成的不幸後果之一,就是將自律的追求和鬆懈與快感的需要混爲一談。非反諷主義者們既不了解作爲反諷主義者到底是怎麼回事,也從未質疑過他們自己所使用的終極語彙,因此,他們特別容易發生這種混淆。這一種人——形上學家——認爲,目的只能用該終極語彙來表述,而凡是無法爲如此表述之目的提供手段的書籍,不是不道德或無用,頂多也只適合於私人的規畫。然而,他們所能想像得到的唯一私人規畫就是快感的追求。他們又認爲,凡提供這種快感的書籍,絕不可能是嚴肅的哲學作品,因而不可能蘊涵「道德訊息」。小說和道德之間，他們所能看到的唯一關聯就是一種「啓發的」關係，也就是說，這類小說提醒人們義務之所在，並鼓勵義務之實現。在這方面對反諷缺乏了解，正好可以說明爲什麼很難讓自由主義形上學家相信，有些作家，例如尼采和德希達，提供快感給一小撮能夠掌握他們所用典故的讀者群，也與自由主義希望毫不相干，但他們仍然可能成爲改變哲學思想方向的巨人。同時也很難讓自由主義形上學家相信，有些能夠幫助我們避免殘酷的書籍，其價值不在於對社會的不義提出醒世之言，而在於警告我們要注意自律的追求中必然含帶著殘酷性的傾向。

本章和下一章將討論最後這一類書籍。納伯科夫（Vladimir Nabokov）和歐威爾（George Orwell）兩人天分不同，自我意象亦各異其趣，不過，我想要指出，他們的成就卻殊途同歸。他們警告自由主義的反諷主義知識分子不要受到殘酷性的誘惑。他們戲劇化了私人反諷與自由主義希望之間的緊張關係。

納伯科夫在下面這一段文字中，模糊了我想要建立的區分：

> ……《羅莉塔》不帶任何道德訊息。對我而言，一部小說的存在，說得露骨一點，完全在於它提供我所謂的「美感的喜樂」（aesthetic bliss），也就是感受到在某方面，以某方式，與藝術的常規（好奇、溫柔、善良、狂喜）發生關聯。這類書籍有如鳳毛麟角，其餘都只是「話

> 題垃圾」(topical trash)，不然就是某些人所謂的「觀念文學」(Literature of Ideas)，後者往往是具有巨大石膏像的話題垃圾，一代傳過一代，直到有人拿起鎚子，擊碎巴爾札克、高爾基(Gorki)、湯瑪斯・曼。❹

在難得語氣激動的一篇文章〈藝術與宣傳的前線〉("The Frontiers of Art and Propaganda")之中，歐威爾所言正好是納伯科夫所憎恨的東西，從而也模糊了同樣的區分：

> 你無法對那使你生命垂危的疾病，採取一種純粹美感的態度；你無法對持刀要割斷你喉嚨的人，感到漠不關心。在一個法西斯主義和社會主義互相殘殺的世界，任何有思想的人都必須表態……過去這十年左右，文學，甚至詩歌，和政治宣傳小冊彼此攙雜，爲文學批評作出了極大貢獻，因爲這摧毀了純粹美感主義的幻覺……打倒了「爲藝術而藝術」。❺

這一段文字將兩個壞問題攪在一塊兒，而且納伯科夫也正確地看到了，這兩個問題其實是互不相干的。第一個問題是：什麼時候暫停私人的規畫，從事抵抗公共的危險？這問題其實是毫無意義的，因爲沒有人能夠對這個問題提出一個好的**一般性**答案——雖然在一個特殊事件上，歐威爾和納伯科夫兩人的意見湊巧是一致的：兩人都曾加入試圖扳倒納粹的軍隊，但都無功而返。第二個問題是：「藝術是爲了藝術嗎？」這同樣也是一個壞問題，因爲這問題可能是問「美感的喜樂是不是一種內在的善？」，也可能是問「美感的喜樂是不是作家的眞實目標（proper aim）？」如果是第一個意義，則答案很顯然是肯定的，但卻很空洞。然而，即使在第二個，也就是比較不空洞的意義下，我們也必須加以反對，因爲根本沒有所謂「作家」（the writer）這種東西，而且我們也毫無理由認爲，凡是寫作書籍的人都必須具備相同的目標，或利用相同的標準來衡量。

如果我們堅決反對一切有關「作家的目標」或「文學的本質」的問題，並拒絕相信文學批評應該認眞考慮這類笨拙的話題，那麼，我們就能夠依前述杜威與海德格之間的調和，如法炮製，將歐威爾與納伯科夫也調和起來。對於某些作家而言，私人完美的追求乃是一個完全合理的目標，柏拉圖、海德格、普魯斯特、納伯科夫等屬之，他們有若干共通的天分。對於另外一些作家而言，爲人類自由服務乃是一個完全合理的目標，狄更斯、穆勒、杜威、歐威爾、哈伯瑪斯、羅爾斯屬之，他們則有其他共同的天分。試圖揑造諸如「文學」、「藝術」或「寫作」等虛構的名目，然後將這些不同的追求放在同一個尺度上衡量，乃是毫無意義的。同理，試圖將這些追求加以統合起來，也是毫無意義的。就像沒有所謂的「理論的目標」一樣，也沒有所謂的「寫作的目標」。不幸的是，歐威爾和納伯科夫都陷入排除異己的鬥爭中，反對那些在天分和興趣上與他們不同的人。這使兩人之間的許多相似之處受到抹煞。這些相似之處，實在不應該被利用虛構而老套的二元對立如「藝術與道德」或「風格與實質」來進行的哲學爭辯所抹煞。

在本章和下一章中，我所要強調的主要相似之處乃是：與第二篇所討論的作家（普魯斯特、尼采、海德格，以及德希達）不同，納伯科夫和歐威爾的主要課題不是自我創造，而是殘酷。若我們將「政治的自由主義者」一詞的意義擴大到涵蓋普魯斯特和德希達（但排除尼采與海德格），則納伯科夫和歐威爾都可以算是政治的自由主義者。大體上而言，他們的政治信仰類似，對於相同政治事件的反應也不謀而合。不過，最重要的是，他們都符合史克拉兒所設自由主義者的條件：自由主義者相信殘酷乃是吾人所爲最惡劣之事❻。納伯科夫由「內在」描寫殘酷，讓我們親睹私人對美感喜樂的追求如何造成殘酷。歐威爾大致上是由「外在」，也就是由受害人的觀點，來描寫殘酷，這類作品應歸納伯科夫所謂「話題垃圾」之流，但它們對於減少未來的苦難和服務於人類自由卻功不可沒。不過，我將在第八章指出，歐威爾最後一本書的結尾對於歐布萊恩（O'Brien）的描繪，其實和納伯科夫的手法如出一轍：歐威爾讓我們進入殘酷的內部，使藝術和折磨之間的隱約關係彰顯出來。

在本章剩下的篇幅中，我將提出對納伯科夫的一種讀法，企圖把他的三個面向串聯起來：他的美感主義、他對殘酷的關心，以及他對不朽的信仰。他論道：「我們相信自己是會死的，猶如瘋子相信他自己是上帝一樣。」❼

納伯科夫在處理他所重視的作家時，他的美感主義呈現出什麼樣的面貌呢？請看他關於狄更斯小說《屋漏偏逢連夜雨》的演講。其中，他詳加引述了狄更斯描述黑男孩喬（Jo）之死的一章，該章的尾聲就是眾所周知的一段：起自「死吧，陛下！死吧，我的地主和紳士！」而終於「日日在我們身旁死去」。若狄更斯作品中曾經出現公共行動的呼籲，則非此段莫屬。然而，納伯科夫卻告訴我們，這一章的啓示「乃是在風格方面，而非在入世的情懷方面」❽。

注意，如果納伯科夫是說「而也是在入世的情懷方面」，而不是說「而非在入世的情懷方面」，那麼絕對無人反對。這個「非」正顯示他所堅持的立場是：他只關心「美感的喜樂」，並認爲「研究文學對社會或政治的影響，主要是爲那些在性格上或教養上對眞正文學的美感震撼毫無感受的人而存在，這些人無法體會到肩胛骨之間無法自抑的激盪（the telltale tingle between the shoulder blades）」（*LL*, p. 64）。納伯科夫必須牽強地主張，狄更斯不在乎，或者原本不在意於他的小說比起其他當時英國社會理論著作，具有更強的社會改革動力。

爲什麼納伯科夫堅持主張，「豪斯曼式的激盪」（Housmanian tingle，參見註❿）與激發像他父親一樣的自由主義政治家改造不義法律的那種入世情懷之間，存在著某種不相容或對立的關係？爲什麼他不逕自承認有兩種不同的、互不競爭的善？當他說「那種背後輕微的顫抖，的確是人類在發展出純粹藝術與純粹科學時所獲致的最高情感」（*LL*, p. 64）時，他的看法十分正確，這句名言一語道破「純粹」一詞的精義。然而，這與底下的說法似乎並行不悖：在面對一個與我們毫無家庭、部族或階級關係的兒童不必要的死亡時，我們會因羞恥與憤怒而戰慄，乃是人類發展出現代政治社會制度時所獲致的最高情感。

納伯科夫認爲社會改革無法與「純粹藝術和純粹科學」同樣值得我們重視，不過，他並不試圖爲這個看法辯護。他也沒有提出任何理由，說明爲什麼他質疑像狄更斯一樣稟賦特異的人，能夠偶爾在同一本書中從事不同的任務。其實，事情或許會比較簡單一些，如果他乾脆承認《屋漏偏逢連夜雨》激起了入世的情懷，促使英國法律產生變革，而且**也**使狄更斯成爲不朽，因爲它在狄更斯那個世紀的獨特恐怖被新時代的新恐怖所取代之後，還能歷久彌新地產生肩胛骨之間的激盪。然而，納伯科夫卻再三強調，唯有風格所產生的效果才是重要的，相對而言，入世情懷所造成的效果則無所謂❾。他從未清楚地指出，他所使用的重要性尺度是什麼，或爲什麼我們必須堅持使用**單一的**尺度。爲什麼「純粹藝術和純粹科學」比免於苦難還要重要，或爲什麼我們必須決定哪一個比較重要(彷彿我們可以超越兩者，並從一種中立的觀點來判斷)，皆非不證自明之理。

我贊成納伯科夫，認爲哲學家們利用普遍概念將我們的道德情感壓縮成規則，以期解決道德兩難的企圖終必失敗。不過，在我看來，尋找這類規則的企圖之失敗所給我們的教訓，乃是我們應該停止談論所謂「作家的任務」，或「歸根結柢最重要的東西」，或「最高的情感」等具有類似形上學氣味的話題；停止在「人生」，或「藝術」，或「道德」等蒼白鬼魅充斥的抽象層次上工作；而應該保持中庸之道。我們應該堅持追問什麼東西對於什麼特殊目的有效的問題。所以，在調和歐威爾與納伯科夫的第一階段，我要強調，在若干重要目的上，例如引起憤怒的戰慄和激發反感與羞恥，歐威爾與狄更斯有志一同，而在其他若干目的上，例如引起肩胛骨之間的激盪和美感的喜樂，納伯科夫與狄更斯不謀而合。

然而，納伯科夫卻不願意被調和。他想要將狄更斯和他自己歸諸一類，而把歐威爾以及他所輕蔑的其他人，例如巴爾札克、斯丹達爾（Stendhal）、左拉、高爾基、湯瑪斯・曼、福克納（Faulkner）、馬爾羅（Malraux）等永遠拒於門外。關於他的動機何在，我們可以從下面他說明自己如何解讀狄更斯的文字中，看到一個重要的線索：

> 很明顯的，施魔者比起紡紗者或教師，更引起我的興趣。就狄更斯來說，我認爲唯有透過這種方式，才能使他不朽，使他超越改革者、窮短篇小說家、濫情垃圾，或誇張荒唐。在那兒，他永遠光芒四射，讓我們看見他的高度，他的輪廓和成長，以及他引導我們穿過濃霧的那些山間小徑。他的偉大就在於他的意象。(LL, p. 65)

狄更斯在《屋漏偏逢連夜雨》的第一章曾經描述過這裏所指的濃霧。誠如納伯科夫所言，狄更斯利用倫敦的霧使一個腐朽的比喻重獲生機——自大法官法庭（Chancery）繁複的訴訟程序沼澤中升起的法律穢氣。納伯科夫希望我們將狄更斯對邪惡的大法官法庭系統之攻擊，以及推而擴之，他對納伯科夫所謂「善」與「惡」（用引號括之）間衝突的描繪，都當作只是《屋漏偏逢連夜雨》的「骨架」。納伯科夫讚美狄更斯「作爲一位藝術家，技藝卓越」，所以能夠使這個骨架不會顯得「唐突或太過明顯」。凡不具狄更斯之才能的作家，那些寫作「話題垃圾」者，並不知道如何在他們作品的「道德」骨架上填入血肉。因此，若將霧與骨架這兩個隱喻結合起來，諸如歐威爾與湯瑪斯·曼等人小說所堆砌起來的空洞骨架，就構成濃霧瀰漫、沼澤遍布的文學小丘。由於這些作品缺乏準確的意象，凡是只能在入世情懷方面，而無法在風格方面提供教誨的作家，都不能獲得不朽。

在上述的引文中，我們應該注意到兩點。首先，納伯科夫討論狄更斯，不是爲了他課堂上的學生，也不是爲了有文化陶養的大眾，而**純粹**是爲了狄更斯本人。他想要爲他惺惺相惜的對手助一臂之力，使狄更斯擁有他名實相符的不朽。譬如，他說威爾森在《創口與弓》(*The Wound and the Bow*) 一書中對狄更斯有非常「出色的」討論，然而，狄更斯的「社會學面向」「既不有趣也不重要」。意思是說，威爾森作得很出色的那種文學批評製造出格外濃厚的霧氣，在性質上，與大法官法院那些格外出色的人所製造的霧氣並無不同[10]。納伯科夫指出了霧氣之上的山尖，帶領我們走過通向那山尖的幽僻曲徑，以便把狄更斯從威爾森一類人的手中解救出來，把他從歷史時間和死亡機緣四處瀰漫的廢氣中解救出來。

其次，他關懷狄更斯的不朽，其實與他自己畢生無法擺脫的一個疑惑有關。他一直懷疑自己是否能夠超越死亡，並在彼界與雙親重聚。超越死亡、重聚，突然出現在《斬首之邀》(*Invitation to a Beheading*) 一書的最後幾行，成爲該小說的重點。它們同時也是謝德 (John Shade) 的詩〈黯淡的光〉("Pale Fire") 中一段的核心，也是《羅莉塔》莊嚴的尾聲所涉及的主題：

> 不要可憐C・Q・〔Clare Quilty〕。大家必須在他和H・H・〔韓伯特・韓伯特，Humbert Humbert〕之間擇其一，而且大家都希望H・H・至少多活幾個月，好讓他能使你長活在後人的心中。我想到的是古代野牛和天使，永恆色彩的祕密，預言式的十四行詩，藝術的避難所。而這就是你和我可以共有的唯一不朽，我的羅莉塔。(p. 307)

在這一段，以及其他許多地方，納伯科夫所討論的是「文學」意義的不朽，也就是說，如果一個人的著作可以永遠傳諸後世，那麼，他或她就是不朽的。但在其他地方，尤其他的自傳中，他所討論的是一般神學或形上學意義的不朽，也就是說，眞的超越死亡，而能夠和已故的所愛之人在超越時間的彼界中重聚[11]。他對於自己的恐懼死亡直言無諱 (SM, p. 80)：

> 我的心反覆再三地發出巨石般的努力，企圖在我死生兩面無私不仁的黑暗中，發現最幽微的個人光芒。我和我傷痕累累的拳頭，與無時間性的自由世界之間，隔著時間的牆，那個無私不仁的黑暗。我很慶幸這種信念和塗著最華麗色彩的野蠻人不謀而合。(SM, p. 14)

納伯科夫反覆再三地試圖將這種非常落伍的形上學不朽，和比較可貴的文學不朽結合起來。他希望在製造激盪、美感的喜樂，成爲眞正的藝術家（像喬伊斯、狄更斯，而不像歐威爾、湯瑪斯・曼），與脫離時間的束縛、進入另一種存在狀態之間，看到某種關聯。他十分確定，作品的不朽和創造該作品的作者的不朽之間，簡單地說，就是美學和形上學之間，一定存在著某種關聯。然而，不難預料地，他從來沒有辦法說出那是什麼關聯。

這種勇敢、光榮而又宿命的努力，最好的例子可以在他少數幾篇涉及普遍概念的文章中找到。這些文章自是與他的性格風格很不一致。其中的一篇就叫作〈文藝與常識〉（"The Art of Literature and Common Sense"），文中全盤地抗議普遍概念，與海德格如出一轍。海德格和納伯科夫都認爲，常識只是人們爲思想惰性與庸俗所提出的自欺欺人的藉口。他們兩人都爲獨特性和個性的反諷辯護，反對柏拉圖主義和民主的論調，認爲人們不應該只相信那些眾所熟知的前提支持下的命題。納伯科夫這篇文章的主旨，乃是他所謂的「細節優先於普遍」（*LL*, p. 373），大意爲：「這種——不顧大難當前——對於芝麻小事產生驚訝好奇的能力，這些心靈的旁白，這些生命的宏篇巨著中的小註腳，乃是意識的最高形式。我們之所以知道世界是美好的，就在於這種兒戲般的思辨心境，而非常識及其邏輯。」（*LL*, p. 374）

這裏不只套套邏輯地告訴我們，「純粹藝術與純粹科學」發展到了最高峯，就是這類令人激盪的芝麻小事。而是說，這些激盪乃是「意識的最高形式」。這個主張到底要作道德的還是形而上的解釋，確有歧義。它可以解釋爲：激盪乃是最值得追求的東西，但也可以解釋爲柏拉圖式的主張，亦即認爲這種意識形式之所以較高，乃是因爲它使我們接觸到無時間性的東西，使我們跨出時間之流，進入超越時間和機緣的境界。如果把這解釋爲純粹道德性的主張，那麼，有人就可以義正辭嚴地反駁說，這固然是納伯科夫之類的人所必須熱切追求的目標，但是，稟賦不同的人——大腦不是設計來產生激盪的人，他們可能善於（例如）產生道德憤怒的顫抖，因此，也可以順理成章地追求他們那種形式的完美。然而，納伯科夫卻堅持利用形上學的主張，支持並絕對化道德的主張。他要說，那開啓不朽大門的鑰匙，乃是他所擅長的那種具有個人獨特性的意象，而不是柏拉圖所擅長的那種普遍性觀念。藝術，而非數學，突破了時間之牆，進入一個超越偶然的世界。

這篇文章所犯的毛病和前面一樣，納伯科夫把文學的不朽和個人的不朽混爲一談。若只說文學的不朽，那麼，柏拉圖當然是錯誤的，而納伯科夫、海德格以及德希達是正確的[12]。如果你想要留在後代的記憶之中，那就去寫詩，不要研究數學。如果你要你的書被閱讀，而不是被必恭必敬地供奉在整潔的皮套中，那麼，你應該製造激盪，而不是眞理。一般所謂的常識，眾所周知、接受的眞理——誠如海德格和納伯科夫所認爲——乃是一堆死的隱喻。當喚醒感官、產生激盪的能力被熟悉和長久的使用消磨盡淨之後，剩餘的骷髏就是眞理。蝴蝶翅膀上的粉鱗被刮乾之後，剩下的是透明，而不是美，是沒有感官內容的形式結構。一旦隱喻的新鮮感老舊了，你就得到淺白易懂、本義的透明語言，這種語言無法歸諸任何特定的個人，而是屬於「常識」、「理性」，或「直覺」的範疇，你可以看穿的一堆清晰明辨的（clear and distinct）觀念。所以，如果像歐幾里得、牛頓或穆勒一樣，你的隱喻在社會上廣被使用，變成本義，那麼，你就會抽象方面被尊敬，而個人方面被遺忘。你就會變成一個名字，不再是一個人。如果像卡圖盧斯（Catullus）、波特萊爾、德希達、納伯科夫一樣，你的書（只或也）產生激盪，那麼，你就可以不只留下一個名字而已。你就可能像蘭多（Walter Savage Landor）和多恩（John Donne）一樣，會有未來的葉慈希望在旅途結束後與你共進晚餐。

然而，儘管這一切都十分正確，那還是絲毫不意味文學的不朽和個人的不朽之間有任何的瓜葛，絲毫不表示你將超越時間之牆，親身出現在那兒等待前來晚餐的客人。誠如康德所指出，而可憐的納伯科夫也不得不承認的，這種主張根本不可能站得住腳。和你想像得到可能做的任何事情一樣，等待是需要時間的[13]。可是，即使我們丟開那個形上學的主張，我們仍然必須正視納伯科夫的另一個主張：「我們之所以知道世界是美好的，就在於這種兒戲般的思辨心境。」

納伯科夫認爲，「美好」或「善」（goodness）具有非理性的具體性，必須以想像才能掌握得到，理智不能。他將柏拉圖「想像力」（eikasia，或對形象的感知）和「理性」（nous，或對觀念的認識）的區分顛倒過來，認爲前者才是道德認知的機能[14]。他說：

從常識的觀點來看，「善」，例如某種食物的「美好」，和這種食物的「壞」沒有兩樣，兩種性質都無法被理性的判斷覺知爲可感而完整的對象。但是，如果我們動一動像學習游泳或投變化球所必要的那一點靈犀，我們就會了解到，原來「善」或「美好」是某種圓圓的、柔滑似乳、散發美麗紅暈的東西，藏在乾淨的圍兜中，還有一雙撫育我們、安慰我們的溫暖手臂。

(LL, p. 375)

在同一篇文章中，他也把這種「善」作爲某種「實在而具體」東西的觀念，和跟他一樣擁有他這種天分的「幾千人」結爲一體的感覺，牽連在一起：

> ……對於人的善性的非理性信仰，比起觀念論哲學的薄弱基礎，內容更爲豐富；它變成了堅實但色彩千變萬化的眞理。這意味著，「善」變成了世界的核心而可感可觸的部分。乍看之下，這樣的世界似乎不同於報紙編輯們和聰明的悲觀主義者的現代世界。在後者的眼中，說得保留一點，頌揚「善」的優越性是很荒謬而不合邏輯的，因爲在這個時代，所謂警察國家或共產主義正試圖將整個地球變成五百萬平方哩的恐怖、愚昧和倒鉤鐵絲網……然而，我要倡言，這個非常而絕對不合邏輯的世界就是精神的家，在這樣的世界中，戰神們是不實在的，倒不是因爲祂們和枱燈的實在性與鋼筆的堅實性之間，隔著遙不可及的空間，而是因爲我無法想像（這一點意義非凡）有什麼情況可以侵犯那默默存在的可親而又可愛的世界；相對的，

> 我倒是很容易想像得到，有成千上萬個和我一樣的夢想家，蔓布地球的各個角落，在最黑暗的時刻，在肉體的危險、痛苦、混亂、死亡最令人眩惑的時刻，仍然堅持著同樣這些非理性的、神聖的標準。(*LL*, p. 373)

依我之見，這兩段提出了一個重要的心理學觀念：那唯一能夠讓人類將利他主義和快樂結合在一起，並使英雄事蹟或偉大演說成爲可能的東西，其實是由一些極具個性的記憶所構成的獨特聯想鎖鍊[15]。佛洛伊德也提過相同的觀念。而佛洛伊德正是納伯科夫所憎惡的人，其執著與強烈程度，和海德格之憎惡尼采不遑多讓。這兩種情況，都是後人憎惡前人說盡了自己所要說的微言大義。這個心理學主張將休姆、佛洛伊德和納伯科夫圈在一起，而排除了柏拉圖和康德。但是，這個主張既不是形上學方面關於「善」的「本性」的主張，也不是知識論方面關於我們對「善」的「知識」的主張。受到一個意象所感動或啓發，不同於認識一個世界。我們不必預設一個超越時間的世界，作爲這類意象的家，就能夠解釋這些意象的出現，或它們對行爲的影響。

他這兩項反柏拉圖主義的主張，一關於文學不朽的特性，另一關於道德動機的本質，固然言之成理，然而，唯有當他想辦法從這兩項主張中擠出某種形上學，他特殊稟賦的運用才能和現實銜接得上。唯有如此，他的特殊天賦才可以使他站在知識論的有利位置上，了解塗著華麗色彩的野蠻人的信仰，以及《斬首之邀》一書中辛辛納特（Cincinnatus C.）最後所發現的祕密：亦即時間和因果只不過是一個下流的騙局。他必須能夠建立這個銜接，才可以順理成章地說，狄更斯對社會改革的興趣其實只是一位偉大藝術家的弱點，而諸如歐威爾等話題作家對人類自由的奉獻，並不值得感謝。

由於他希望說服自己相信時間和因果只是騙局，他集合了一堆普遍概念，結果將柏拉圖式的反時間主義和反柏拉圖式的感官主義糅成一個怪異的、不一致的混合體。他的企圖就是將過時的形上學的安慰，結合到柏格森（Bergson）和海德格先進的反形上學議題上。就像反諷主義理論家爲了攻擊普遍的觀念而建造出來的普遍概念系統一樣，這其實就是費徐所謂的「自我損毀的虛構物」（self-consuming artifact）。但話說回來，這些脆弱的、不均衡的設計，在巧妙地與武斷和反諷結合後，便散發出謝德的詩〈黯淡的光〉具有的那種千變萬化的色彩。和那首詩一樣，納伯科夫的系統就像剛剛要撞毀在時間之牆上的一隻蠟翅鳥的影子。

爲什麼納伯科夫需要這種設計？爲什麼他要冒這個險？我想有兩個理由，而這兩個理由都與死亡的恐懼無關。第一，也最重要，就是他有超乎常人的憐憫心。由於他特大的享受能力和獨特的體驗喜樂的才具，似乎無法與苦難及殘酷的存在相容，所以，他也就無法忍受苦難的現實。納伯科夫憐憫他人的能力和普魯斯特憐憫自己的能力一樣強烈（普魯斯特竟能將這能力控制轉化成自我創造的能力！）。喜樂對納伯科夫而言開始得很早。他根本沒有機會自我憐憫，也沒有需要自我創造。普魯斯特小說和納伯科夫小說之間的差異，在於一個是個人成長的自傳體（bildungsroman），另一個是兒時信仰越來越強烈而眞實的保證。納伯科夫似乎未曾因自己所造成的損失而受苦，未曾責備、懷疑自己，或對自己失去信心。他不**需要**爲自律而奮鬥，不**需要**在他靈魂的鍛鍊廠鑄造良知，或追求一個自我製造的終極語彙。在他的雙親和他自己的眼中，他都是一位英雄——眞是個幸運兒。要不是他大腦的設計，正好使他能夠將文字組成千變萬化的形式，不斷給自己驚訝和喜悅，否則他眞會是一位自滿自足的無趣之人。

然而，這種體驗喜樂的能力的另外一面，就是對於強烈痛苦的任何念頭都無法忍受。由於他這種強烈的憐憫之心，他寫了小說《斜對角線》（*Bend Sinister*）。這部小說在他的崇拜者之間引起了極大的抗議。其中敍述主人翁克魯格（Adam Krug）的八歲兒子被瘋子折磨致死，因爲革命政府中一位新進官員把他的檔案放錯位置了。納伯科夫並不企圖描繪克魯格的痛苦。不只如此，他甚至不承認那痛苦有什麼了不起。於是，就像在《斬首之邀》一樣，納伯科夫將主人翁轉移到「另一個存在領域中」。在《斬首之邀》一書較前的部分提及，辛辛納特的頭才剛落地，就立刻站起來，看著斷頭台和旁觀者散去，然後，「依靠聲音判斷，朝著和他同類的生物站著的地方走去。」在《斜對角線》中，納伯科夫藉著他所謂「我〔那氏本人〕體現的人形之神的介入」[16]，使克魯格不必察覺到底發生了什麼。納伯科夫說，他「忽然覺得亞當〔克魯格〕非常可憐，於是沿著斜照的蒼白光束，朝他走去——激起了一剎那的瘋癲，但至少使他免受他那合乎邏輯的命運所帶來的無意義的痛苦」（pp. 193-194）。克魯格的作者「穿過他〔克魯格〕的世界的一個裂縫，從那裂縫通向另一個溫柔、光明而美麗的世界」（p. 8）。納伯科夫玩弄著關於不朽的普遍觀念，戲想在他和我們的世界中，就有一個和克魯格世界一樣的裂縫。這其實只是挽救辛辛納特和克魯格的那一顆憐憫之心另一個表現而已。

不過，還有第二個理由，我們必須加以考慮。那就是：納伯科夫似乎從來不讓自己擁有社會希望。他是一位著名的自由主義政治家之子。他的父親在他二十二歲那年遭到暗殺。他父親的圈子（包括如納伯科夫家中常客威爾斯〔H. G. Wells〕）根本無暇關心形上學，因爲他們的希望寄託在下一代身上。他們就是我在第四章所討論的那一類人，利用對未來世代的希望，取代對個人不朽的希望。納伯科夫似乎絲毫沒有前一種希望。也許他曾經有過，但因父親遭到暗殺而放棄。也許他從來沒有，因爲從早期開始，他就已經領會到，他和他父親具備相反（若同樣偉大）的天分，而他如果對如此摯愛之人稍存模仿之心，那就背叛了他自己。不管理由是什麼，總之，他一向排拒對政治運動表示興趣。在《禮物》（*The Gift*）中，費奧多（Fyodor）走在一九二〇年代的柏林街上，注意到「住家的窗口懸掛著三種旗子：黑黃紅，黑白紅，全紅。每一種旗子現在都代表某種東西，最可笑的是，這東西都能夠在人們身上激起驕傲或仇恨」。注意到這些旗子使他冥想蘇維埃，最後他想：

啊！讓一切成爲過去並遺忘掉吧！——兩百年後，還會再有胸懷壯志的失敗者，將他的挫折感發洩在引領企盼美好生活的愚夫愚婦身上(也就是說,如果**我的**王國沒有實現的話——在那個王國中,人人各得其所,既無平等,亦無權威——不過,若你不喜歡,我也不堅持,也不在乎)。[17]

至於如何實現這種既無平等,亦無權威的狀態,納伯科夫根本不知道。(誰又知道?)不過,他同時也拋棄了現代自由主義對未來的一種追求,亦即希望殘酷不再繼續被制度化。在這方面,他的確倒退回去古代,因爲,在那時期,這類社會期望顯然非常不切實際,知識分子也因此興趣缺缺。他的他世或彼岸形上學可以視爲當代柏拉圖之作,一方面模仿,另一方面反對柏拉圖的費多(Phaedo):因爲兩者有不同的需要,柏拉圖需要一個令他不覺羞恥的世界,納伯科夫則需要一個他不必加以憐憫的世界。

然而,話說回來,如果費奧多、辛辛納特、克魯格等人物的創造就是納伯科夫的小說家生涯的顚峯,那麼,我們對他的興趣必定大打折扣。上述這些人物之所以有名,乃是因爲他們的作者還創造了其他兩個人物:韓伯特・韓伯特和查爾思・金博特(Charles Kinbote)。這兩個人物是納伯科夫有關殘酷的作品的核心。此所謂殘酷不是指列寧、希特勒、格拉度司(Gradus)、巴度客(Paduk)等那種「野獸般的鬧劇」,而是指那些善於美感喜樂的人也可能會犯的一種**特殊**的殘酷。

這些書都在反省一個事實：情感敏銳的人可能殺人，善於美感喜樂的人可能殘酷，詩人可能毫無憐憫之心——這些意象大師們可能會滿足於將其他人的生命轉化成銀幕上的意象，而對於這些人受苦受難的事實卻視若無睹。由於他的哲學妥協的不穩定性使他不安，同時，他大概偶爾也會對於拒絕思索人類團結感到懷疑，因此，他不得不正視他自己錯誤的可能性。他的爲人誠懇，所以他寫了最上乘的作品，探討一個可能性：他最尖銳的批評者，到頭來可能所言不虛。

他的批評者所暗示的是：納伯科夫實際上就是史金波爾（Harold Skimpole）。史金波爾在《屋漏偏逢連夜雨》中是一位充滿魅力的美感主義者，但他造成了喬的死。納伯科夫將這事件美妙地形容爲「假兒童（史金波爾）背叛了眞兒童（喬）」（*LL*, p. 91）。史金波爾握有身爲兒童和詩人的特權，他把所有其他人的生命都當作詩，不論他們承受的苦難有多少[18]。在他看來，接受五英鎊的賄賂而向塔金紅（Tulkinghorn）的探員透露喬的行蹤，乃是諸多情況的有趣巧合[19]，一首膾炙人口的小詩，就像謝德所謂「某種巧合中的巧合，一個遊戲中搭配工整的形式」。史金波爾自稱不知「金錢」與「責任」爲何物，進而毋須爲他人的依靠救濟維生以及苦難負責[20]。

從他的自傳中，我們淸楚的看到，唯一能夠使納伯科夫感到沮喪的，乃是害怕自己是殘酷的，或曾經是殘酷的。更明白地說，他害怕自己根本未曾**注意到**一個與他長期交往的人，竟然一直處在痛苦之中（*SM*, pp. 86–87）。只要想到他可能曾經不自知地給一位同學或家庭教師帶來痛楚，納伯科夫的心就會絞痛萬分。所以，意識到自己到頭來可能就是史金波爾，必定使他非常惶恐。在我看來，他對於殘酷的恐懼之強烈，顯示我們應該將《黯淡的光》解讀爲關於納伯科夫本人兩個化身的寫照。其中一面乃是謝德，他結合了納伯科夫個人的品德，加上詹地斯（Jarndyce，譯按：《屋漏偏逢連夜雨》中人物）對他怪獸般的朋友的耐心（在《黯淡的光》中，這樣的朋友就是假兒童金博特）。另一面，就是金博特，他的主要特性是無法注意到他人的痛苦，尤其是謝德自己的。**不過，作爲一個作家，他比謝德本人更勝一籌。**

納伯科夫最偉大的創造，都是些偏執的強迫性人格（obsessives），例如金博特、韓伯特・韓伯特和凡量（Van Veen）。**雖然這些人物的寫作，可以和他們的創造者納伯科夫的最上乘作品並駕齊驅**，但他們卻都是納伯科夫本人所憎惡的人——就像狄更斯憎惡史金波爾一樣。誠如納伯科夫所言，韓伯特乃是一個「愛慕虛榮、殘酷不仁的卑鄙小人，卻試圖表現得很『令人感動』的樣子」（SO, p. 94）。我們之所以說他「試圖」如此，乃是因爲他的文筆可以和納伯科夫平分秋色。金博特和韓伯特對於一切可以影響或表現他們執著的東西，都極爲敏銳，而對於任何影響他人的東西，則完全漠然，毫無好奇之心。這些人物戲劇化了納伯科夫最擔心的一種特殊的殘酷——不好奇，漠不關心（incuriosity）。確實，把這種殘酷加以戲劇化，應是史無前例的。

接下來我要從他的小說中舉出這種殘酷的不好奇的例子。不過，讓我先指出另一個證據來支持我剛剛的主張。記得本章先前引述一段有關「美感的喜樂」（aesthetic bliss）的文字，其中納伯科夫以簡短的附加說明，定義了「藝術」一詞。當他在寫「《羅莉塔》後記」時，他知道這將是他寫過最廣受閱讀的一篇宣言，他也知道其中最常被討論到的將是他對藝術的定義，也就是把藝術等同於「好奇、溫柔、善良、狂喜」的一體呈現。注意，「好奇」排在第一[21]。

我認為，納伯科夫企圖在這附加的說明中，特別安排一種事實上無法令人信服的道德哲學。這就像他把形而上的不朽注入「另一種存在狀態」一樣，他用此語來定義「美感的喜樂」。如果好奇和溫柔是藝術家的標記，如果兩者與狂喜無法分開（若無好奇與溫柔，則無狂喜），那麼，美感和道德之間就沒有分別了，自由主義的感受主義者所面臨的兩難也就迎刃而解了。善的行為之要求，就是藝術家的專長：注意到大部分人沒有注意到的東西，對於其他人視為理所當然的東西感到好奇，留意那稍縱即逝的色彩變化，而不只注意底層的形式結構。好奇而敏感的藝術家就變成道德的典範，因為他是唯一隨時留意一切事物的人。

這觀點又是一種顛倒的柏拉圖主義：柏拉圖主張知善即是行善，這固然正確，然而他所給的理由卻是錯誤的。柏拉圖認為所謂「知善」（knowing the good）是在掌握一個普遍觀念，可是，實際上「知善」乃是對於他人所視為重要的東西有所感通，能夠察覺他人對於善所產生的意象，是不是某種圓圓的、柔滑似乳、散發美麗紅暈的東西，或者是像三稜鏡的形狀，珠寶般的、閃閃發亮的東西。溫柔而好奇的藝術家不像史金波爾或金博特，而是像謝德一樣，不僅留意自己的幻想，而且也注意他人的幻想。他必然是一位沒有強迫性人格的詩人，不過他的詩還是能夠產生狂喜的效果[22]。

然而，納伯科夫倒是十分清楚，狂喜和溫柔不僅可以截然分開，而且往往互相排斥——大部分沒有強迫性人格的詩人，如謝德，都是二流的。這就是他的小說所帶給我們的「道德」知識；對於這「道德」知識而言，他的美感主義的修辭其實是毫不相干的。他非常清楚自律的追求和團結的感受是扞格不入的。唯有誠如韓伯特所言，「詩人從不殺人」是千眞萬確的，納伯科夫上述對道德哲學的註解才有道理。當然，實際上韓伯特殺人——而且，和金博特一樣，作爲一位作家或藝術家，韓伯特可以說和納伯科夫本人無分軒輊，都善於創造色彩繽紛、千變萬化的狂喜。納伯科夫當然樂於看見藝術的四個特色難分難捨，可是，他卻必須面對一個惱人的事實：一個作家可能有辦法獲得並製造狂喜，卻無法注意到苦難，對於他人——這些人的生命提供了他們創作的素材——卻漠不關心，不好奇。他固然樂於看到世界上一切的惡，一切溫柔和善良的反面，都是那些非詩人，像巴度客和格拉度司一樣粗枝大葉而毫無好奇之心的惡棍所製造㉓。不過，他卻深知實際情形並非如此㉔。納伯科夫固然非常企盼藝術家的天分足以充當道德品行，不過他卻也深知，自律藝術家不必然的、選擇性的好奇與他父親的政治宏圖（創造一個充溢溫柔和善良的人間世界）之間，並沒有任何關聯。所以，他創造的人物都是既狂喜又殘酷的，感覺敏銳而又冷酷無情的詩人，他們的好奇是選擇性的、偏執的，他們是既敏感又冷血的強迫性人格㉕。他最害怕的是無法兼而有之，無法將狂喜和善良融爲一體。

他登峯造極的兩本小說都在鋪陳這種恐懼㉖。這兩部小說了不起的地方，在於兩位中心人物的原創性：韓伯特和金博特。在這之前，沒有人問過：作爲一位史金波爾（一位不僅老把「詩」這個字掛在嘴邊，而且眞正**知道**詩是什麼的天才）會是什麼樣？這種特殊的天才怪物——一個不好奇的怪物，乃是納伯科夫理解人類可能性的貢獻。我猜想，唯有害怕勾畫出一幅不完整的自畫像的人，才能作出這種獨特的貢獻㉗。

讓我再從「《羅莉塔》後記」中引述一段，證明我對於這兩本小說的詮釋。納伯科夫細數「這部小說的中樞神經……或祕密節點，也就是全書情節的隱形架構」(p. 315)，他告訴我們，其中一個祕密節點乃是「卡思邊的理髮師（這個人花了我一個月的時間）」㉘。這個理髮師只出現在一個句子中：

> 在卡思邊鎭上，一位非常老邁的理髮師爲我剪了一個非常不入流的頭髮：他叨叨絮絮地談論他一個打棒球的兒子，說到情緒激動時，還噴出口水在我脖子上，而且偶爾用我的包巾擦拭他的眼鏡，或停下他那巨大的剪刀，去剪一些泛黃的舊報紙；我眞是心不在焉，以至於當他指著放在那些老舊灰色的洗髮液中間的一個相片架時，我才驚訝地發現，原來那一位留著短髭的年輕球員已經死去三十年了。(p. 211)

這個句子乃是證明韓伯特欠缺好奇心的例子，凡是與他的強迫性執著不相干的東西，他絲毫不注意，也因此他無法達到納伯科夫所謂的「藝術」之常態下的那種存在境界。從這個欠缺好奇心的例子，我們又可以想到該書更前面的另一個相似的例子。韓伯特回憶起夏羅塔（Charlotte）向他提議結婚的那封信，他說，他忽略了那封信的大半部，包括「情思語切的一段文字，當時我大致略過，其中訴說羅莉塔的弟弟兩歲時死去，那時她是四歲，還說如果他仍活著，我一定會非常喜歡他」（p. 68）。

書中兩次提到羅莉塔死去的弟弟，這是其中一次。另外一次，是韓伯特抱怨夏羅塔很少談到她女兒——他唯一感興趣的話題；尤其是比起活著的女兒，她更常提到死去的兒子（p. 80）。韓伯特埋怨羅莉塔從來不在他面前提到她認識韓伯特之前的過去。不過，他確實有一次偷聽到她對她的一位女朋友說，「你知道嗎，死亡之所以可怕，是因爲你完全孤獨無依。」（p. 282）這使韓伯特省悟，「我簡直不知道我的小愛人的心中底事」，「很可能，在那少女的老掉牙的言談背後，她有一座花園，一片晚霞，一個宮殿的大門，朦朧而又楚楚可人的地帶，正好是穿著汚穢破舊衣服的我、可憐抽筋的我所絕對無法進入的禁區。」

韓伯特繼續思索著他過去沒有想到的種種可能，他回想起有一次羅莉塔也許發現，她的另一位女朋友「有一個肥胖紅潤的好爸爸，一個圓嘟嘟的小弟弟，一個剛出生的小么妹，一個家，和兩隻惡犬，而羅莉塔什麼都沒有」（p. 285）。這要讓讀者自己去將羅莉塔關於死亡的話，和她曾經有過一個圓嘟嘟的死去的小弟弟一事銜接起來。這工作，以及韓伯特本人沒有將它們串聯起來的事實，正就是納伯科夫希望他的理想讀者——他所謂「許多小納伯科夫們」——應該要注意到的部分。不過，他既憐憫又輕蔑地知道，他的大部分讀者會錯過這一點，所以他乃在「《羅莉塔》後記」中告訴我們忽略了什麼。

想想看這個提醒對一個讀者的影響有多少，如果他或她這個時候才想起，兒童的死在納伯科夫看來乃是極度痛苦的標準例子：謝德的詩〈黯淡的光〉的寫作機緣，以及《斜對角線》一書的主線。這個讀者會猛然驚覺，原來自己正如納伯科夫所預言的，沒有注意到上述長達一個月的句子和那個留著短髭的死去的兒子。這個讀者會突然發現，原來自己多麼殘酷地不好奇（若非僞善），從而在韓伯特和金博特身上看到自己的**映像**（semblable），自己的兄弟。突然之間，《羅莉塔》有了「道德的訊息」[29]，然而，這並非教訓我們不應該勾搭妙齡小女孩，而是要我們留意自己的所作所爲，尤其留意別人所說的話。因爲情形可能（事實上，往往）會是別人正試圖告訴你，他們在受苦。特別是當一個人專注於獲取私人的性喜樂（如韓伯特），或私人的美感喜樂（如原先忽略理髮師那個句子的《羅莉塔》讀者），別人所受的痛苦可能更大。

從《羅莉塔》換到《黯淡的光》，我們可以看到，謝德獲得所有納伯科夫自己的溫柔、善良和好奇，而金博特獲得所有的狂喜。作爲一首詩，謝德關於他女兒的死所作的詩，遠遠比不上《黯淡的光》這本小說。因爲這小說的其他部分，也就是金博特的評論，給我們的東西是謝德所無法達到的——環繞著一位行將就木的老人所受的平常痛苦。這老人心中縈繫著「然不拉」（Zembla）

國度的景象，曾見那個韓伯特・韓伯特所謂「天空充滿地獄火的顏色的樂園」[30]。金博特是一位了不起的自我耽溺者，他知道自己是徹底冷酷無情的人（除了在夢中之外），然而他比謝德更富想像力。畢竟精神病患比我們更富想像力。納伯科夫試圖藉由韓伯特和金博特，塑造兩個反社會的狂人（sociopath）。他們和大部分眞實的精神病患不同之處，在於他們試圖撰寫自己的病歷，而且深知我們正常人會如何了解那些病歷。

固然，凡是影響到他對男孩或榮耀的欲望的東西，金博特都會表現無比的好奇心，他覺得其他東西都無聊而煩人；對於謝德竟敢寫詩討論自己女兒之死或自己婚姻的快樂，而卻不涉及「然不拉的榮耀」或金博特那些快活的男寵或他那可憐的妻子，金博特感到非常憤怒；然而，若無金博特的評論，謝德這首詩只能算是殤慟之作；這首詩之所以如此令人難忘，乃是詩和評論之間的對比所致。謝德的溫柔和善良之所以能夠凸顯出來，乃是因爲金博特對於狂喜有一種無情亦無悔的追求，完全不必留意他人。我們對於一個人的快樂或苦難會更加注意，如果這個注意乃是由於另一個人駭人的冷漠所致。農人的悲慘境遇會因爲朱門酒肉臭而凸顯出來，黑人的窮窟會因爲白人的游泳池而顯現出來，同理，金博特的輕蔑會比謝德本人的回憶，更容易使謝德的女兒之死顯得歷歷在目。黑格爾所言甚是：除非能夠捉住嶄新而閃亮的「反」的反思或「黯淡的光」，否則一個「正」會在經過一段時間之後，逃出我們的注意範圍。

套用納伯科夫所喜愛的讚美之詞，上述的觀點可以換成另一種說法：由於金博特比較殘酷、冷靜且無情，所以和謝德相較之下，是一位較優秀的作家。根據謝德的自白，他的詩作是在冰點之上寫出的；他在他的詩中承認自己在文學批評家之間的聲望，總是跟在佛洛斯特（Robert Frost）後面「軟趴趴的一步」之遙。金博特曾經一度爲他的作者現身說法，說道：「在詩的溫度表上，高即是低，低即是高，所以完美的結晶點是在不著痕跡的靈巧微溫之上。」（《黯淡的光》，p. 136）[31]

金博特了解謝德在這裏的意思，因爲作爲同一個創造者配合無間的兩面，謝德和金博特其實有許多共通之處。謝德知道這一點。儘管再殘酷，金博特也不至於庸俗到肉體的粗暴，而這對謝德來說非常重要（p. 145）。謝德知道「若無……驕傲、色欲和怠惰，詩就無法誕生」（p. 150），因此他能夠縱容金博特的狂妄，換作其他帶來肉體傷害的人，他就無法如此放縱了。他把金博特當作是一位和他一樣的藝術家——和斯威夫特或波特萊爾之流的藝術家一樣，心靈的腐蝕先於肉體的崩潰（p. 111）。這兩人對於暴君和愚蠢之人的看法是一致的：他們認爲諸如皮耶爾先生（Monsieur Pierre）、格拉度司和巴度客等人的粗暴是來自這些人內部的庸俗。這種庸俗就在他們執著於普遍概念，而非個別的蝴蝶、文字，或人們。

話說回來，雖然金博特一般而言會留意普遍概念的危險，但他卻仍有一些非常壞的普遍概念，反之，謝德則想盡辦法加以摒棄[32]。金博特最壞的普遍概念之一，就是美感主義，也就是相信有所謂「文學技巧」或「詩的天分」這種東西：認爲這種實踐能力可以獨立漂浮於個別詩人生命的偶然之外。這就是爲什麼他相信只要找到一位好詩人，向這位詩人訴說自己的一切，等著永垂不朽的詩句來讚美，他就可以獲得眞正的不朽。他期望謝德「將然不拉的榮耀和他詩句的榮耀融爲一體」，因爲誠如謝德告訴他的，他認爲「一個人可以把文字當作會表演的跳蚤一樣來駕馭，更讓牠們去驅使其他的跳蚤」（p. 144）。這種看法認爲，語言可以某種方式和作者分開，文學技巧乃是像上帝一樣的力量，可以獨立於有限偶然之外來運作，尤其可以獨立於作者個人偶然的善觀念。這種看法其實就是壞的意義下的「美感主義」之根源，根據這個壞的意義，美感只是形式與語言之事，而與內容和生命無關。小說家納伯科夫無意成爲這個意義下的美感主義者，雖然理論家納伯科夫無法爲他自己的實踐提出更好的解釋。

過去，納伯科夫常常被了解爲這種意義下的美感主義者，尤其是認爲他的作品源自並示範了羅蘭·巴特（Roland Barthes）的一個怪論，亦即相信語言完全獨立地運作[33]。作爲一位理論家和普遍化者，納伯科夫確實容易予人這種詮釋，然而這種詮釋忽略了在我看來是納伯科夫最佳實踐所展示的一點：唯有與我們對如何自處或和他人相處的意識有關的東西，在美感上才是有用的。

我們可以既肯定這一點，同時又贊成羅蘭·巴特和他的脈絡主義（textualist）同黨，認爲小說、戲劇或詩的重點不在於「正確地」再現人類的情感或處境。文藝作爲文字之非標準化的、不可預測的使用，當然不能以再現的準確性來衡量。因爲這種準確性要求順從習俗（conformity to convention），而優良寫作的重點就在於打破習俗的硬殼。可是，儘管文學成就不在於強化一個廣被使用的終極語彙，也不在於成功地說出我們知道而卻無法適切表達的東西，有一個事實還是不容抹煞：

文學的語言依賴著（而且未來還會繼續依賴著）日常的語言，尤其是日常的道德語言。文學的興趣將會永遠依賴著道德的興趣。換句話說，想要創造一個歷久彌新的人物，同時又不要向讀者提出行爲的道德建議，乃是不可能的㉞。

總結以上我對納伯科夫的解讀，可以摘要如下：針對論者質疑他背叛了他父親的計畫，納伯科夫提出一些關於「作家」功能的普遍概念來自我辯護，這些概念把這個功能關聯到他個人獨具的天分和他個人對死亡的特殊恐懼上。這使他創造了一套某種特殊菁英的個人神話：這類藝術家既精於意象，又從不殺人，他們的生命綜合了溫柔與狂喜，有機會成就文學與實際的不朽，而和他的父親不同，他們不相信有所謂普遍福利的普遍標準之普遍概念。他曾徒勞無功地企圖將狄更斯包裹在這神話之中，而且，每當他被問到或自問他爲人類苦難的解除做了什麼的時候，他就必須依賴這個神話。不過，納伯科夫也非常清楚地知道，他的天分，或一般藝術家的天分，既與憐憫和善良無特殊關係，同時也無法「創造世界」㉟。他和謝德一樣知道，一個人只能拿這類天分來釐清他或她與這個世界——長相醜陋而又沒有天分的兒童，如謝德的女兒和黑男孩喬，在這個世界中受盡屈辱而死亡——的種種關係。納伯科夫在他最好的小說中，顯示他無法相信自己的普遍概念。

❶更重要的是，我們不應該假定藝術家必然是傳統道德的敵人。尼采無法完全擺脫「藝術」與「美感的」之間這種康德式的聯想，以至於他無法看到**自由主義式的**反諷主義之可能性——蕭伯納有時候也犯同樣的毛病。

❷這康德／韋伯式的三種互相獨立的自主領域，乃是哈伯瑪斯著作的核心，此尤以《溝通行動理論》（*The Theory of Communicative Action*, trans. Thomas McCarthy〔Boston: Beacon Press, 1987〕）和《現代性的哲學論述》（*The Philosophical Discourse of Modernity*）爲然。我贊成哈伯瑪斯，他特別強調這三種「專業文化」——大致而言，亦即科學、法理與文藝批評——的分離和自律符合了自由主義社會的目的，譬如避免了李森科（Trofim Lysenko）或日丹諾夫（Andrei Zhdanov）之類事件的發生。不過，我認爲，太過強調這個作用卻使他輕忽了文學與道德之間，及社會道德與個人道德之間密切的關係。哈伯瑪斯所作的這項區分，導致他相信文學關心的是「情感表達的適切與否」，而文學批評關心的則是「品味的判斷」。這些觀念都無法中肯地掌握（尤其像）小說在社會制度的改革、年輕人的道德教育，和知識分子的自我意象形成等方面所扮演的角色。

❸顯然，這條介於刺激和鬆懈之間的界線，對於不同的人而言，會區分出不同的書本。人各有志，不同的人過著不同的生活，對不同的情境感到挑戰性，也需要放下不同的工作來休息。因此，如果我們秉持著這種區分，試圖將我們圖書館的書本重新排列，那麼，結果必然會因我們不同的興趣而異。可是即使如此，我們通常也不會把法農的《大地的不幸者》（*Wretched of the Earth*）和華滋華斯的《序曲》（*The Prelude*），或佛洛伊德的《精神分析引論》（*Introductory Lectures on Psychoanalysis*）與《米德爾馬奇》，或《亨利・亞當斯的教育》（*The Education of Henry Adams*）與《李爾王》（*King Lear*），或《道德系譜學》（*A Genealogy of Morals*）與《新約

聖經》，或海德格的《人文主義書簡》(*Letter on Humanism*) 與波特萊爾的詩等，放在不同的書架上。所以，這刺激與鬆懈的區分，並不相應於認知與非認知、道德與美感，或「文學」與非文學等傳統的分隔線。不過，話說回來，對於大多數人而言，這項區分仍然可以將所有上述那些書籍和下列書籍劃分開來：比爾博姆的《朱萊卡•多布森》(Beerbohm, *Zuleika Dobson*)，克里斯蒂的《東方快車謀殺案》(Agatha Christie, *Murder on the Orient Express*)，艾略特的《貓》(Eliot, *Old Possum's Book of Practical Cats*)，倫西曼的《十字軍史》(Runciman, *History of the Crusades*)，丁尼生的《國王敍事詩》(Tennyson, *Idylls of the King*)，聖西門的《回憶錄》(Saint-Simon, *Memoirs*)，弗萊明的《霹靂彈》(Ian Fleming, *Thunderball*)，麥考萊的《文集》(Macauley, *Essays*)，沃德豪斯的《堅持下去啊，吉夫！》(Wodehouse, *Carry on, Jeeves!*) 滑稽喜劇，布朗的《瓮葬》(Sir Thomas Browne, *Urn-Burial*)，乃至那些內容單純的色情讀物。這類書籍討好讀者的幻想，絲毫不質疑這些幻想或它們的擁有者，是否有問題。

❹Nabokov, "On a Book entitled *Lolita*," in *Lolita* (Harmondsworth: Penguin, 1980), p. 313. 以下凡引文出處明顯時，頁碼均指向此版本。

❺George Orwell, *The Collected Essays, Journalism and Letters of George Orwell* (Harmondsworth: Penguin, 1968), vol. 2, p. 152.

❻請參見 Judith Shklar, *Ordinary Vices*, pp. 43-44，此觀點主要散見於第一章。

❼"Comme un fou se croit Dieu, nous nous croyons mortels" 一語為《斬首之邀》的題詞，納伯科夫將它獻給「我所杜撰的這位既憂鬱、怪異、聰慧、詼諧、不可捉摸，而又開朗愉快的皮耶•德拉蘭得 (Pierre Delalande)」。

❽Vladimir Nabokov, *Lectures on Literature*, ed. Fredson Bowers (New York: Harcourt Brace Jovanvich, 1980), p.

94. 以下簡稱 *LL*。

❾納伯科夫倒未曾乾脆說，藝術家不應該關心社會疾瘳，或試圖加以改變。可是，對於任何這種努力，他都非常不客氣，而且理由往往風馬牛不相及。他曾模模糊糊且毫不相干地說，「《屋漏偏逢連夜雨》中的小孩子，他們和一八五〇年代社會環境的關係，遠不如更早期或其他時代的反映。」同樣的，他也把有關萊斯特先生（Sir Leicester）和戴拉客女士（Lady Dedlock）的章節——一般認爲係在「譴責貴族階級」——牽強地解釋爲「既不有趣也不重要，因爲我們的作者對那一對的認識和看法實在極度貧乏和粗淺」（*LL*, pp. 64-65）。

❿納伯科夫在閱讀《創口與弓》時，大概會發覺威爾森的大策略——將作家的偏執耽溺和生命形態追溯到早年的創傷——也可以輕易地運用到他自己的例子上。他勢必會憤怒地發現，威爾森本人也想到了這一步。對於威爾森以準佛洛伊德式的詮釋來了解豪斯曼（Housman），我猜想他也會覺得不悅。納伯科夫有關激盪的討論，顯然深受豪斯曼《詩歌正名及其本質》（*Name and Nature of Poetry*）一書的影響，此書乃是古德曼所謂「浸淫激盪式」的美感經驗理論（the "Tingle-Immersion" theory of aesthetic experience）最著名的英文宣言。早在他於三一學院就讀大學時期，他就喜愛豪斯曼的詩，雖然後來他不客氣地指稱《什羅普郡一少年》（*A Shropshire Lad*）只是「關於年輕男子和死亡的一本小詩集」。

⓫Vladimir Nabokov, *Speak, Memory: An Autobiography Revisited* (New York: Pyramid, 1968), pp. 14, 37, 57, 87, 103. 以下簡稱 *SM*。

⓬自柏拉圖以來，我們已經發現，普遍概念只是達到實際目標的工具，這些目標隨著時間而被人遺忘，只有特殊的意象流傳下來。今天，我們在道德理想、社會安排以及人類方面的成就，都超乎荷馬的想像。誠如納伯科夫所言，「在美國時代的人（homo americus）與荷馬時代人（homo homericus）的假想戰爭中，前者贏得了

人性獎。」然而，荷馬流傳於後世，應當歸功於他的意象歷久彌新。信守阿奇里斯格律（「事事不輸人」）的男孩子們固然只是無聊的小惡霸，但荷馬的若干名言仍然可以給他們班上較安靜的同學帶來激盪。沒有人知道或甚在乎，莎士比亞是不是想要在他的羅馬劇中傳達某種社會政治的觀點，不過，謝德爲我們所有反柏拉圖主義的人道出了心聲。當金博特（Kinbote）提到他「尤其欣賞《哈姆雷特》中辭藻華麗的文句」時，謝德回答說：「對的，親愛的查爾思〔Charles，譯按：金博特的名字〕，我品嘗著這些文句，像受寵若驚的雜種狗一樣，在一隻大丹狗蹂躪過的勢力範圍裏打滾。」賀拉斯（Horace）歸去來兮，辭官退隱於賽爾（Sabine）農場的問題早已過時，可是每當我們形容一個文句辭藻華麗時，我們總還會向他深致敬意。至於柏拉圖本人，雖然他的普遍概念之說大體上是錯誤的，但他倒不愧爲白人世界中第一位智者（magus）。他乃是爲德希達所謂西方「白人神話」的隱喻之網，編織出第一道紗線的施魔者。雖然他所崇拜的數學早已變成炸彈製造者的工具，他試圖加以精鍊純化的道德直覺，早已證明只是相當原始的文化中矛盾百出的格言，可是他那獨特的火焰卻依然慢慢燃燒著，他那獨特的太陽依然熾烈地照耀著。根據懷德海（Whitehead）所謂的「客觀的不朽」，過去偉大人物之所以偉大，誠如納伯科夫對狄更斯的評語，乃在於「他們的意象」。

⓭納伯科夫和康德一樣，對於斯維登堡（Emanuel Swedenborg）式的神祕冥想終將何去何從，抱持非常懷疑的態度：「我沿著時間往回追溯，希望能夠在那些遙遠的國度找到祕密的出路，可是我越走越覺希望渺茫，而終於發現時間的監獄是圓球狀的，沒有任何出口。」(SM, p. 14)

⓮納伯科夫也許曾經受到柏格森（Bergson）的「顛倒柏拉圖主義」所影響，尤其是他的《道德與宗教的兩個泉源》(*The Two Sources of Morality and Religion*)一書。請參見 Nabokov, *Strong Opinions* (London: Weidenfeld & Nicolson, 1974), pp. 42, 290。以下簡稱 SO。

⓯在這個意義下，而且只有在這個意義下，納伯科夫是對的，他說：「每一個人都用意象，而非語詞來思考。」（*SO*, p. 14）我想說，如果你無法使用語言，你就既無法意識到外在的客體，也無法意識到內在的意象。不過，這種謝勒斯式的「心理唯名論」並不否認人與人之間之所以具有差異，以及他們之所以各自具有獨特的風味與特殊的精神官能症，不是因爲他們有不同的命題態度（propositional attitudes），而是因爲他們終極語彙中的語詞，包括幾乎人人皆有的「好」（good）這個字，以各種不同的方式聯繫到特殊的情境上所致。就以類似納伯科夫的那些特殊人格爲例，他們大腦的線路裝配別具一格，其終極語彙所聯繫到的，乃是那些情境歷歷在目、無微不至的意象。不過，當納伯科夫聲稱，凡是不具備他那種特殊觀想能力（eidetic faculty）的人都只能過著單純而粗俗的生活時，當然他就不免言過其實了。即使沒有意象，人們還是可以有許許多多方式使心靈豐富而耐人尋味，例如音樂，納伯科夫就和葉慈一樣，幾乎完全沒有感應，這一點不同於他的父親與兒子。

⓰Vladimir Nabokov, *Bend Sinister*（Harmondsworth: Penguin, 1974), p. 11. 以下頁碼準此。

⓱Vladimir Nabokov, *The Gift*（Harmondsworth: Penguin, 1963), p. 370.

⓲Charles Dickens, *Bleak House*（New York: Signet, 1964), pp. 445, 529.

⓳請參見 *LL*, p. 90 中納伯科夫對此之討論。

⓴威爾森對他的朋友納伯科夫的所作所爲，有時候就持這種看法。偶爾威爾森也會以詹地斯（John Jarndyce）這位既有耐心又慷慨大方的支持者自比，與納伯科夫這位充滿可愛魅力的史金波爾適成對比。

㉑這項藝術定義的發生背景非常耐人尋味。由於納伯科夫似乎未曾忘記任何一件事情，所以他在書信中對威爾森的鄙夷評語「你年輕時期吸收的老掉牙的布爾什維克宣傳」（*The Nabokov-Wilson Letters*, ed. Simon Karlinksy〔New York: Harper, 1979〕, p. 304; December 13, 1956），或許是在回應威爾森於八年前所說的類似鄙夷評語。

一九四八年威爾森寫信給納伯科夫說：「我始終無法了解，你怎麼能夠一方面從生態的角度研究蝴蝶，另一方面卻又假裝可以談論人類，而絲毫不碰社會環境的問題。我現在終於知道，原來你只把年輕時期世紀末的**爲藝術而藝術**口號照單全收，未曾予以反省。我馬上會寄給你一本我的著作〔*The Triple Thinkers*〕，此書或許可以幫助你把這些問題梳理清楚。」(ibid., p. 211; November 15, 1948) 納伯科夫立即回信。他先把威爾森所喜愛的兩位作家福克納和馬爾羅貶抑爲「通俗的平庸作家」，然後說：「除非先將『藝術』定義清楚，否則『爲藝術而藝術』是毫無意義的。請先把你的定義給我，然後我們才能討論。」(ibid., p. 214; November 21, 1948) 威爾森並未接受這個挑戰，可是納伯科夫接受了，那就是我目前討論的這一段文字。

㉒請將納伯科夫所說藝術的特性，拿來和波特萊爾所謂基西拉島（Cythera）的特色「秩序、美、性感妖豔的奢華和寧靜」比對一番。這也是納伯科夫兒時鄉下房子的特色，納伯科夫形容其爲「坦白說，相當令人恐怖的鄉間」的孤島（*SM*, pp. 85-86)。納伯科夫的定義給「爲藝術而藝術」的口號和藝術與道德的關係帶來一個新的扭轉。或許除了性感妖豔的享樂之外，波特萊爾對基西拉島的描述沒有提到其他人類。反之，納伯科夫的定義則有。

㉓納伯科夫也許會加上列寧。但也許不會，因爲他大概會發現，他和列寧本人相同之處，可能遠多於他們個別與巴度客或格拉度司的相似。我認爲，列寧像恐怖猙獰的歐布萊恩一般，盤旋在納伯科夫意識的幕後：這個人將統治整個世界，因爲他結合了巴度客的殘酷和某種類似納伯科夫頭腦的東西，其間的相似著實令人不安。納伯科夫公開的立場是：「列寧的人生比之（例如）喬伊斯的人生，就像一堆石頭擺在一顆閃亮的鑽石旁邊一樣，雖然他們兩人都曾放逐於瑞士，也寫了許許多多的文字。」(*SO*, pp. 118-119) 不過，我懷疑他眞的能夠相信這個說法。

㉔他不僅知道，韓伯特「詩人從不殺人」之說是錯的，而且也清楚金博特所謂「殺人者**總是**比他的受害人低劣」（《黯淡的光》，p. 157）云云是毫無意義的。因爲「比較低劣」（inferiority）在此不具任何意義——只是機械生產的眾多普遍概念之一。倘若我們有辦法指明在什麼意義下殺人者總是比他們的受害人低劣，例如韓伯特比逵爾逖（Quilty）低劣，或歐布萊恩比溫斯頓（Winston）低劣，那麼我們或許還能說些有用的東西。可是，我們所能說的只是「他們在**道德上**比較低劣」——而如果那就是我們的意思，我們倒不如說「汝不應殺人」（Thou shalt not kill.）並遵行之。納伯科夫關於普遍概念的論點在於：一旦具體細節被遺漏，一切就會立刻混爲一團，結果乾脆不說就算了。

㉕韓伯特和金博特兩個人物之所以如此引人入勝，是因爲雖然他們對別人的反應常常出人意料，可是他們卻非視若無睹。他們不僅具有**強烈的**好奇心（雖然是選擇性的），而且他們的心靈發現「遊戲中有一個扭扭曲曲的規律」，別人生命中有一個主調。至於那個規律是不是眞實的存在那兒，乃是和那位藝術家是不是「眞實地再現」人類的情感一樣的壞問題。一旦藝術家完成了他的作品，它就是在「那兒」了，這和傳統道德論述在同一個喜怒哀樂的故事中發現到的規律，並無二致。當金博特在謝德詩句的字裏行間讀出「然不拉」（Zembla）國度的故事時，他並不是在「捏造某種東西」，也不是在「準確的再現」它。他是在對一個刺激作出回應，進而創造出一個新的刺激。

值得注意的是，金博特非常**關心**謝德的詩，儘管理由全都錯誤。他對那首詩反覆推敲琢磨，儘管他的思緒遠離了謝德的主旨。這一點說明了，任何怪異的、荒誕的註解，亦即布倫所謂的「強勢閱讀」（strong reading），仍不失爲註解。正如海德格對康德的閱讀仍不失爲對康德的一種閱讀，因此，像金博特這樣的人對謝德女兒自殺之事所作出的反應，我們必須加以考慮。對於他女兒的自殺，謝德寫了〈黯淡的光〉，而雪碧兒・謝德（Sybil

Shade）將多恩的死亡訓和馬威爾（Andrew Marvell）的 “The Nymph on the Death of her Fawn” 譯成法文（參見 Nabokov, *Pale Fire*〔New York: Berkeley, 1968〕, pp. 33, 161–162）。我們應該對謝德或雪碧兒的反應感到好奇，同理，我們也應該對金博特的反應感到好奇。對於無法忍受的狂喜、絕望的慕求，或強烈的痛苦，人們會竭盡所能作出反應，而一旦我們離開了行動，進入寫作的領域，再問某個反應是否「恰當」（appropriate）便不太有用。因爲恰不恰當，必須放在事先存在的熟悉規律中才能判斷。而納伯科夫認爲與藝術息息相關的那種好奇心，卻永遠無法滿足於這類規律。

㉖我得利用這個註解，說明一下爲什麼我認爲《羅莉塔》和《黯淡的光》乃是納伯科夫的登峯造極之作。依我之見，這兩本小說應該還是環繞在納伯科夫早期小說《禮物》的同一個主題上，探討具備藝術天分的人所必須面對的一個抉擇：溫柔與狂喜，和一個事實：他們的好奇必然只是**選擇性的**。可是，與這兩本小說相比，《禮物》旨在說教，它是對若干普遍觀念的一些說明。納伯科夫一生的發展和海德格類似，都企圖逐漸避免說教，避免使用被一般用法所污染而已經蛻變成透明無味的語詞。對於他的第一部小說《瑪麗》（*Mary*），納伯科夫曾經評論說：「我在那展示盒〔《瑪麗》〕中所蒐集的流亡人物，自那個時代的眼光來看，簡直透明得讓人可以很容易從他們的標籤，一眼看穿他們的內部。」（Nabokov, *King, Queen, Knave*〔New York: Putnam, 1968〕, p. viii）海德格曾揣測，所有他過去的作品，都將會（或許已經）變得毫無意義，因爲他所創造的語詞逐漸轉變爲一般的用法，從而蛻變到「概念」的層次，成爲只是爲了達到外在於它們的目的之工具。同理，我們也可以想像納伯科夫會發現到，我用這裏所提出的普遍性語詞將他的早期作品加以分門別類，其實正帶給它們相當大的危險。我在這裏所要做的這類工作，只有使用這些語詞才能達成，然而，這卻是納伯科夫嗤之以鼻的工作，也就是把他「擺置」在其他不同天分和目標的作家當中，如歐威爾。納伯科夫和海德格，同樣都希

望最終能夠創作無法分類的語詞和書本，無法使用任何已知的檢同別異的方法加以明確地分門別類，使它們不致淪落這種庸俗化的命運。然而，誠如黑格爾所言，凡具有重要性的個人成就，都無法逃避這庸俗化的命運，因爲所謂「重要性」，其實完全由特殊納入普遍、個別融入社群必須耗費多少努力所決定。世上最重要的成就，都會使這種融合工作的進行極度困難，可是並非完全不可能。海德格在他的中期，也就是撰寫他所謂「存有歷史」的時期，獲得了這種原先極難綜合而最終透明清澈的完美平衡，因此這個時期可以說是他的最高峯。此後，到了晚期，他變成**純粹**個人的，專攻私人的雕蟲篆刻，私人的玄想妙思，以及私人的執著迷戀。納伯科夫在他的中期達到同樣的完美平衡，也就是《羅莉塔》和《黯淡的光》的時期。此後，自《愛達》(*Ada*) 至《瞧那些小丑！》(*Look at the Harlequins!*) 這一段時期，他也變成了**純粹**個人的。在《愛達》中，他甚至大部分時間都在自言自語。誠如歐特 (Robert Alter) 所言，《愛達》一書「固然奪目耀眼，但卻時而令人頓足，實非大手筆之作，缺乏《羅莉塔》和《黯淡的光》那種天衣無縫的剪裁和濃淡疏密的配置」("*Ada*, or the Perils of Paradise," in Peter Quennell, ed., *Vladimir Nabokov: A Tribute* 〔London: Weidenfeld, 1979〕, p. 104)。這兩本偉大的小說具有早期小說 (或許除了《斬首之邀》之外) 所欠缺的那種獨特的納伯科夫風格，以及晚期小說所欠缺的形式上的完美無瑕。

㉗在納伯科夫筆下，韓伯特的戀少女癖 (nympholepsy) 與金博特的同性戀是如此栩栩如生和耐人尋味 (或用《屋漏偏逢連夜雨》中大家用來形容史金波爾的字眼，「魅力十足」)，令讀者大眾不禁好奇納伯科夫本人的性觀念爲何 (或許納伯科夫是故意的)。我想這只是眾所周知納伯科夫故布疑陣的又一例。這些怪物身上固然多少有些納伯科夫本人的影子，但這和任何特殊性取向並無特別的關聯。性癖只是一個更廣泛現象的方便例子而已。

㉘卡思邊鎮的描繪是從附近小山丘頂上看下去的景致，所用的文字預先爲小說結尾前的高潮埋下伏筆。在結尾

處，韓伯特從另一個山丘俯瞰另一個「玩具似的」小鎮，「小孩子們在玩耍的優美旋律」自那小鎮升起。於是韓伯特發現，「最令我痛苦難忍的事，不是羅莉塔不在我身邊，而是她的聲音不在那和聲中」(p. 306)。這就是產生韓伯特先前所謂「不可思議的、無法承受的（我甚至**現在**可以感覺到）永恆的恐怖」的那一刻(p. 167)。

韓伯特在他心臟病發臨終之際寫著他的故事，他對那種恐怖的描繪如下：「可惜，我無法超越人類的一個簡單事實，即儘管我可以找到再大的精神慰藉，儘管我能有堅固如巨岩的永恆，一切都還是無法讓我的羅莉塔忘懷我對她施逞的猥褻肉欲。除非我可以證明——現在的我，有著這個心和鬍子，和我的腐化——從無限長遠的觀點來看，北美洲一位名叫朵蘿絲・黑茲（Dolores Haze）的小女孩被一個偏執狂剝奪了她的童貞，根本毫不重要。除非我能證明這一點（如果可以的話，那麼生命就是一個笑話），否則除了抑鬱以終並藉由清晰的文字藝術帶來非常薄弱的慰藉，我看不出有任何東西可以治癒我的痛楚。一位老詩人曾說：

腐朽者的道德意識是我們
對腐朽的美感意識應盡的本分
(The moral sense in mortals is the duty
We have to pay on mortal sense of beauty.)」(p. 281)

那位老詩人就是納伯科夫本人。我是想說，他希望詩人們必須盡這個本分，可是他並不確定，因此也不確定生命是不是一個笑話。

我不太清楚「花了我一個月的時間」一語，到底是說納伯科夫把關於那理髮師的句子反覆改寫了一個月，還是說疏忽別人小孩的死給他帶來的種種聯想，使他一個月無法寫作，還是說實際上他碰到了別人（或許就是一位理髮師）的苦難，使他一個月無法寫作。納伯科夫讓他的讀者逕自揣測，乃是常有的事。

㉙就在「後記」提出他的「美感的喜樂」和「藝術」的定義之前，納伯科夫說：「我不是說教性小說的讀者或作者，所以，不贊成 John Ray 的主張。《羅莉塔》是沒有道德訊息的。」(p. 313)

㉚金博特在他爲〈黯淡的光〉所作前言的結語中，一針見血地道出實情：「若沒有我的註解，謝德的文章根本不會有人性的眞實，因爲像他這樣的詩（作爲自傳之作著實太過含蓄和保留），其中的人性眞實……必須完全依賴於作者、他的環境、執著等等的眞實，而只有我的註解才能提供這種眞實。我親愛的作者或許不會承認這種說法，但無論如何，註解者擁有最後的決定權。」納伯科夫喜歡讓那些不知所云的人說出眞理。《羅莉塔》的前言（作者是 John Ray, Jr., Ph.D.）是另外一個例子。

㉛金博特接著稱讚佛洛斯特 "Stopping by Woods on a Snowy Evening" 一詩，說道「儘管謝德才華橫溢，他卻無法讓**他的**雪片如此安排」。我不確定這是不是金博特在爲納伯科夫說話。可是，即使納伯科夫讓金博特用來稱讚佛洛斯特的文字略嫌誇張（「每一個美國小男孩都能琅琅上口的一首詩」），我猜想納伯科夫非常清楚他自己無法寫出像佛洛斯特那樣優秀的詩，因此也知道謝德沒有辦法。

但話說回來，納伯科夫倒非常喜愛結晶的隱喩。結晶和液體乃是不同的存在樣態——液體的透明消失了，在有些情況下，被色彩的千變萬化所取代。但是結晶製品必須是人造的，而且和大家所看到的雪片一樣，每一件都是不可重複的。格拉度司沒有能力掌握除了普遍觀念之外的其他東西，其實正呼應他沒有能力喜愛除了同質透明的玻璃之外的其他玻璃，例如他在旅途中愛不釋手的「紫玻璃小河馬」（《黯淡的光》，p. 169）和「水晶小長頸鹿」(p. 132)。金博特對馬克思主義變成國家宗教後所具有的形式，有相當貼切巧妙的描繪，他說：「在近代俄羅斯中，觀念就像機器切割出來的積木一樣，都是色彩單一的成品，細微的差異都被禁止，間隔距離整齊畫一，即連弧線也要經過精密測量控制。」我們似乎可以穩當地說，格拉度司之所以如此欣賞那些河馬和長頸鹿，乃在於它們的維妙維肖，亦即非常逼近習慣上對這些動物的透明再現。

㉜關於這一點，可見於〈黯淡的光〉一詩，中間有一段謝德放棄了他對靈魂（尤其他死去女兒的靈魂）的不朽之關心，稱這關心爲「薄弱的謬論」。他發現他一向以爲是不朽的鐵證，原來只是一個印刷錯誤的結果，於是他寫道（II. 806-815）：

然而，我突然體悟到，**這**
才是眞正的重點，是多音協奏中的主旋律；
是這一點；不是文章（text），而是紋理（texture）；不是夢想
而是混亂中的巧合。
不是薄弱的謬論，而是感覺之網。
是的！爲了這點，我只要能夠在這一生中找到
某種巧合中的巧合，一個遊戲中
搭配工整的形式……

謝德獲得一個結論，就是藝術家對偶然的體認，對於大秩序的主宰者根本不存在（換言之，不可說不可道）的認識，比之宗教或道德哲學聲稱發現到了這類主宰者眞實姓名和本質，更勝一籌。相對的，當金博特向謝德要一個「暗語」和「憐憫」時，他心中就透顯出對普遍概念的喜好（關於這個喜好，金博特一直不知道自己和格拉度司不謀而合）。當謝德拒絕爲他的暗語提供任何神學的辯護時，金博特說：「謝德，我終於逮到你了：一旦我們否認那設計並掌控我們個人命運的偉大全智者，我們就不得不接受一個不可言喻的恐怖看法，即機緣瀰漫著一切，直到永恆。」（p. 151）這正是上述引文中謝德所已經接受的看法，這個看法給人的影響，

只能藉由韓伯特所謂「清晰的文字藝術帶來非常薄弱的慰藉」，而稍獲紓解。

㉝在他們關於納伯科夫的傑出翻案著作中，藍普頓（David Rampton）和匹佛（Ellen Pifer）不約而同地都在開頭舉出許多這類讀法，深加譴責，同時又強調納伯科夫的「道德」面向。我從這兩本書中，尤其藍普頓對《禮物》的討論，獲益良多。請參見 Rampton, *Vladimir Nabokov: A Critical Study of the Novels* (Cambridge: Cambridge University Press, 1984), and Pifer, *Nabokov and the Novel* (Cambridge, Mass.: Harvard University Press, 1980)。

㉞比之辛辛納特和凡暈，韓伯特與金博特之所以遠爲深刻而令人難忘，完全歸因於他們所在的處境可信度高而且親切近人，以及他們所交往的乃是有理性的常人（如羅莉塔和謝德），而不只是他們自己的幻想，抑或其他幻想者（如皮耶爾先生或愛達）。辛辛納特固然和謝德一樣深具同情心，凡暈固然和韓伯特一樣令人嫌惡，但都較不具體，因此也較不具道德效果。因爲小說人物的具體程度，完全視其與讀者在自身生活中能夠就近取譬的處境之間有多少關聯而定。

㉟納伯科夫反覆再三地使用這個創造世界的觀念。請參見 David Bromwich, "Why Writers Do Not Create Their Own Worlds" (in *Romantic Argument*〔Cambridge, Mass.: Harvard University Press, in press〕)。布洛姆維奇（Bromwich）對這隱喻的種種缺陷提出解釋。這個隱喻可以追溯到康德，而它所根據的乃是康德的一個非常糟糕的區分：形式與內容。

第八章　歐洲最後一位知識分子

——歐威爾論殘酷

歐威爾的最後兩本小說，可以說是納伯科夫所謂「話題垃圾」的最佳例證，因爲這兩本著作之所以重要，乃是它們曾經在實踐上發生極大的影響所致。若不是因爲他寫了《動物農莊》（*Animal Farm*）和《一九八四》，我們現在大概不會拜讀他的議論文章，研究他的傳記，或試圖將他的道德思考語彙和我們的道德思考語彙結合在一起。只要還有稟賦特異的強迫性人格，並認同於韓伯特和金博特的讀者，《羅莉塔》和《黯淡的光》就會繼續流傳於人間。侯爾（Irving Howe）的論述是《一九八四》最早也最好的討論之一，但甚至連他也承認，有些作家「必須放在所屬的時代之中，才能顯現出其生命的最重要意義」[1]，歐威爾就是其中之一。

只有當我們對於二十世紀政治的描述和歐威爾的描述一致時，歐威爾最好的小說才會廣被閱讀。這能夠維持多久，將端視我們政治未來的種種偶然而定：換言之，這將決定於未來有什麼樣的人會回過頭來了解我們，下一個世紀發生的事情如何反映我們這個世紀，以及人們將決定如何描述布爾什維克革命、冷戰、美國的短暫霸權，和巴西及中國等國家的未來角色。歐威爾認爲，本世紀乃是「人類平等已經在技術上成爲可能」的時代，但與此同時——

> ……久已遭人唾棄、有些甚至已歷數百年不用的人類實務制度——不經審判的囚禁、將戰犯用爲奴隸、公開處決、刑求、利用人質、大批人口的驅逐——不僅再度流行起來，並且爲許多自認開明進步的人士所容忍，甚至辯護。❷

也許有朝一日，這種描述本世紀的方式會顯得有所蒙蔽或目光短淺。果眞如此，人們會看到歐威爾對於他所攻伐的惡，了解得並不夠深刻透徹。我們的後代就會以我們閱讀斯威夫特的方式，去閱讀歐威爾：雖然景仰其對人類自由的貢獻，但卻不太會採取他對政治趨勢的分類，或他道德或政治思考所用的語彙。當今有若干左派人士（例如諾里斯（Christopher Norris））即對歐威爾提出批評，認爲我們**已經**可以斷定歐威爾確實有所蒙蔽和目光短淺。他們認爲，歐威爾所提醒我們注意的那些事實，已經可以放在另一個脈絡中，顯現不同的面貌。我反對諾里斯的看法，不認爲我們已經看到另一個更好的脈絡。就我來看，自歐威爾執筆迄今四十年來，還沒有人發現一個更好的方式，來陳述我們所面對的政治選擇。從他早期針對貪婪愚蠢的保守派以及針對共產主義寡頭統治所提出的警告，我們可以說，他對我們政治處境（其中的危險與可能）的描述，仍然非常有用。

納伯科夫認爲，一個「作家」如果以這種必然是暫時性的有用，作爲他或她的鵠的，那就顯示這個「作家」缺乏或浪費了這個角色所固有的天分。同樣的，歐威爾也有他自己一套關於這個神祕角色的觀點，與納伯科夫的觀點正好背道而馳。在第七章我曾經極力主張，我們應該把這兩種觀點區分開來，不同的作家想做不同的事情。普魯斯特想要自律和美；尼采和海德格想要自律和雄偉；納伯科夫想要美和自衛自保；歐威爾想要對受苦受難的人們有用。他們都成功了，每個人都獲得了傑出而**同等的**成功。

歐威爾的成功，在於他在最恰當的時機寫出了最恰當的書籍。事實證明，他對於那一個特殊歷史偶然的描述，正好就是關係自由主義政治的未來前途所必需的東西。納伯科夫所津津樂道的「布爾什維克宣傳」，曾對英美自由主義知識分子的心靈發揮過極大的影響力，而歐威爾一舉粉碎了這個力量，使我們比起我們的法國反對派超前二十年。他們必須等到《古拉格群島》(*The Gulag Archipelago*) 出現，才不再認爲抱持自由主義希望的我們，必須相信鐵幕後面所發生的種種終將得到改善，才不再認爲唯有對共產主義寡頭統治者的所作所爲睜一隻眼閉一隻眼，我們才有辦法團結起來，對抗資本主義。如果說納伯科夫使他的讀者細心留意私人喜樂的追求永遠可能產生小規模的殘酷，那麼，我們可以說，歐威爾使他的讀者細心留意一小撮知識分子利用「人類平等」的修辭，替那些與他們掛鉤的偉大犯罪集團的殘酷行徑，四處散播著辯解的說詞。

歐威爾在實踐上最大的貢獻，就是透過對蘇聯的重新描述，讓二次大戰後的政治局勢展現新的面貌，從而使我們對於這些辯解有所敏感。《動物農莊》和《一九八四》前三分之二，結合了侯爾所謂的「極度的溫柔與極度的話題性」，其實便足以完成這個有限的實踐目標。然而，《一九八四》的後三分之一卻給我們截然不同的東西，比較不具話題性、描述性，而傾向前瞻性。從溫斯頓和茱莉雅去過歐布萊恩的公寓後，《一九八四》就變成關於歐布萊恩的書，而不再是關於二十世紀極權主義國家。此書的這個部分環繞著《寡頭統治集體主義的理論與實踐》(*The Theory and Practise of Oligarchical Collectivism*)(歐布萊恩與他人合著)的引文，以及歐布萊恩解釋爲什麼溫斯頓不應該只被槍斃，而必須受到折磨(「折磨的目的是折磨」)。這就是侯爾所謂的「後極權主義」(post-totalitarianism)❸的描繪，因此不再是對於目前世局提出警告，而是創造一個人物，闡釋未來可能發生的事情。當然，對於一小撮犯罪集團極可能控制現代國家，並透過現代科技永續不斷地實行其控制，歐威爾並不是第一個發出警告的人。但是，對於在自由主義理想顯然已經和人類任何可能的未來脫離關係的時代，現代國家的知識分子可能會如何看待自己，歐威爾乃是第一個提出問題的人。而歐布萊恩就是他對那個問題所提出的答案。

我想要就歐威爾最後兩本小說所做的兩項工作，分別加以討論：重新描述蘇維埃政權，和創造歐布萊恩。我將先討論第一個工作，然後再回到歐布萊恩。歐威爾的仰慕者常讓人覺得，他成功地重新描述蘇維埃政權，乃是因爲他提醒我們一些簡單明瞭的眞理(plain truth)，一些和「二加二等於四」同樣明顯的道德眞理。然而，這些仰慕者卻常常被他的第二項成就所困擾，因此，誠如侯爾所言，他們傾向於淡化《一九八四》的「末世絕望」，而強調稱頌「歐威爾的人道和『善良』」❹。與此同時，他們也傾向於相信，歐威爾其實不是特別卓越的作家，只不過，他的善心彌補了他在藝術上的缺憾。例如屈林就說，「歐威爾天生的才分或許不是超越性的；這些才分的根源屬於既平常又質樸的心靈。我們可以說這種性質乃是一種道德中心性，與道德——和政治——事實的一種直接關聯。」❺

歐威爾本人確實呼應屈林的這種說法。在〈我爲何寫作〉("Why I Write") 結尾常被引用的一段文字中，歐威爾說，「除非不斷試圖抹除自己的個性，否則作家無法寫出具有可讀性的東西。好的散文就像一片窗格玻璃。」❻在這一篇文章的前面，他列出了寫書的四個可能動機，其中一項是「歷史的衝動」，意思是「一種就事論事的欲望 (a desire to see things as they are)，想要發現眞正的事實，並將其保存起來，以爲後世之人所用」(*CEJL*, I, 4)。這些段落和歐威爾其他文章中類似的文字，常被人拿來和下面《一九八四》中的一段文字合併閱讀：

> 黨要你否定你親眼看到親耳聽到的證據，這是他們最終極、最重要的命令。(溫斯頓的)心沉了下去，因爲他想到了他所面臨的龐大壓力，任何黨內的知識分子都可以在辯論中輕易地將他扳倒，……然而他是正確的！……顯而易見的、平常的、眞實的東西，都必須加以辯護。

> 自明之理是眞實的，必須堅持到底！實實在在的世界存在著，它的法則恆常不變。石硬水濕，地心有引力。〔溫斯頓〕覺得好像在跟歐布萊恩說話，懷著創作重要格言的心情，寫道：「自由就是說出二加二等於四的自由。若這點獲得認可，其他將自然成立。」(p. 790)

由於強調這些（和其他類似的）[7]段落所致，許多論者得到一個結論，認爲歐威爾教我們抗拒那些心術不正的知識分子——這些知識分子企圖說服我們，眞理不在「那兒」(out there)；眞理的可能項乃是你所使用語彙的函數；一個東西之爲眞，乃是你的其他信念的函數。簡言之，在這些論者的解釋之下，歐威爾是一位實在論的哲學家，常識的辯護者，而反對那些鄙視常識的有教養的反諷主義者[8]。

根據這種解釋，歐威爾思想中最關鍵性的對立，乃是傳統形上學所捏造出來的「表象」與「赤裸裸的實在」之間的對立。這赤裸裸的實在被惡劣的、不透明的散文，以及差勁的、故弄玄虛的理論搞得模糊不清。一旦汚垢從窗格玻璃抹掉，任何道德和政治處境的眞實就會淸楚起來。唯有那些任由他們的個性（尤其是怨恨、虐待狂、對權力的飢渴）蒙蔽其見識的人，才無法掌握簡單明瞭的道德事實(plain moral facts)——這類簡單明瞭的道德事實之一，就是善良優於折磨。唯有這種人才會試圖利用心術不正的哲學技法（例如，我在第一章所用的眞理融貫理論、全體論的語言哲學等設計），迴避知識論和形上學上簡單明瞭的事實。這類事實包括：眞理「獨立於」人類心靈和語言；重力不因人類思想模式的差異而有所不同。

根據我在前幾章所提出的理由，我不認爲世界上有存在「那兒」的簡單明瞭的道德事實，獨立於語言的眞理；我也不認爲我們可以找到任何中立的基礎，來分辨酷刑折磨與慈愛善良之間到底誰優先於誰。所以我想對歐威爾提出不同的解釋。這不是要他在哲學論證上站到我這一邊。歐威爾和納伯科夫一樣，都對這類哲學論證興趣缺缺，而實際上也欠缺建構哲學論證的技術❾。相反的，我是要堅持，把歐威爾和納伯科夫所從事的工作——使讀者們細心留意他們所沒有注意到的殘酷與侮辱——當作是在剝除表象、彰顯實在，其實沒有好處。他們的工作最好是被當作對於可能發生或已經發生的事情之重新描述；我們應該把他們的重新描述，拿來和其他對於相同事情的重新描述（而不是和實在）進行比較。就共產主義寡頭統治而言，歐威爾和索忍尼辛的貢獻在於他們提供我們另一種脈絡，讓我們這些相信殘酷爲吾人所爲之極惡的自由主義者，可以從一個另類的觀點來描述本世紀的政治歷史。

不論是在沙特和歐威爾對一九四〇年代末期歷史所提出的描述之間決定孰優孰劣，抑或在詹明信（Fredric Jameson）和侯爾對我們當前政治局勢的描述之間判別高下，我們的取捨絕對不在於是否要面對堅硬而令人不悅的事實。同樣的，也不在於是否被意識形態所蒙蔽。這個取捨的工作，就是把一個劇本拿來和其他相對的劇本比較對照，把一些計畫拿來和其他可能的計畫彼此衡量，或在某些描述和其他再描述之間相互較量。

那些改變我們對政治局勢想法的重新描述，自是截然不同於玻璃窗。相反的，唯有具備獨特天分，能夠在恰當時刻以恰當的方式寫作的作家，才能給我們這種別開生面的再描述。歐威爾自己在比較好的狀況下，也丟棄「簡單明瞭事實的透明性」一類的修辭，而承認他的工作和他的對手（史達林的辯護者）的工作，其實並沒有兩樣。試看下面這一段：

> 「想像性的」寫作，就像從側面攻擊一個無法由正面攻堅的立場一樣。凡是不想從事冷峻「知識」工作的作家，文字的原初意義對他們而言幾無用武之地。這類作家若要發揮作用，那就必須以詭詐迂迴的方式使用文字。(CEJL, II, 19)

就《動物農莊》而言，歐威爾的詭詐手法，就是利用小孩子都懂的語言，將本世紀的歷史重說一遍，以誇張荒謬的姿態，凸顯左派政治討論的極端複雜性和強詞奪理。他這套詭詐手法證明奏效，因爲相較之下，不論企圖在史達林和希特勒之間找出重大的區別，抑或企圖繼續使用「社會主義」、「資本主義」，或「法西斯主義」等語詞來分析晚近的政治歷史，都變成迂腐笨拙而不切實際。套用庫恩的術語來說，非常規的現象層出不窮，例外不斷累積，以至於整個過度擴張的架構需要在恰當的作用點上來個臨門一腳，在恰當的時刻來個恰當的嘲諷。這就是爲什麼《動物農莊》能夠將自由世界的輿論扭轉過來。它力量的來源，不是它與實在的關係，而是它與對這段歷史最普遍的描述的關係。它是在策略上安置巧妙的一支槓桿，而不是一面鏡子。

在屈林等仰慕者看來，歐威爾爲顯而易見的道德實在提出了新鮮的說法。在德意志（Isaac Deutscher）等和他同時的馬克思主義者，以及諾里斯等當今的馬克思主義者看來，他頂多只是天眞單純而已[10]。在我看來，歐威爾的心靈既不透明亦不單純。如何描述二次大戰後的政治局勢？這在歐威爾當時並不**顯而易見**，現在依然不是。因爲，正如凡是有用的科學描述，其所採取的語彙都必須提升我們預測和控制事件的能力，同理，凡是有用的政治描述，其所採取的語彙都必須能夠暗示「怎麼辦？」（What is to be done?）的答案之所在。對於如何回答車尼雪夫斯基（N. G. Chernyshevsky）的這個問題，歐威爾沒有給我們任何暗示。他只告訴我們如何**避免**回答該問題，以及什麼語彙必須**停止**使用。他使我們相信，我們過去的政治語彙已經和我們當前的政治局勢幾乎毫不相干，然而，他沒有提供我們一套新的政治語彙。他讓我們一切從頭再來，而我們仍在起點原地踏步。迄今尚無人提出任何大架構，可以把龐大曖昧的人類平等的希望，和世界上實際的權力分配關聯起來。果然不出歐威爾所料，資本家依然貪婪而短視，共產主義的寡頭統治者依然犬儒而腐敗（除非戈巴契夫給我們驚喜）。這個世界尚未出現第三勢力，而不論新保守主義者抑或後馬克思主義左派人士，頂多也只是抒發懷舊之情罷了。因此，雖說有朝一日我們可能會回過頭發現歐威爾的盲點和短視，但可惜這仍然只是純粹理論上的可能性而已。因爲，迄今還沒有人爲歐威爾所謂的「人類平等在技術上的可能性」，拿出一套具有說服力的劇本。

二次大戰前的自由主義者認爲他們已經握有這樣的劇本。一九三〇年代，歐威爾也曾經多次以爲他找到了這樣的劇本。然而，由於他的預測屢遭現實否決，而且他也發現他那一世代的人都被人利用「馬克思理論」所吸收，變成了蘇俄政治的走狗，同時他更厭惡伯納姆（James Burnham）等人犬儒式的預言，因此他乃寫出《動物農莊》和《一九八四》的前三分之二。這些書之所以成功，不在於它們使我們面對道德的現實，而在於讓我們清楚地看到，我們無法再使用我們舊的政治理念了，而現在卻沒有任何政治理念可以大力協助我們，將歷史朝向自由主義的目標推進。除非有人提出新的劇本，否則「被虐式的自暴自棄」、「犬儒的絕望」等加諸歐威爾的譴責，都將不攻自破。

但是，除了消極地讓我們一切從頭再來之外（此固然必要且有益），歐威爾還作出了其他貢獻。這貢獻就是《一九八四》的後三分之一，關於歐布萊恩的部分。他在那裏勾畫出了一個可能的劇本，一個誤入歧途的劇本。他讓我們相信，那使人類平等在技術上成爲可能的歷史發展，十之八九也會使無止盡的奴役成爲可能。他的理由是說，不論從眞理、人性或歷史的角度，我們都找不到任何東西可以阻擋該劇本的出現，正如沒有任何東西可以保證兩次大戰之間自由主義者所用的劇本會得到實現。他讓我們相信，那些使希臘哲學、現代科學以及浪漫主義詩歌成爲可能的智識與詩的天才，也許有朝一日會在「眞理部」(the Ministry of Truth) 中發揮所長。

根據我這裏對《一九八四》的看法，歐威爾沒有關於歐布萊恩的**答案**，他也無意提出答案。

和尼采一樣，歐威爾認爲「被給答案」、觀念交流、共同思考，其想法本身就是懦弱的徵兆。歐威爾創造歐布萊恩，不是要把他當作一個辯證的環節，或塞拉西馬可（Thrasymachus）的現代翻版。他之所以創造他，是爲了警告我們要小心防範他，就好像警告颱風來臨或動物園的大象走失一樣。歐威爾無意建立一個哲學立場，而是試圖回答下列三個問題，以便使某一個具體的政治可能性看起來更加可信。這三個問題就是：㈠「在某個可能的未來中，知識分子將如何描述他們自己？」㈡「他們將如何自處？」㈢「他們將如何發揮他們的才能？」他不認爲歐布萊恩是瘋狂的，或被錯誤的理論所誤導、迷惑，或無法看見道德事實。他只是認爲他是**危險的**且**可能的**罷了。因此，除了讓蘇維埃的宣傳顯得荒謬不經之外，歐威爾的第二個偉大貢獻，就是讓我們相信歐布萊恩確實是可能的。

爲了證明我對《一九八四》後半部的這種讀法並非憑空杜撰，我可以引述一九四四年歐威爾所寫的一篇專欄以爲佐證。在文中，歐威爾剖析了他所謂的「一個非常危險的謬誤，目前在極權主義尚未建立的國家中非常流行」：

> 這個謬誤就是相信在一個獨裁政府下，你可以**內在地**（inside）享有自由。……最大的錯誤就是幻想人乃是自律的個體。你以爲可以在專制政府下享有的私人自由，其實是無稽之談，因爲你的思想不可能完全是你自己的。哲學家、作家、藝術家，甚至科學家，不僅需要鼓勵

> 和聽眾，他們還需要不斷從他人獲得刺激。……一旦奪去了言論自由，創造的能力勢必乾竭。
>
> (CEJL, III, 133)

這一段如何與我稍早引述的溫斯頓日記中那一段連成一貫？那一段的結尾是：「自由就是說出二加二等於四的自由。若這點獲得認可，其他將自然成立。」我建議可以把這兩段當作是說：「二加二等於四」是否爲眞，根本不重要，這眞理是否爲「主觀的」抑或「符應外在實在」也不重要。重要的是，如果你相信它爲眞，你可以把它說出來，而不會受到傷害。換言之，重要的是你有能力與他人談論你以爲眞實的東西 (what seems to you true)，而不是實際上眞實的東西 (what is in fact true)。如果我們保重自由，眞理就會保重自己 (If we take care of freedom, truth can take care of itself.)。如果我們對於我們的終極語彙持著反諷的態度，並且對他人的終極語彙心存好奇，那麼，我們不必擔心我們是否直接與道德實在接觸，是否被意識形態所蒙蔽，或是否贊成輕度的「相對主義」。

我認爲，歐威爾主張沒有所謂**內在的**自由，也沒有所謂「自律的個人」，乃是歷史主義者(包括馬克思主義者在內)對「自由主義的個人主義」的批評。這觀點認爲，我們每一個人的內在，根本沒有共通的人性，沒有天生的人類團結性，可以用來作爲道德的參考點[11]。人只是社會化的結果，這包括使用語言的能力，以及與他人交換信念和欲望的能力，都不例外。歐威爾用他自己的話說出了這個意思：「廢除階級區分意味著廢除你自己的一部分。」又說：如果他「脫離了階級的生活範圍」，他「看起來就很難還像同一個人」。作爲一個人，就是會說一個**特殊的**語言，這個語言讓我們能夠和特定種類的人們，討論特定的信念和欲望。我們到底是被尼安德塔穴居人（Neanderthals），抑或古代中國人，或伊頓（Eton）人，或夏山學校（Summerhill），抑或「眞理部」所社會化，全屬歷史的偶然。純粹作爲人類，我們沒有共同的聯繫。我們和其他人類共通的東西，與我們和所有其他動物共通的東西，並無二致——那就是感受痛苦的能力。

回應最後這一點的一個方式，就是主張我們的道德語彙應該從人類延伸到動物。誠如我在第四章所建議的，一個比較好的方式，乃是試圖找出人類的痛苦和動物的痛苦之間的分歧點。歐布萊恩在這裏進來了。歐布萊恩提醒我們，凡是已經被（任何語言，任何文化）社會化的人們，都擁有一種能力，是其他動物所沒有的。他們都可以被施予一種特殊的痛苦：別人可以侮辱他們，將他們在社會化中所獲得的（或他們得意洋洋地自行創造的）特殊語言與信念結構，用力加以撕裂摧毀。更具體地說，人和動物不同，人們可以被用來滿足歐布萊恩的一個願望，這願望就是「將人的心靈撕碎，然後按照你選擇的新款式，將其重新組合起來」。

虐待狂的目標在於侮辱，而不只在一般的痛苦。這個意思在史加莉（Elaine Scarry）所著《肉體在痛：世界的製作與瓦解》（*The Body in Pain: The Making and Unmaking of the World*）一書中有詳盡的發揮。我們可以從史加莉的論證推出，我們對待他人最惡劣的一件事，不是使她在極度痛楚中哀嚎，而是利用這極度的痛楚，使她在痛楚過後無法將她自己重新組合起來。關鍵在於叫她去做或說出一些事情，甚至若可能的話，去相信、欲求一些事情，想一些念頭，但是，我們知道她事後將無法面對自己竟然做過說過這些事情，或想過這些念頭。以史加莉的話來說，如此你就可以「瓦解她的世界」，使她不可能使用語言來描述她的所作所爲和所是。

現在讓我把這一點運用到歐布萊恩：他使溫斯頓短暫地相信二加二等於五。首先注意，和「拉賽佛（Rutherford）與歐亞洲的將軍們陰謀勾結」一事不同，歐布萊恩本人並不相信「二加二等於五」。而被擊垮並釋放後，溫斯頓本人也不相信「二加二等於五」。它不是（也不可能是）黨的理論（歐布萊恩與他人合著的書《寡頭統治集體主義的理論與實踐》中提到，在「設計槍或飛機」時，二加二**必須**等於四（1984, p. 858））。使溫斯頓相信「二加二等於五」的**唯一**目的，就是要瓦解他。讓一個人無法擁有自我的第一步，就是使她毫無理由地否定她的若干信念，因爲，如此她就無法將信念和欲望組織成一張融貫一致的網子。這使她變成名副其實的非理性：她無法爲她的信念提供一個與其他信念相容的理由。她之所以是非理性的，不是因爲她與實在脫節，而是因爲她不可能再合理化她自己，不可能再自我證成（justify herself to herself）。

使溫斯頓短暫地相信二加二等於五，在「瓦解」的功能上，相同於使他短暫地希望老鼠去咬茱莉雅的臉，而不是他自己的臉。兩者的不同，在於後者乃是終極的、不可挽回的瓦解。溫斯頓或許能夠相信，他曾經在奇特的情況下相信二加二等於五，並將這信念融合到他的性格和生命的歷史中。人可以爲暫時的非理性編織一套故事。可是，對於他曾經希望他們**去害茱莉雅**，他無法爲這信念編織一套故事。這就是爲什麼歐布萊恩把這重頭戲留給老鼠，他知道，溫斯頓在這裏一定會看著自己崩潰成碎片，而同時又明白自己將再也無法重拾這些碎片。

再回到我的主要論點：「二加二不等於五」並不是重點所在。重點在於溫斯頓認爲它具有象徵的意義，而歐布萊恩知道這一點。不論一件事是**眞實**與否，只要溫斯頓對這件事的信念能夠將他瓦解，那麼，使他相信這件事是**眞實**的，歐布萊恩就算達到了他的目的。假定茱莉雅（和骨董商加靈頓〔Charrington〕先生一樣）眞的從頭到尾都是思想警察的特務；假定她是接受歐布萊恩命令去勾引溫斯頓；假定歐布萊恩告訴溫斯頓這一點，但除了他自己顯然不可靠的話外，又不給他任何證據；再假定溫斯頓對茱莉雅的愛情至爲眞切，只有迫使他相信「二加二等於五」的那種折磨，才能使他相信茱莉雅確實是歐布萊恩的特務——效果都會相同，而對於歐布萊恩而言，最重要的就是這個效果。事情的眞或假，無關緊要。

歐布萊恩希望帶給溫斯頓最大的痛苦，而爲了達到這個目的，最重要的是溫斯頓終於不得不承認他已經變得語無倫次了，他無法再使用語言或作爲一個自我。雖然我們可以說，「我**曾經**相信一件假的事情」，但我們卻不可能對自己說，「現在，我正相信一件假的事情」。所以，一個人不會在相信一件假的事情時，或因曾經相信過一件假的事情，而感到侮辱。但是，正如折磨者所期望的，人們會感到極大的侮辱，如果他們回顧過去並對自己說：「既然我已相信過**這個**，欲求過**這**

個，現在我再也無法成爲我過去所期望的自己，或我過去認爲我所是的人。過去我一向告訴自己的那一套自我故事，那個誠實的、忠厚的或虔誠的自我意象，已然失去意義。我不再有一個可以建立意義的自我。我無法想像任何可以立足的世界，因爲我已經沒有語彙，可以用來陳述一個完整一致的自我故事。」對溫斯頓而言，一旦他發自內心地說出「去害茱莉雅！」這個句子，他就再也無法將他自己重新組合起來；而世界上最糟糕的東西正好又是老鼠。然而，原則上，我們每一個人都會和某個句子、某個東西，保有這種關係。

如果你可以找到那個關鍵的句子和關鍵的東西，那麼，誠如歐布萊恩所言，你就可以將一個心靈撕裂，並按照你所選擇的新樣式，把它重新組合起來。但是，這個儀式的目標，是那撕裂的聲音，而不是組合起來的結果。重要的是瓦解，組合只是額外的刺激。例如，當溫斯頓變成喜歡「老大哥」(Big Brother) 時，「老大哥」事實上並不可愛這個事實本身，就不重要了。重要的是，喜歡「老大哥」的那個溫斯頓，與深愛茱莉雅、愛惜玻璃紙鎮，並記得顯示拉賽佛無辜的剪報的那一個溫斯頓，兩者之間不可能更換自如。瓦解溫斯頓的目的，不在於使溫斯頓的思想與黨的意識形態一致。「黨核心」(Inner Party) 之所以折磨溫斯頓，不是因爲它害怕革命，也不是因爲有人不愛「老大哥」，使它憤怒。它之所以折磨溫斯頓，是爲了給溫斯頓痛苦，從而增加它成員（尤其是歐布萊恩）的快樂。歐布萊恩對溫斯頓長達七年的密集研究，唯一的目的就是希望有朝一日，溫斯頓可以提供豐盛而複雜、精緻而耐人尋味的心靈創痛。讓那個東西在「栗樹咖啡廳」存在片刻，唯一的目的就是使它在電視播放「在枝葉扶疏的栗樹下，我出賣了你，你出賣了我」的歌聲時，還能感到痛苦。折磨不是爲了使人服從，也不是爲了使人相信假的事物。誠如歐布萊恩所言，「折磨的目的就是折磨。」

對於活在後極權主義文化中有天分而又感覺敏銳的知識分子而言，這個句子可以和「爲藝術而藝術」或「爲眞理而眞理」相提並論。因爲對於這類知識分子而言，折磨是現在唯一可能的藝術形式和唯一可能的知識學科。那個句子是《一九八四》全書的核心，但也是論者一向最感棘手的句子。許多人同意史特拉基 (John Strachey) 的說法：

……自從溫斯頓和茱莉雅不出所料地被逮捕，偵訊和折磨開始以後，全書就每下愈況。……肉體的折磨固然是歐威爾偏愛的題目之一，但卻非他的才力所能處理。他和我們大部分人一樣，都未曾經歷過酷刑的折磨。而凡是沒有親身經歷過這檔事的人，照理說對它是無甚了了才對。⓬

我想史特拉基的最後一點不難回答。史特拉基忽略掉的一點，就是《一九八四》的最後三分之一所要處理的是歐布萊恩，不是溫斯頓——亦即是折磨，而不是被折磨。

這項疏忽乃是自然而然想要將歐威爾等同於溫斯頓所致。若我們不小心被這想法誤導了，則前面所引溫斯頓認爲堅信「二加二等於四」的重要性那一段文字，以及其他類似的段落，就會變成全書的核心。於是，這小說的後三分之一便只是歇斯底里的畫蛇添足而已。而我一再強調的那些段落——其中包括歐布萊恩說明「黨核心」對事情的看法——就會被解釋成在顯示歐布萊恩辯證立場的荒唐而已。再不然就會像雷蒙・威廉斯（Raymond Williams）的解釋一樣。根據他的讀法，「折磨的目的就是折磨，權力的目的就是權力」一語的意思是說（他套用歐威爾用來描述伯納姆立場的文字）：「權力的飢渴……乃是一種自然的本能，毋須進一步解釋。」

威廉斯知道我們很容易就會只將歐威爾等同於溫斯頓，但是他卻認爲，歐威爾把自己認同於歐布萊恩，確實是最後關頭的自我背叛。威廉斯說道：

> 爲了繼續抗拒權力和政策之間一切關聯的取消……我們沒有必要否認迫害、權力以及折磨，甚至經常出現的事實確實存在。我們之所以**必須**抗拒這種取消，正是因爲一旦這些關聯被取消了，不同社會體系的區分，乃至於這個或那個體系何時變好變壞之研究，便不再具有任何意義。[13]

威廉斯認爲，如果伯納姆的觀點是正確的，也就是說，權力的飢渴是一種自然的本能，那麼，關於社會民主制度是否優於法西斯主義，就不會有「事實」或「客觀眞理」可言。他說，伯納姆的立場「使一切實際的政治信念和理想都變成非常可疑，因爲這些勢必都會是赤裸裸的權力和權力欲望的幌子。……研究和論證，乃至於眞理的可能性，也都會遭到一筆勾消」。於是威廉斯將歐威爾蓋棺論定，認爲他在最後關頭短暫地向一個危險的觀點投降，相信眞理確實是不可能的。所以，和史特拉基一樣，威廉斯也認爲這部小說在結尾的地方走入了歧途。

威廉斯在他那本討論歐威爾的著作結尾，引述了歐威爾對伯納姆的譴責——「權力崇拜模糊了政治判斷，因爲它幾乎不可避免地導致一個想法，即相信目前的趨勢會持續下去」，並論道：

> 雖然歐威爾一直都是特權和權力的反對者，但他卻在這小說中向那奴性的念頭屈服了。他警告說世界可能會朝那個方向走去，然而，這個警告卻在小說的絕對性中，變成想像地屈服於這趨勢的必然性。而再度搖動那鎖鍊，無異褻瀆了那許多男男女女，包括歐威爾自己的一生——他們在過去乃至現在，對抗著那些毀滅性的、無知的趨勢，儘管這些趨勢迄今仍然威力無比；他們以不屈不撓的毅力，想像並努力實現人類的尊嚴、自由與和平。[14]

威廉斯這裏提到「以毅力想像……人類的尊嚴、自由與和平」，正好讓我們回到我的主張：一切必須從頭再來，而我們仍在起點原地踏步。我不相信我們自由主義者目前**能夠**想像出「人類尊嚴、自由與和平」的未來遠景。換言之，我們還無法編造一套故事，告訴自己如何從實際的當下走到那個未來。我們固然可以構想出比現在更優良的各種社會經濟安排，但對於如何從這個實際的世界演變到那些理論上可能的世界，乃至於具體上應該怎麼做，我們並不淸楚。我們必須以歐威爾於一九四八年所描繪的世界爲起點：全球被分割爲富裕、自由、民主、自私、貪婪的第一世界；一個由牢不可破而又殘忍無恥的「黨核心」所統治的難以改變的第二世界；以及一個饑貧交加、人口過剩、絕望無助的第三世界。我們自由主義者沒有任何可信的大型劇本，可以用來改變那個世界，實現「人類平等之技術上的可能性」。我們沒有任何類似的東西，可以比擬納伯科夫的父親，以及我們的祖父輩用來改變一九〇〇年世界的那種劇本。

不過，無法想像如何從這裏走到那裏，並不表示我們缺乏道德的決心，也不意味著理論的膚淺、自欺或自我背叛。這種情況絕非更堅定的決心、更透明的散文，或在哲學上提出關於人、眞理或歷史的更優良理論所能改善。情況竟至於斯，乃純屬偶然。世事的發展結果，時或與原初所料一般惡劣。歐威爾幫我們對政治局勢構作了一個悲觀的描述，經過四十年來的經驗，恰好得到了驗證。這項噩耗依然是當代政治思考上毫無轉圜餘地的事實，封殺了一切自由主義的劇本⑮。

相對於史特拉基和威廉斯的看法，認爲此書或許應該及早收束，我主張：對於無止盡的折磨酷刑的幻想，乃是《一九八四》的中心主旨，它暗示著未來乃是「永遠地踩在人類臉上的長統靴」，而「眞理的可能性」問題只是分散注意力的幌子而已。我可以由以下對威廉斯的三點批評，大略提出我自己的觀點。

第一，我認爲任何類似「政治信念實際上是……」或「人性實際上是……」或「眞理實際上是……」等形式的宏觀說法——亦即任何巨大的哲學主張——都**無法**推翻（discredit）政治信念和渴望。第三章說過，我認爲純粹基於一種對人性、眞理或歷史的哲學看法，便要放棄政治的自由主義，這在心理上乃是不可能的。這類看法其實是對於我們的道德認同的總結或自覺，而不是這認同的證成，或摧毀這認同的武器。若人因爲相信（例如）眞理的融貫說優於相應說便即改變其政治立場，寧非咄咄怪事。第二，這類看法無法「一筆勾消」（cancel，威廉斯語）研究、論證，乃至眞理的追求，正如它們無法「一筆勾消」對食物或愛情的追求一般。只有武力才能扼殺這些東西，哲學無此能耐。第三，我們不應該將歐布萊恩當成伯納姆的化身，後者乃是針對什麼是「自然的」（natural）提出巨大主張的哲學家。歐布萊恩不認爲一切只是權力意志的面具，也不相信那長統靴之所以永遠踩著人類的臉，乃人性、眞理或歷史的本質所致。相反的，他認爲，那長統靴之所以永遠踩著人類的臉，乃純屬**偶然**。事情發展到這個地步，以至於劇本無法再有任何改變，實在出於偶然——就像一顆彗星或一種病毒——未來的情況將會如此，一種純粹偶發的事件。

在我看來，唯有這種讀法，才能解釋爲什麼歐布萊恩對未來的說法，乃是我們在《一九八四》中記得最清楚的部分，最**恐怖的**部分。如果我們相信歐布萊恩所提出的不是巨型的泛論，而是具體的經驗預測，那麼他就會顯得更加可怕。因爲我們多少都知道，哲學上複雜細緻的辯論，不論關於人性本善與否，或人類是否天生就是虐待狂，或歐洲歷史的內在辯證，或人權，或客觀眞理或語言的再現功能等，大體上都是些無關痛癢的東西。作爲一位理論家，歐布萊恩和伯納姆或尼采差不多，頂多只會帶來對上帝的虔誠敬畏之感而已。但是，作爲一位消息靈通、位高權重、左右逢源、聰明過人、感覺敏銳而又受過良好教育的「黨核心」成員，歐布萊恩就不只是令人擔憂而已。他和我們可能在任何一本書中看到的人物一樣恐怖。但歐威爾很有技巧的提醒或借用實際的人物在現實世界中所遭遇的一切，試圖讓我們相信，歐布萊恩乃是未來可能的社會中一個非常具有說服力的性格形態。在那社會中，知識分子們業已接受自由主義希望沒有可能實現的事實。

對於歐威爾這種建議，人們第一個反應會是辯稱，歐布萊恩的角色在心理學上不具說服力。根據這觀點，唯有痲木不仁的平庸之輩，例如艾希曼（Adolf Eichmann）、格拉度司、巴度客等，才會成爲折磨者。以「獨特斯文的」方式調整眼鏡如歐布萊恩者，**不可能**心存歐布萊恩的意圖。歐布萊恩是一位好奇又領悟力強的知識分子，他和我們相去不遠，我們這一種人不會幹那一種事情。

歐威爾論威爾斯，認爲他這個人「太過理性，以至於無法了解現代世界」。歐威爾的論點正好告訴我們如何擋開上述那種辯解。在該評論中，歐威爾的意思是說，威爾斯缺乏他所謂的「法西斯性格」（the Fascist streak），而在他看來，唯有具備這種性格的人，例如吉卜林（Rudyard Kipling）和傑克·倫敦（Jack London），才有辦法洞悉法西斯主義[16]。我想歐威爾多少有點沾沾自喜他和吉卜林都有這種性格。他很得意自己可以料想得到歷史非常可能不會朝他所希望的方向發展。威爾斯就認爲它一定會如此發展。然而，這並不表示歐威爾曾經（甚至在創作歐布萊恩時）相信它一定會朝向他所料想的那個方向發展。歐威爾和納伯科夫都具有反理論的性格，這使他們無法認眞相信馬克思主義理論。同樣的，這個性格也使歐威爾相當清楚，事情往往可能會朝任何方向發展，未來是難以捉摸的。

威爾斯「太過理性」（too sane），這到底是什麼意思？讓我們試想有一位樂觀派的羅馬知識分子，他活在安東尼王室統治的時代，整天埋首尋找人類從雅典理性思維萌芽一直到他自己的啓蒙時代的進步軌跡。偶然間他拿到了一份剛剛集結並編纂完成的基督教聖經。和後來尼采感到驚愕的理由一樣，他對於其中名叫「耶穌」的人在心理上不具說服力與道德上墮落，感到毛骨悚然。一個比較有想像力的朋友告訴他，企圖模仿這人物的努力也許會瀰漫在許多比羅馬還龐大的帝國中，而且領導這類運動的人，還很可能就是那些「自認爲開明而進步」的人士。他聽了之後，覺得不可思議。他的朋友說他太過理性了，以至於無法知道這世界很可能就會脫離常軌[17]。

我這類比的重點是說，和基督宗教息息相關的那些觀念，例如相信互相憐憫足以作爲政治聯繫的基礎，相信「不經審判的囚禁、將戰犯用爲奴隸、公開處決、刑求、利用人質、大批人口的驅逐」（歐威爾所列的事務）非常錯誤，相信財富、天分、力量、性別、種族等差別與公共政策毫不相干——這些觀念曾經一度和歐布萊恩的寡頭集體主義觀念一樣，都只是不具說服力的幻想而已。維爾伯佛思（William Wilberforce）或穆勒父子之類的人士，從不同的歷史角度來看，也許會像是某個幻想家病態的想像中，所歇斯底里地投射出來的令人厭惡的東西。歐威爾讓我們看到，歐洲的統治權**碰巧**落到一些人手上，他們還算憐憫受侮辱者，並且夢想著人類平等終得實現；但這個世界也可能**碰巧**將會被一些缺乏這類情操或理念的人所統治。再重複一次，社會化的影響無所不至，誰掌握社會化，往往也表示誰會企圖先殺掉誰。正如基督宗教和政治自由主義之所以獲得勝利（就某方面來說），不是因爲人們基本上是善的，或人們確實就是兄弟，或人的確擁有自然權利，同理，如果有朝一日寡頭的集體主義眞的降臨人間，那麼它的勝利不會是因爲人性本惡，或人們實際上不是兄弟，或人沒有自然權利。由於機緣的巧合，歷史避免了歐布萊恩之類人物的出現（直到最近），也創造了穆勒和歐威爾之類深具影響力的人物，但同樣的機緣，也可能會讓歷史創造出像歐布萊恩一樣深具影響力的人。觀賞人被野獸撕裂以爲取樂，可以說是嚴重的錯誤，然而，曾幾何時，這種道德觀點也和歐布萊恩的寡頭集體主義一樣，只是不足取信的歷史偶然。歐威爾讓我們看到，歐洲之所以開始崇尚慈善之情和普遍人性的理念，不過是純屬**偶然**；同樣的，萬一有朝一日，世界落入一些欠缺這類情操和道德的人手中，那也將是**偶然**之事。

根據我的解讀，歐威爾不認爲有所謂「自律的個人」。他這個觀點，其實屬於更廣泛的一個看法，就是認爲除非機緣巧合，否則沒有任何在時間之外，或更基本的東西，我們能夠賴以遏阻，乃至扭轉這類偶發狀況的發生。所以，我想溫斯頓日記中述及必須堅持「二加二等於四」的那一段文字，不應該解釋爲歐威爾對於如何抵擋歐布萊恩這種人的看法，而是描述我們在極端惡劣的情形下應該如何自處（才能免於崩潰）。實際的作法就是和他人交談，將我們的認同清楚的展現在他人面前，使這些認同重新或繼續獲得確認。我們希望這些人會說一些話，幫助我們維持信念和欲望網絡的一貫性。注意，當溫斯頓在他的日記中寫道，有了說出二加二等於四的自由，「一切自然會成立」時，他「覺得是在對著歐布萊恩說話」。他自謂他是在「爲歐布萊恩——**對著**歐布萊恩——寫日記；這日記就好像一封永無止盡的信，沒有人會看到，但卻對著一個特定的人而寫，它的語調來自這個事實」(1984, p. 790)。再注意，他被逮捕時，歐布萊恩對他說，他「一直都知道」歐布萊恩並不站在他這一邊。溫斯頓同意 (p. 880)。

稍早，溫斯頓曾說他「比以往更確定歐布萊恩站在他這一邊」，因此，他在此同意歐布萊恩的說法，確實令人費解。對於這項矛盾，最好的解釋可以在後來的一段文字中找到。在費盡心思讓溫斯頓短暫地相信二加二等於五之後，歐布萊恩立刻接著問他：

> 你記不記得曾經在日記中寫道，我到底是敵是友並不重要，因爲，至少我是了解你並且可以和你交談的人？你說得沒錯。我喜歡和你聊天，你的心很吸引我，它像極了我自己的心，不同在於：你卻瘋了。(p. 892)

這一段呼應全書第一次提到歐布萊恩的文字。那裏寫道，溫斯頓——

……深深被他吸引住，這不僅因爲歐布萊恩翩翩的風度和他那職業拳擊手般體格的對比令他迷惑。更重要的，是因爲他暗暗地相信——或許還未到相信的程度，而只是希望——歐布萊恩在政治上並不是百分之百正統。他臉上有某種東西非常強烈地暗示這一點。而且，或許他臉上寫的根本不是政治上的非正統，而是睿智。(1984, p. 748，又參見 p. 757)

結果我們發現，那不是相信，而是希望；不是非正統，而是睿智。

在這裏，我們很容易就會以爲這一段文字，就像溫斯頓對歐布萊恩永遠不渝的愛，只是顯示溫斯頓的被虐待狂，亦即他的虐待狂的另一面⓲。然而，如此只是把這種愛等閒視之而已。這一段的目的是要提醒我們，反諷主義者懷疑他自己的終極語彙、道德認同，甚至他自己是理智抑或瘋狂，因此，他亟須和他人**交談**，就像人需要做愛一樣迫切。其所以如此，乃是因爲唯有交談才能使他面對這些懷疑而不至於崩潰，維繫信念和欲望網絡的一貫性，以確保行動的能力。他之所以有這些懷疑和這些需要，是因爲無論如何，社會化並未提供一切。由於他說的話必須通過他的大腦，而不像「鴨語」(duckspeak) 直接從設計精良的喉頭說出，因此，他對於他在社會化過程中所承襲的終極語彙，抱持著蘇格拉底式的懷疑⓳。所以，和蘇格拉底與普魯斯特一樣，他不斷地和交談的對方形成情欲的關係。有時候這類關係是被虐待式的，猶如馬塞爾（Marcel）和蓋爾芒特夫人（Madame de Guermantes）間的初次。有時候是虐待狂式的，就像夏綠斯（Charlus）想要和馬塞爾形成的蘇格拉底接生術式的關係。然而，不論那關係是什麼，重要的是他的對方必須有足夠的才智了解他在說什麼。這對方知道他的懷疑是什麼，因而能夠了解爲什麼他會有這類懷疑。這對方具有反諷的傾向。

這就是歐布萊恩對於溫斯頓的功能。然而，我們是否可以說歐布萊恩是一位反諷主義者？歐威爾賦予歐布萊恩所有他年輕時代英國知識分子的一切典型特徵。其實我個人（無法證實）的猜測是，歐威爾一部分是以蕭伯納（George Bernard Shaw）爲摹本，因爲蕭伯納乃是歐威爾那個年代重要的蘇格拉底式人物。不過，蕭伯納不同於歐布萊恩，前者擁有尼采那種對歷史性雄偉的嗜好，反之，歐布萊恩卻能安於未來將會和最近的過去一模一樣的事實——不是把它當作形上學的必然性，而是因爲黨已經發展出避免發生變遷的必要技術。歐布萊恩已經能夠將「雙重思維」（doublethink）運用自如，因此，對於他自己或黨的懷疑，不會擾亂其心[20]。所以，他**不**符合我所謂的反諷主義者。不過，他仍然擁有一些**天分**，在「雙重思維」尚未發明之前，可以使他成爲名副其實的反諷主義者。他還是盡可能地運用了他的這些天分：他利用它們來建立他和溫斯頓的那種關係。我們可以說，溫斯頓只是一大串人之中的一個，這些人都擁有和歐布萊恩相似的心靈，歐布萊恩把他們一一找出來，在遠處加以研究，直到對他們的了解足以使他享受折磨爲止。他和他們每一個人都建立了長期、親密、熱切的關係，以便在最後把這些和他具備相同天分的心靈，將其中最獨特、不爲人知、柔嫩的部分加以扭曲、撕裂，而從中取樂。只有歐布萊恩，或許還有若干他在「眞理部」(Minitru) 的同事，才知道如何發現這些部分，並加以折磨。在這個狹隘的意義下，我們可以說，歐布萊恩是歐洲的最後一位反諷主義者。自由主義的希望終結之後，若反諷還能有用武之地，它唯一的作用就是像歐布萊恩這樣的人。

在我看來，歐威爾是想告訴我們，未來的統治者到底會比較像歐布萊恩還是像穆勒，根本不決定於人性中的內在事實。這看法不同於伯納姆、威廉斯和一般形上學家，這些人都暗示它決定於人性的內在事實。誠如歐布萊恩和韓伯特·韓伯特所顯示，任何知識的天分——睿智、判斷力、好奇心、想像力、美感品味——都具有極大的可塑性，與性本能並無不同。它們和人的雙手一樣，都可以有複雜多樣的用途。它們都是大腦中的神經叢結所提供，這些叢結並不比肌肉構成的四肢或敏感的性器官，更接近自我的中心地帶，也不與喜歡善良厭惡折磨，或喜歡折磨厭惡善良的「自然」自我，關係更爲密切。我們未來的統治者到底會像什麼，並不決定於人性和人性與眞理、正義的關係之偉大必然眞理，而是決定於許許多多微不足道的偶然事實。

❶侯爾接著說，「這類作家很可能無法留傳於後世，因爲他們之所以對他們同時代的人如此重要、如此親切，就在於他們融合了極度的話題性和極度的溫柔，而這種特質不太可能使他們的作品成爲最偉大的藝術。然而，這對我們而言並不重要，我們不在乎西羅納（Ignazio Silone）或歐威爾將來可能無法和現在一樣，對我們當代許許多多人那麼重要。我們知道他們爲我們做什麼，我們也知道，沒有其他作家，包括那些更偉大的，能夠做到這一點。」("1984: History as Nightmare," in *Twentieth Century Interpretations of 1984*, ed. Samuel Hynes [Englewood Cliffs, N.J.: Prentice-Hall, 1971], p. 53)

❷*The Penguin Complete Novels of George Orwell* (Harmondsworth: Penguin, 1983), p. 861. 以下《一九八四》一書英文版將出自此版本，另附頁碼。注意，十九世紀這些實務制度在歐洲以外地區也屢見不鮮，譬如非洲和亞洲。不過，歐威爾討論的是歐洲。與我在本書中的工作一樣，歐威爾也很自覺地保持地域性，他所寫的乃是他所認識的那些特殊性格的人，以及他們的道德處境。《一九八四》的地域性標題是「歐洲最後的人」(*The Last Man in Europe*)。

❸侯爾說，「亟須注意的是，《一九八四》的世界不是我們所認識的極權主義，而是稱霸世界以後的極權主義。嚴格來說，大洋洲的社會或許應該稱爲後極權主義社會。」(p. 53)

❹「知識分子之間已經浮現一股意欲貶抑歐威爾的想法，這在英國已是公開的事實，在美國則比較謹慎，這想法往往以稱頌他的人道和『善良』作爲幌子。他們在該書的末世絕望前覺得無地自容，於是開始懷疑該書是不是有一點過火了，太沒幽默感了，甚至懷疑它是不是帶有臨終的歇斯底里的味道。我們也無法否認，把那本

書扔掉會讓我們所有人好過一些。」(p. 42)

❺Trilling, "Orwell on the Future," in *Twentieth Century Interpretations of 1984*, ed. Hynes, p. 24.

❻*The Collected Essays, Journalism and Letters of George Orwell*, I, 7. 以下簡稱 *CEJL*。

❼例如：*CEJL*, III, 119。

❽譬如，海尼斯（Samuel Hynes）就總結《一九八四》的教訓，說道：「溫斯頓的信念就和二加二等於四同樣簡單：過去是固定不移的，愛情是私人的，眞理是永恆不變的。這些東西有一個共同的特色：它們都限制著人的力量，它們證明一個事實，即有些事情是無法改變的。這點超越了政治，乃是人性的本質。」(Hynes, "Introduction" to *Twentieth Century Interpretations of 1984*, ed. Hynes, p. 19)

❾關於歐威爾不讀哲學一事，請參見 Bernard Crick, *George Orwell: A Life*（Harmondsworth: Penguin, 1980), pp. 25, 305, 343, 506。也請參見 *CEJL*, III, 98。

❿關於後面這一項批評，請參見 Isaac Deutscher, "The Mysticism of Cruelty"（*Twentieth Century Interpretations of 1984*, ed. Hynes）一文中有關歐威爾的討論。至於後來使用「叛徒」（renegade）的標籤，以及進一步懷疑歐威爾是否有足夠的哲學知識，請參見 Norris, "Language, Truth and Ideology: Orwell and the Post-War Left," in *Inside the Myth*, ed. Christopher Norris（London, 1984）。

⓫我甚至還要說，作爲對於二加二等於四具有清晰而明辨觀念的參考點。不過，這乃是語言數學眞理的「地位」問題之哲學爭論，在此毋須追問下去。

⓬John Strachey, "The Strangled Cry," in *Twentieth Century Interpretations of 1984*, ed. Hynes, pp. 58–59. 歐威爾有一段文字，我想隱含著對史特拉基的回答，他說：「凡對法西斯主義了解最深刻的人，不是曾經深受其苦，

不然就是本身具備法西斯的性格。」(*CEJL*, II, 172) 他的傳記作者們也都提到歐威爾虐待狂似的迸發。請詳見 Crick, *George Orwell*, p. 275n, and also pp. 504, 572。又參見 Daphne Patai, *The Orwell Mystique: A Study in Male Ideology* (Amherst: University of Massachusetts Press, 1984)。帕泰 (Patai) 論道，虐待狂頗接近歐威爾本人性格的核心。我不覺得她的立論具有說服力，不過她確實列舉了不少證據。歐威爾還善於發掘他人性格中的虐待狂，請參見他對蕭伯納的虐待狂的討論 (*CEJL*, III, 222)。選用「歐布萊恩」(O'Brien) 這個名字，以及對於歐布萊恩外表容貌的描繪 (*1984*, p. 748)，或許有意無意在刮蕭伯納的鬍子。

⓭Raymond Williams, *Orwell* (London: Fontana, 1984), pp. 124–125.

⓮Ibid., p. 126.

⓯我認為歐洲和美國的左派始終試圖藉由遁入理論的綿密思辨，逃避這個事實，彷彿實踐的劇本毫無必要，而知識分子只要以更「基進的」理論語彙批評顯而易見的惡，便足以實現他們的政治責任。請參見拙著 "Thugs and Theorists: A Reply to Bernstein," *Political Theory*, 1987, pp. 564–580。

⓰請參見 *CEJL*, II, p. 172。在我看來，歐威爾運用他自己的虐待狂，創造了歐布萊恩這個人物，毋寧是自我認識和自我克服上的一大勝利。

⓱用第四章的術語來說，威爾斯和我假想的羅馬人都是形上學家，他們無法相信他們的終極語彙是偶然的，因此，不得不堅持實在的本性中有某種東西，能夠維持那終極語彙的永恆不變。

⓲關於溫斯頓的虐待狂，請參見 *1984*, p. 751。

⓳關於「鴨語」，請參見 *1984*, pp. 923, 775。又參見對溫斯頓的折磨之描述：「他變成一張只會遵照命令說話的嘴巴，依循指令做手勢的手。」(p. 882) 並比較史加莉《肉體在痛》(pp. 49–51)。

⑳我認爲「雙重思維」乃是一種透過精密設計的方式造成的精神分裂，使兩套信念與欲望系統住在同一個身體中。其中一個能夠和溫斯頓討論他的懷疑，另一個不能。歐布萊恩以無意識的方式在兩個系統之間來回轉換，如同分裂人格能夠自如地轉換成另一個人格。關於以分裂人格解釋無意識的模型，詳見戴維森論佛洛伊德（本書第二章有討論），以及拙著 "Freud and Moral Deliberation," in *The Pragmatist's Freud*, eds. Joseph Smith and William Kerrigan。

第九章　團結

如果你是一位猶太人，活在火車奔向奧壚維茲（Auschwitz）的時代，那麼，你住在丹麥或義大利被善心的鄰居協助藏匿的機會，會比你住在比利時還大。一般形容這項差異的一個方式，是說許多丹麥人和義大利人表現出了許多比利時人所欠缺的人類團結感（a sense of human solidarity）。在歐威爾所描繪的世界中，這種人類團結已經透過精心的策畫而被故意地變成不可能了。

我們所謂「人類團結」的意思，以傳統哲學的陳述方式來說，就是肯定我們每一個人內在都具備某種東西——我們的基本人性，而這東西呼應著其他人所具有的同樣東西。這種解釋團結概念的方式，其實和我們習慣的說法是一致的。我們習慣說，羅馬圓形競技場的觀眾、韓伯特、金博特、歐布萊恩、奧壚維茲的警衛、那些眼睜睜看著他們的猶太鄰居被蓋世太保拖走的比利時人，都是「無人性的」或「慘無人道的」（inhuman）。意思是說，他們都欠缺完整的人類所具備的某種基本成分。

在第二章，我主張根本沒有這種成分存在，也沒有所謂的「核心的自我」（a core self）。因此，凡是贊成我這種觀點的哲學家，皆不得援用核心自我之類的觀念。由於我們堅持偶然性，從而反對「本質」、「自然（天性）」和「基礎」之類的觀念，所以，我們不可能還相信某些行爲和態度天經地義就是「無人性的」。因爲，這項堅持意味著，所謂堂堂正正的人（a decent human being）乃相對於歷史環境而言，決定於對什麼態度是正常、什麼事務是公正或不義的與時俱遷的共識。然而，有些時候，例如奧墟維茲的時代，歷史動盪不安，傳統制度與行爲模式瀕臨瓦解，我們就會想要有某種超越歷史和制度的東西。除了人類的團結，我們對彼此共通人性的肯定承認之外，還可能有什麼？

我在本書中再三強調，我們應該**避免**想要有超越歷史和制度的東西。本書的基本前提，就是認爲儘管某個信念只是偶然歷史環境所引起，而別無更深層的原因，對於清楚地了解到這一點的人而言，這個信念依然能夠規範行爲，這個人依然能夠認爲值得爲它赴湯蹈火，奉獻犧牲。根據我在第三章所提出的自由主義烏托邦的圖象，在那樣的社會中，「相對主義」的責難業已喪失效力，所謂「歷史背後的東西」云云也已經無法理解，可是人類的團結感卻原封不動，未遭波及。我在第四章勾畫了自由主義的反諷主義者，對於這種人而言，人類的團結感在於想像地認同他人生命的細微末節，而不在於承認某種原先共有的東西。在第五、六章，我試圖指出如何將反諷主義理論私人化，以避免使它變成政治自由主義的威脅。在第七、八章，我試圖指出納伯科夫和歐威爾如何把對殘酷的厭惡——殘酷乃吾人所爲最惡劣之事——與自我和歷史的偶然性意識，結合起來。

在最後這一章，我要概略地談一下，爲什麼我們都有一項道德的義務，去感受我們和所有其他人類之間的團結感。我要從第三章稍微帶過的一個學說談起（譯按：原著謂「第一章」，有誤），那就是謝勒斯的道德義務說。他利用「我們—意圖」(we-intentions) 來分析道德義務，主張在道德義務的領域中，基本的解釋性概念乃是「我們之一」(one of us)[1]，也就是一般用語中所援用的概念：例如，「我們這種人」（相對於生意人或僕人）、「(基進)運動中的同志」、「和我們一樣的希臘人」（相對於野蠻人），或「天主教教友」（相對於新教徒、猶太人或無神論者）。我不認爲「我們人類之一」(one of us human beings)（相對於動物、植物和機器）具備上述這些例子所擁有的那種力量。我主張，「我們」的力量所具有的對照性，基本上應該在於它和另外一些人類所組成的「他們」——錯誤的人類——形成對比。

首先，看一看那些丹麥人和義大利人。他們會不會說他們那些猶太鄰居之所以值得援救，乃是因爲他們同樣是人類？或許偶爾他們會這麼說，但通常在他們被問到的時候，他們會用更具地方性的語詞解釋爲什麼冒險保護某個猶太人，例如，他們會說，這個猶太人乃是他們米蘭人，或他們日德蘭人，或同一個公會或行業中的同仁，或義大利波奇球(bocce)的玩伴，或小孩子班親會中的一位家長。再看一看那些比利時人。他們當然會在類似的情況下冒險保護某些人，這些人在某些意義下乃是他們所認同的，只不過猶太人很少符合這些意義。原則上，我們可以找到詳細的社會歷史因素，解釋爲什麼比利時人比較不常覺得猶太人符合這些同胞意義，解釋爲什麼「她是一位猶太人」往往比「她和我一樣，也是小孩子的媽媽」還要重要。然而，「無人性」，或「太狠心」，或「缺乏人類團結感」等說法，卻**不**在這類解釋之列。這些說法在此脈絡中，只是由極端厭惡所產生的顫抖而已。最後，再看一看當代美國自由主義者如何看待美國大城市中，年輕黑人悲慘的生命和永無止盡的絕望。我們會不會說，這些人之所以應該得到協助，乃是因爲他們和我們一樣都是人類？我們也許會這麼說，但是，不論在道德上或政治上，遠具有說服力的作法，是將他們描述爲我們的**美國**同胞，並堅持**美國**同胞竟然活得如此絕望，是可忍孰不可忍。這些例子的重點是說，在團結被視爲「我們之一」的表現，且這「我們」指涉某種比「人類」更狹隘、更具地方性意義的東西時，我們的團結感才最爲強烈。這就是爲什麼對於一項慷慨的行爲而言，「因爲她是人類」，乃是非常微弱而難以服人的解釋。

自基督宗教的觀點來看，人們對於比較容易產生想像認同的他人會感到比較親近，乃是一種可悲的傾向，是應該加以避免的誘惑。基督宗教的道德完美觀將每一個人，甚至奧墟維茲或古拉格的警衛，都一視同仁地視爲罪人。對於基督徒而言，只要他覺得對某一個上帝之子比起另一個上帝之子具有更強烈的義務感，那麼他就尚未臻於聖潔之境。凡差別性的對照，在原則上都應該避免。世俗的倫理普遍主義繼受了基督宗教的這種態度。對於康德而言，我們對某一個人應該具有義務感，不是因爲他或她是我們米蘭人或我們美國人，而是因爲他或她是一個理性的存有。康德以最嚴格的語氣告訴我們，當你對某一個人做出一項善的行爲時，除非你將那人**僅僅**視爲理性的存有，而不是親戚、鄰居或公民同胞，否則該行爲不能算是**道德的**行爲。所謂「道德的」行爲，乃是爲義務本身而做的行爲，而不只是遵行義務的行爲——「由義務行，而非行義務。」可是，話說回來，即使我們不使用基督宗教或康德的語言，我們還是會覺得，只因某人是我們紐約人，我們對他或她的關心便超過馬尼拉或達卡貧民窟中活得同樣絕望和貧困的人，這在道德上是有問題的。

本書第一篇所提出的立場，是與這種普遍主義態度互不相容的，不論其宗教的或世俗的形式。本書的立場不認爲在你與狗之間，或你與機器人之間，那差異所形成的異同光譜中存在著一個「自然的」切斷點，標示出理性存有之終和非理性存有之始，或道德義務之終和仁心善意之始。根據我的立場，團結感必然是決定於哪些相似點和差異點對我們而言最爲顯著（salient），而這種顯著性則決定於歷史上偶然的終極語彙。

另一方面，我的立場並**不**排斥我們應該嘗試將我們的「我們」意識，擴大到我們過去視爲「他們」的人身上。這個主張乃是自由主義者的特徵，自由主義者最害怕作爲殘酷的人。但這主張所仰賴的，只是我在第四章結尾提到的那些歷史的偶然，而非任何更深層的東西。西方世俗民主社會中典型的道德和政治語彙，就是從這些歷史的偶然所發展出來的。隨著這語彙逐漸地非神學化和非哲學化，「人類的團結」遂浮現出來，成爲雷霆萬鈞般的有力修辭。我無意削減它的力量，只是企圖使它擺脫過去常被視爲它「哲學預設」的那些東西。

我在此所提出的觀點相信有所謂的「道德進步」，而且這進步也確實朝著更廣大的人類團結的方向發展。然而，我不認爲，那種團結乃是對於所有人類共有的核心自我或人性本質的承認。相反的，它意味著人們能夠看到，有越來越多傳統上的差異（部落的、宗教的、種族的、風俗習慣的等等），比起人們在痛苦和侮辱方面的相似性，其實是微不足道的。換言之，人們能夠把與我們迥然不同的人包含在「我們」的範圍之中。這就是爲什麼我在第四章說，現代知識界對於道德進步的主要貢獻，不是哲學或宗教的論文，而是（諸如小說或民俗誌中）對於各式各樣特殊痛苦和侮辱的詳細描述。

康德本著一片善意，卻將道德哲學推到一個方向，使得道德哲學家們很難看到這類詳細的經驗描述對道德進步的重要性。康德原來想要促進自他那時代實際上業已發生的種種發展：爲民主制度和世界大同的（cosmopolitan）政治意識之繼續發展助一臂之力。可是，他卻認爲，爲了達到這個目的，我們所應該強調的，不是對痛苦的憐憫或對殘酷的懺悔，而是理性與義務，質言之，就是**道德的**義務。在他看來，對「理性」——人性的共同核心——的尊重，乃是唯一非「純粹經驗的」動機，不必依賴注意力或歷史的偶然成分。他將「理性的尊重」與憐憫和善良的感覺對立起來，使得後者作爲一種避免殘酷的動機而言，看起來是可疑的、二流的。他認爲，「道德」完全不同於留意並認同痛苦與侮辱的能力。

近幾十年來，英美道德哲學家紛紛起而反對康德。貝爾、戴蒙德（Cora Diamond）、夫特

(Philippa Foot)、羅維邦 (Sabina Lovibond)、馬金太 (Alasdair MacIntyre)、默多克 (Iris Murdoch)、史尼溫 (J. B. Schneewind) 等人，不約而同地質疑康德的基本預設，即相信道德思考必然需要採取從一般性的（最好是「非經驗的」）原則推演出來的演繹形式。最近，伯納·威廉斯試圖跨越「道德體制」(morality system，或簡稱 morality)，誰稱之為一套「特有的制度」(a peculiar institution)。他所謂的「道德體制」，大體上是指以**義務**觀念爲核心、我們透過康德而從基督宗教繼受了的那一大堆概念❷。根據這套制度，在決定應該如何行爲時，義務不准和其他倫理的考慮一起衡量，相反的，以威廉斯的話來說，「唯有一項義務才能擊倒另一項義務」❸。在這觀點下，唯有當我們找到一個更高層次的義務，超越那些較低層次的、彼此競爭的義務時，我們才算「理性地」解決了一項道德的兩難。史尼溫形容，在以他所謂「古典第一原理」❹爲目標的那種道德哲學中，這一點乃是基本的觀念。威廉斯將他對這特有的制度的態度，總結歸納如下：

事實上，幾乎一切有價值的人生，都介於道德體制所界定的各種極端之間。道德體制嚴格地強調一系列的對照：武力與理性，說服與理性信念，不喜歡與不贊成，純粹拒絕與譴責。導致它強調這些對照的態度，可以名之曰**純粹性**。道德體制的純粹性，堅持將道德意識從其他情感反應或社會影響中抽離出來，從而不僅隱藏了它處理社群中脫軌成員的手段，更遮蔽了這些手段的好處。它會如此遮遮掩掩這些好處，其實不足爲怪，因爲這些好處之爲好處，必須從這體制的外面來看，也就是從一個看到這體制之價值所在的觀點；可是另一方面，道德體制本身卻是自我封閉的，凡試圖利用道德價值以外的其他價值來評估這體制本身，都必須被視爲是對這體制的拙劣誤解。❺

本書第一篇所勾勒的看法，可以說是「道德體制」斥爲拙劣的一個很好的例子。過去的觀念相信，人性中核心而普遍的成分之一——「理性」機能，乃是我們道德義務的來源。根據本書第一篇的那個看法，雖然這觀念曾經在諸多現代民主社會的創建過程中，發揮了極大的功用，但我們現在卻可以將它拋棄，甚至，爲了有利於第三章那種自由主義烏托邦的來臨，我們**應該**加以拋棄。我再三強調，民主社會目前已經可以丟開它們在創建過程中所用的若干梯子。除此之外，那些覺得道德體制的純粹性很有吸引力的人們，會發現本書還有另一個同樣拙劣的主張，亦即認爲我們對他人的責任，**僅僅**是我們生活中公共的部分而已，這個部分必須和我們私人的情感和自我創造的努力共同競爭，而對於這類私人的動機而言，它並不具備任何**先天自動的**優越性。至於這個公共的部分在任何特定的案例中是否具有優越性，乃是必須考量之事，可是，考量本身卻通常不必求助於「古典第一原理」。在這觀點下，道德義務必須被拉下來和其他考慮一起衡量，而無法自動地壓倒它們。

謝勒斯把道德義務視爲「我們—意圖」，這看法可以用來鞏固威廉斯的「道德與倫理」（moral

and ethical) 區分，以及我自己的「公共與私人」區分。這個看法將這兩種區分，等同於另一個區分：即一方面是從個人的團結感出發的倫理考慮，另一方面是從個人與一個特定的他人之親密關係，或從個人重新自我創造的獨特努力出發的倫理考慮。因爲，謝勒斯以一種方式重新解釋了康德的「義務與慈善」之區分，不必假定任何核心的自我，不必假設「理性」乃是所有人類的共同成分，對理性的承認解釋了爲什麼會有人類的團結❻。相反的，謝勒斯讓我們看到，團結乃是創造出來的，而不是被發現到的，乃是在歷史的過程中產生出來的，而不是被當作一個非歷史性的事實來承認的。他將「義務」視同於「交互主體的有效性」(intersubjective validity)，不過，這類有效性成立的主體範圍，小於人類全體。依謝勒斯的見解，「交互主體的有效性」所指涉的有效性範圍，可以是所有的米蘭人，或所有的紐約人，或所有的白人男性，或所有的反諷主義知識分子，或所有被剝削的工人，或任何其他哈伯瑪斯式的「溝通社群」。我們可以從**任何**這些團體的團結感中產生義務。因爲我們可以由於身爲這些大大小小團體的成員，而形成「我們—意圖」。這種「我們—意圖」的表達，可見於「**我們**都想要……」的句型中，相對於「**我**想要……」句型所表達的意圖❼。謝勒斯的基本觀念是，道德義務與慈善知心的差異，就在於一個是一群對話人之間實際的或潛在的交互主體同意(intersubjective agreement)，另一個則是(個人或團體)獨特的情感。這種交互主體的協同一致，並不像哈伯瑪斯所說具有非歷史的可能性條件，相反的，它只是特定歷史環境下產生的幸運結果。

這並不是說（謝勒斯也不會認爲），利用「上帝之子」、「人性」、「理性的存有」等概念思考的努力，沒有任何功勞可言。事實上，這類思維方式，都和「爲眞理而眞理」、「爲藝術而藝術」等觀念一樣，曾經有過卓越的貢獻。這類概念提供了模糊但富有啓發性的假想焦點（focus imaginarius）（例如**絕對的**眞理、**純粹的**藝術、人性**本身**等），廣開政治與文化變革的大門。唯有當某個方便的修辭被拿來作爲「概念分析」的適當主題，當假想焦點被拿來仔細研究時，簡言之，當我們開始追問眞理，或藝術，或人性的「本質」時，哲學問題以及和這些問題聯繫在一起的虛構感才會出現。

當這類問題顯得虛假造作時（如自尼采以後的情況），人們或許就會開始對人類團結的觀念產生懷疑。如果我們一來要保存團結概念，二來又要同意尼采所說的我們道德義務感的偶然歷史性格，那麼，我們就必須承認，任何假想的焦點都不會因爲它是人們所造，不是（如康德所想）人心的先天特性，而變得比較差。「我們對於任何的人都有義務，只因其爲人」的口號，正確的解釋方式乃是把它當作一種手段，來提醒我們隨時盡量擴充我們的「我們」感。那個口號呼籲我們朝著過去若干事跡所定下那個方向繼續前進：將「我們」的範圍擴充到隔壁洞穴的家庭，繼而擴充到河流對岸的部落，而後擴充到崇山峻嶺之外的部落聯盟，然後擴大到四海之外的異教徒（也許，最後擴大到所有的奴僕，這類人群從頭到尾都爲我們做卑賤的工作）。我們應該想辦法讓這個過程綿延不斷地持續下去，時時刻刻注意發掘被邊緣化的人們——亦即我們仍然本能地歸諸「他們」

而非「我們」的那些人。我們應該設法留意我們和他們的相同點。那個口號的正確詮釋方式，是把它當作是在呼籲我們**創造**一個比我們現有的團結感範圍更廣更大的團結感。錯誤的詮釋方式，是認爲它呼籲我們把這種團結當作原先已經存在的東西來加以**承認**。因爲，一旦如此，我們就會遭到一個無意義的質疑，「這種團結是**眞實的**嗎？」我們就不得不接受尼采的暗示：宗教與形上學之終，意味著我們避免殘酷的努力也壽終正寢。

如果我們對那口號的讀法正確，我們就會盡可能地賦予「我們」最具體、最具歷史特殊性的意義：「我們」的意義就會是，例如，「我們二十世紀的自由主義者」，或「我們：那些創造了越來越世界大同的、越來越民主的政治制度的歷史偶然之繼承者」。如果我們對那口號的讀法錯誤，我們就會認爲我們的「共同人性」或「自然人權」，乃是民主政治的「哲學基礎」。對這些口號的正確讀法，使我們相信哲學爲民主政治**服務**——以達到羅爾斯所謂「反省的均衡」，亦即在我們對當代問題的本能反應，和我們教養中所習得的普遍原則之間，取得一種平衡。在這意義下，哲學乃是重新編織我們道德思考語彙的諸多技術之一，目的在將新的信念（例如女人和黑人的能力遠超乎白種男人原先以爲的限制；財產不是神聖的；性事只是私人之事）納入原有的道德思考語彙之中。對這些口號的錯誤讀法，使人以爲民主政治必須在哲學法庭中接受審判，彷佛哲學家們知道（或至少應該盡力知道）某種東西，比起若干富裕而幸運的社會剛才開始享有的民主自由和相對社會平等的價值，更加確切不疑。

在本書中，我試圖從「這種法庭不存在」的預設中導出若干結論。在我們生活的**公共**面向，**沒有任何東西**比上述那些自由的價值更加確切不疑。在我們生活的私人面向，或許有很多東西也**同樣**是難以置疑的，例如，我們對某人的愛或恨，需要實現某個特殊計畫等。這兩個面向的存在會導致兩難，這就像我們可能會隸屬幾個社群，從而具有互相衝突的**道德**義務，或我們的道德義務和私人的承諾發生衝突。這類兩難會一直跟著我們，然而我們無法訴諸可以經由哲學法庭發現並加以運用的某種更高的義務，以圖解決它們。正如沒有任何東西可以用來證明個人或文化的終極語彙，同樣的，該語彙中也沒有蘊涵任何東西，可以指導人們如何在它遭遇困難時重新編織整合它。我們所能做的一切，就是利用我們現有的終極語彙來工作，同時放亮眼睛，留意有關如何擴充或修改它的任何蛛絲馬跡。

這就是爲什麼我在第三章開頭說，關於第一、二章所提出的語言觀和自我觀，我唯一能夠提供的論證是：比之任何現有的其他觀點，這些觀點似乎和自由民主制度最能融合一致。若有人試圖以某種更「基本的」東西的名義(而非建立另類制度的具體建議)，向這些制度的價值提出挑戰，那麼，我們無法正面地予以答覆，因爲根本不存在任何中立的基礎。對於尼采和海德格所提出的那種挑戰，我們頂多也只能給予第五章那種間接的回應：我們可以請求這些人，將他們的計畫或雄偉的努力加以**私人化**，把這些計畫或努力當作和政治毫不相干，從而和民主制度的發展所促成的人類團結感是相容不悖的。這私人化的請求事實上也要求他們使雄偉讓步於避免殘酷和痛苦的渴望，以此解決那迫切的兩難。

在我看來，我們沒有任何東西來支持這項請求，而且也不需要。對於自由主義的主張「殘酷乃吾人所爲最惡劣之事」，我們沒有任何**中立的**、不循環的方式來加以辯護，正如同尼采認爲這自由主義的主張乃是怨憤和奴隸態度的表現，或海德格認爲「最大多數人的最大幸福」只是「形上學」或「存有的遺忘」的餘緒，也都沒有中立的方式來辯護一樣。我們二十世紀自由主義者之所以相信這項主張的有效性，乃是由若干歷史偶然造成的社會化過程所致，我們無法回溯到這社會化歷程的背後，而訴求於某種比這些歷史偶然更「眞實」或更恆久的東西。**我們**必須從**我們**目前所在之處出發。這一點其實根源於謝勒斯的主張：除了我們所認同的社群的「我們—意圖」之外，我們別無其他義務。這民族中心主義弊端的消除，不在於相信最大的這類群體乃是「人類」或「所有理性存有」——我已說過，無人**能夠**有**那種**認同。反之，乃是因爲這民族中心主義的「我們」（「我們自由主義者」）致力於擴充自己，創造更大更複雜多樣的**民族**[8]。因爲「我們」這些人的教養，使我們對民族中心主義採取不信任的態度。

總而言之，我試圖指出，人類團結到底是對「全體人類本身」的認同，抑或是一種自我懷疑，我們必須嚴加區分。後者經歷了過去幾個世紀，已經逐漸深入民主國家的人心，他們懷疑自己對他人的痛苦和侮辱是否敏銳，懷疑當前的制度安排能否恰當地面對這種痛苦、侮辱，以及對其他可能性的好奇。相對的，我覺得對「人類本身」的認同是不可能的，是哲學家虛構的東西，以笨拙的方式試圖將「與上帝合一」的觀念加以世俗化。我認為這裏所謂的自我懷疑，乃是我們這個時代的特殊標誌，人類歷史上第一次有許許多多的人，已經能夠將「你（們）是不是也相信和欲求我們的信念和欲望？」的問題，和「你（們）是不是在受苦？」的問題，區分開來。以我的術語來說，這是一種能力，能夠將你我是否擁有共同終極語彙的問題，和你是否正在痛苦的問題分別開來。一旦分開了這些問題，我們就能夠區分公共和私人的問題、痛苦問題和人生意義的問題，以及自由主義者的領域和反諷主義者的領域。因此，這項能力也使一個人既是自由主義者又是反諷主義者，成為可能。

---

❶參見 Wilfrid Sellars, *Science and Metaphysics*, p. 222：「一個社群或**我們**的形成，乃是由於人們將彼此視為**我們之一**，並作為我們之一，或從道德的觀點（而非作為善心之族類），嚮往一個公共的善——這乃是一項概念的事實。」（基於奎因主義的理由，我寧可將此段引文中「這乃是一項概念的事實」一語放入括弧，不過，我與謝勒斯之間這項後設哲學上的差異，無關乎目前這個問題。）謝勒斯在該書第七章，對於這主張有詳盡的引申。在其他地方，謝勒斯將「我們—意圖」視同於基督宗教的「博愛」（caritas）和羅伊斯（Royce）的「忠誠」（loyalty）。關於謝勒斯後設倫理學很有幫助的分析和批評，請參見 W. David Solomon, "Ethical Theory," in

The Synoptic Vision: Essays on the Philosophy of Wilfrid Sellars, ed. C. F. Delaney et al.（Notre Dame, Ind.: University of Notre Dame Press, 1977）。

❷威廉斯在《倫理學與哲學之限制》（*Ethics and the Limits of Philosophy*, p. 174）中說道，道德——作爲環繞著一種特殊的（所謂「道德的」）義務之觀念系統——「並非哲學家們的發明」，相反的，乃是「幾乎我們所有的人都具備的看法，或自相矛盾地說，看法的一部分」。我認爲，這裏的「我們」，威廉斯是指「可能會讀到這本書的人們」，而在這意義下，他的指稱是相當正確的。不過，在我看來，那之所以是地球上這個角落大部分人的看法，正因爲它乃是**我們的**若干神學家和哲學家所發明。

譯按：美國南北戰爭前，北美的奴隸主稱呼他們的奴隸制爲「特有的制度」（the peculiar institution）。

❸Williams, *Ethics and the Limits of Philosophy*, pp. 180, 187.

❹參見 J. B. Schneewind, "Moral Knowledge and Moral Principles," in *Knowledge and Necessity*, ed. G. A. Vesey（London and New York: Macmillan, 1970）。這篇文章重印於 *Revisions: Changing Perspectives in Moral Philosophy*, eds. Stanley Hauerwas and Alasdair MacIntyre（Notre Dame, Ind.: Notre Dame University Press, 1983）。這本論文集收錄了晚近道德哲學上許多反康德色彩濃厚的代表性文章，特別是默多克的 "Against Dryness" 和貝爾的 "Secular Faith"，以及馬金太的導論文章 "Moral Philosophy: What Next?"。

❺Williams, *Ethics and the Limits of Philosophy*, pp. 194–195.

❻人們往往以認眞的態度了解這種「人性基本成分」的觀點，殊不知這使道德哲學家們看起來倒像詭辯學家一般。因爲我們是先確定採用什麼實務制度，然後才希望我們的哲學家調整「人性」或「理性」的定義，以爲配合。譬如說，我們都知道，我們不應該殺人，除非我們的任務是軍人、劊子手、墮胎醫生等。那麼，我們

在這些職務中所殺的那些（暴君入侵的軍隊、連續殺人犯、胎兒）是不是人類呢？當然，在某種意義上，是，而在另一種意義上，不是。不過，這些相關意義的界定乃是在事後進行的，大體上只是學究式的工作。我們先是思考戰爭之義與不義，死刑或墮胎之正當與否，然後才煩惱入侵者或殺人犯或胎兒的「地位」。如果我們想要反其道而行，我們就會發現，哲學家們無法提供比原先的實際問題更不具爭議性的「人性」或「理性」之充分條件。其實，眞正幫助我們決定怎麼做的，乃是原先這些問題的**細節**部分，例如入侵者做了什麼，將會做什麼？誰被處決，爲什麼？誰決定墮胎，什麼時候墮胎？一般性的大原則耐心等待著考慮的結果出現，然後這些原則所包含的關鍵語詞才被重新定義，以配合那個結果。

❼謝勒斯本人的興趣，不在於肯定「我們」可以指涉人類或理性存有種類之次集合（如部落），而是企圖在自然主義的（其實是唯物論的）架構下，保留「義務與善心」的區分，不必訴諸任何本體的自我、未被歷史制約的欲望等等。我固然也對後面這個工作感興趣，不過我在此主要關心的是前面那個主張。就我這裏的目的而言，謝勒斯的觀念中重要的是，主張「絕對的有效性」（categorical validity）和「道德義務」可以等同於「我們意欲如此」（being willed as one of us），而**獨立於**「誰碰巧是這個**我們**」的問題。

❽關於這一點，我在以下二文中有所發揮："Solidarity or Objectivity?" in *Post-Analytic Philosophy*, eds. John Rajchman and Cornel West (New York: Columbia University Press, 1984), and "On Ethnocentrism: A Reply to Clifford Geertz," *Michigan Quarterly Review* 25 (1986): 525–534。

T

W

Y

Z

O

P

Q

R

S

索　引

英中對照

十劃

十一劃

十二劃

索引

中英對照

國家圖書館出版品預行編目資料

偶然・反諷與團結 ： 一個實用主義者的政治想
像 / 理查・羅逖(Richard Rorty)著；徐文
瑞譯. -- 初版. -- 臺北市：麥田出版：城
邦文化發行， 1998[民 87]
面 ； 公分. -- (麥田人文 ; 20)
含索引
譯自： Contingency, irony, and
solidarity
ISBN 957-708-563-6 (平裝)

1. 語言學 - 哲學, 原理

800.1 86016218